Verdienst du schor

Marion Troczynski · Peter Troczynski

Verdienst du schon, was du verdienst?

Gehaltsverhandlungen souverän führen – Ein Praxisleitfaden für erfolgreiche Gespräche

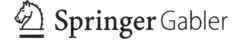

Marion Troczynski
Hünxe, Nordrhein-Westfalen, Deutschland

Peter Troczynski
Hünxe, Nordrhein-Westfalen, Deutschland

ISBN 978-3-662-69743-6   ISBN 978-3-662-69744-3 (eBook)
https://doi.org/10.1007/978-3-662-69744-3

Die Deutsche Nationalbibliothek verzeichnet diese Publikation in der Deutschen Nationalbibliografie; detaillierte bibliografische Daten sind im Internet über https://portal.dnb.de abrufbar.

© Der/die Herausgeber bzw. der/die Autor(en), exklusiv lizenziert an Springer-Verlag GmbH, DE, ein Teil von Springer Nature 2024

Das Werk einschließlich aller seiner Teile ist urheberrechtlich geschützt. Jede Verwertung, die nicht ausdrücklich vom Urheberrechtsgesetz zugelassen ist, bedarf der vorherigen Zustimmung des Verlags. Das gilt insbesondere für Vervielfältigungen, Bearbeitungen, Übersetzungen, Mikroverfilmungen und die Einspeicherung und Verarbeitung in elektronischen Systemen.
Die Wiedergabe von allgemein beschreibenden Bezeichnungen, Marken, Unternehmensnamen etc. in diesem Werk bedeutet nicht, dass diese frei durch jede Person benutzt werden dürfen. Die Berechtigung zur Benutzung unterliegt, auch ohne gesonderten Hinweis hierzu, den Regeln des Markenrechts. Die Rechte des/der jeweiligen Zeicheninhaber*in sind zu beachten.
Der Verlag, die Autor*innen und die Herausgeber*innnen gehen davon aus, dass die Angaben und Informationen in diesem Werk zum Zeitpunkt der Veröffentlichung vollständig und korrekt sind. Weder der Verlag noch die Autor*innen oder die Herausgeber*innen übernehmen, ausdrücklich oder implizit, Gewähr für den Inhalt des Werkes, etwaige Fehler oder Äußerungen. Der Verlag bleibt im Hinblick auf geografische Zuordnungen und Gebietsbezeichnungen in veröffentlichten Karten und Institutionsadressen neutral.

Planung/Lektorat: Christine Sheppard
Springer Gabler ist ein Imprint der eingetragenen Gesellschaft Springer-Verlag GmbH, DE und ist ein Teil von Springer Nature.
Die Anschrift der Gesellschaft ist: Heidelberger Platz 3, 14197 Berlin, Germany

Wenn Sie dieses Produkt entsorgen, geben Sie das Papier bitte zum Recycling.

Vorwort

Dieser Text wurde von Marion und Peter Troczynski verfasst und ist in der Du-Form gehalten, um eine persönliche und direkte Ansprache zum Leser herzustellen.

Zudem sind Gleichberechtigung, Integration und Inklusion für uns wichtige Werte. Wir stehen für Vielfalt und Chancengleichheit. Wir haben uns für die Texte die Freiheit genommen, das Gendern zu vermeiden. Die hier genutzte Sprachform soll als inklusive Form der Anrede verstanden werden und bezieht sich auf alle Geschlechter. Sie beinhaltet auch keine Wertung, sie hat lediglich redaktionelle Gründe.

Einleitung
Die Fähigkeit zur Verhandlung ist zweifellos eine der gefragtesten Fertigkeiten in unserem beruflichen und privaten Leben. Verhandlungsführung ist jedoch kein instinktiver Prozess. Erfolgreiche Verhandlungen erfordern sorgfältige Vorbereitung und ein tiefes Verständnis der Verhandlungspartner und ihrer Bedürfnisse. Eine effektive Verhandlungsvorbereitung setzt voraus, dass sowohl ein fundiertes Methodenwissen als auch ausgeprägte Fähigkeiten im Beziehungsmanagement vorhanden

sind. Diese beiden Aspekte ergänzen einander und tragen dazu bei, die Vorbereitung auf Verhandlungen effizienter zu gestalten.

Gehaltsverhandlungen sind offensichtlich für viele Menschen eine stressige und unangenehme Angelegenheit. Eine der größten Ängste bei Gehaltsverhandlungen ist die Angst vor der Ablehnung. Die Vorstellung, dass die Forderung nach einer Gehaltsanpassung mit einem „Nein" beantwortet werden könnte, schüchtert den einen oder die andere sehr schnell ein.

Ein weiterer Faktor, der Unwohlsein auslöst, ist ein Mangel an Selbstbewusstsein. Einige Menschen zweifeln an ihren Fähigkeiten und sind unsicher, ob sie tatsächlich eine Gehaltsanpassung verdienen. Dieser Mangel an Selbstvertrauen führt häufig dazu, dass sie sich selbst unterbewerten. Die Unsicherheit über den eigenen Wert in der Branche und Position kann verschiedene Ursachen haben, zum Beispiel mangelnde Transparenz bei Gehaltsstrukturen oder fehlende Vergleichsmöglichkeiten.

Auch diese Ungewissheit führt häufig zu Selbstzweifeln, die sich negativ auf das Selbstvertrauen und die Motivation auswirken. Ungenügende Verhandlungsfähigkeiten und eine mangelnde Vorbereitung stellen eine große Unsicherheit dar, denn Gehaltsverhandlungen erfordern spezielle Fähigkeiten, die nicht jeder beherrscht.

Die Sorge um die Beziehung zum Arbeitgeber ist ein weiterer emotionaler Aspekt. Einige Arbeitnehmer befürchten, dass das Fordern einer Gehaltsanpassung ihre Beziehung zum Arbeitgeber beeinträchtigen könnte. Sie möchten keine Spannungen oder Konflikte auslösen.

Trotz dieser Ängste und Unsicherheiten ist es wichtig zu erkennen, dass Gehaltsverhandlungen ein wesentlicher Bestandteil der eigenen beruflichen Entwicklung sind. Mit der richtigen Vorbereitung, Bildung und Selbstbewusstsein können Menschen erfolgreichere Verhandlungen führen und das Gehalt erzielen, das sie verdienen. In diesem Buch werden wir genauer auf diese Aspekte eingehen und Lösungen für eine erfolgreiche Gehaltsverhandlung aufzeigen.

Keine falsche Bescheidenheit

In einer sich ständig wandelnden Welt, die von dynamischen Veränderungen geprägt ist, nehmen Gehaltsverhandlungen eine zentrale Rolle in der individuellen beruflichen Entwicklung ein. Die sich entfaltende

Dynamik des Arbeitsmarktes, verbunden mit maßgeblichen wirtschaftlichen Faktoren wie Tarifverhandlungen, Inflation und Wirtschaftswachstum, beeinflusst maßgeblich die Verhandlungsspielräume und -strategien von Arbeitnehmern. In diesem Buch gehen wir auf die vielschichtige Landschaft der Gehaltsverhandlungen ein und stellen sie in den Kontext der aktuellen Realität.

Die Herausforderungen, die die sich ständig wandelnde Arbeitswelt mit sich bringt, erfordern ein tiefgreifendes Verständnis der komplexen wirtschaftlichen Rahmenbedingungen. Tarifverhandlungen setzen dabei den Ton für branchenspezifische Standards, während die Inflation die Kaufkraft beeinflusst und das Wirtschaftswachstum zugleich neue Chancen eröffnet. Dieses Buch bietet praxisnahe Einblicke in die Kunst der Gehaltsverhandlung inmitten dieser vielschichtigen Herausforderungen.

Wir beleuchten nicht nur bewährte Strategien für erfolgreiche Gehaltsverhandlungen, sondern zeigen auch, wie Sie diese Verhandlungen als Instrument für Ihre persönliche und berufliche Weiterentwicklung nutzen können. Darüber hinaus beleuchten wir die Bedeutung von Soft Skills und psychologischen Faktoren in diesem Prozess.

Dies ermöglicht ein umfassendes Verständnis für die Verhandlungsdynamik und fördert eine pragmatische Herangehensweise.

In einer Ära, in der Gehaltsgespräche nicht mehr allein im begrenzten einstelligen Prozentbereich verharren, sondern Raum für Gehaltsanpassungen in zweistelliger prozentualer Höhe bieten, wird die Bedeutung eines selbstbewussten und strategischen Verhandlungsansatzes immer drängender. Nutze dieses Buch als kraftvolle Inspirationsquelle, die dazu ermutigt, die eigene berufliche Leistung und den individuellen Marktwert mit einer realistischen Perspektive zu betrachten und entschlossen nach einer angemessenen Entlohnung zu streben.

Wir sind fest davon überzeugt, dass falsche Bescheidenheit angesichts dieser dynamischen Entwicklungen nicht mehr zeitgemäß ist. Stattdessen ermutigen wir dazu, Selbstbewusstsein und Selbstkenntnis als kraftvolle Werkzeuge einzusetzen. Es ist an der Zeit, die eigenen Fähigkeiten und Erfolge selbstbewusst in den Fokus zu rücken, um eine gerechte finanzielle Anerkennung zu erreichen.

Dieses Buch geht über herkömmliche Ratgeber hinaus und setzt sich zum Ziel, Gehaltsverhandlungen nicht nur als Mittel zur reinen finanziellen Verbesserung zu betrachten, sondern sie auch als strategisches Instrument zur gezielten Karriereentwicklung einzusetzen. Es ermutigt dazu, das volle Potenzial von Selbstbewusstsein und Kenntnis in der Verhandlungsdynamik zu entfalten, um langfristige berufliche Ziele zu verwirklichen.

Entdecke die faszinierende Welt der Gehaltsverhandlungen, verstehe die komplexen Zusammenhänge und entwickle daraus maßgeschneiderte Strategien.

In dieser Ära des Wandels ermöglicht Selbstbestimmung den Schlüssel zu einer erfüllten und erfolgreichen beruflichen Zukunft.

Was du aus diesem Buch lernen kannst

In ‚Verdienst du schon, was du verdienst?' laden wir dich ein, einen genaueren Blick auf dein berufliches Potenzial und deine finanziellen Ziele zu werfen. Dieses Buch, das auf der Erfahrung von mehr als 35 Jahren Verhandlungsführung, Trainings, Coachings und Vorträgen basiert, bietet nicht nur wertvolle Erkenntnisse, sondern auch praktische Anleitungen, um das Einkommen zu erreichen, dass du wirklich verdienst. Es ist eine unschätzbar wertvolle Ressource, die dir eine breite Palette von Kenntnissen und Fähigkeiten vermittelt, um erfolgreicher in Gehaltsverhandlungen zu sein.

Betrachte es als einen umfassenden Leitfaden, der dich durch jeden Schritt des Verhandlungsprozesses führt. Du wirst nicht nur wertvolle Erkenntnisse gewinnen, sondern auch praktische Anleitungen erhalten, um das Einkommen zu erreichen, dass du wirklich verdienst. Wir möchten dieses Buch nachdrücklich empfehlen, da es dir dabei hilft, deine Verhandlungsfähigkeiten zu entwickeln.

Durch das Erlernen grundlegender Techniken und Strategien machst du den ersten Schritt, um Selbstvertrauen aufzubauen. Gleichzeitig wirst du befähigt, deine Interessen wirkungsvoll zu vertreten. Nutze diese Ressource als Schlüssel, um nicht nur herauszufinden, was du verdienst, sondern auch gezielt darauf hinzuarbeiten und so den Weg zu einem erfüllten und finanziell belohnten Berufsleben zu ebnen.

In diesem Buch erhältst du nicht nur praktische Beispiele und Checklisten, sondern auch wertvolle Einblicke aus realen Erfahrungen, die dir helfen, dich optimal auf deine Gehaltsverhandlungen vorzubereiten. Durch die Anwendung dieser Erkenntnisse auf deine eigenen Verhandlungen kannst du effektiver agieren und bessere Ergebnisse erzielen. Zusätzlich wirst du ein tieferes Verständnis für die psychologischen Aspekte von Verhandlungen entwickeln und lernen, wie du erfolgreich mit unterschiedlichen Gesprächspartnern umgehen kannst.

Das Buch enthält auch eine Auswahl an Fragebögen, die dir dabei helfen, wichtige Aspekte deiner beruflichen Situation zu reflektieren und deine Ziele zu definieren. Für die Beantwortung der Fragen empfehlen wir die Verwendung eines Notizblocks oder eines Notizbuchs, um deine Gedanken und Überlegungen festzuhalten. So kannst du die Fragebögen effektiv nutzen und gezielt an deinen Verhandlungsstrategien arbeiten.

Darüber hinaus sensibilisiert das Buch für Geschlechtergerechtigkeit und ermutigt Frauen, selbstbewusster in Gehaltsverhandlungen aufzutreten. Es unterstreicht die Bedeutung von Gehaltsverhandlungen für die langfristige Karriereplanung und finanzielle Zufriedenheit.

Wir wünschen dir viel Erfolg bei deiner nächsten Gehaltsverhandlung.

Marion Troczynski
Peter Troczynski

Inhaltsverzeichnis

Teil I   Die Psychologie der Gehaltsverhandlung

1   **Warum die Gehaltsverhandlung wichtig ist und worauf du achten solltest** 3
   1.1   Einführung 3
   1.2   Dein Mindset – Wie deine Einstellung deine Gehaltsverhandlungen beeinflusst 6
      1.2.1   Die Macht der Gedanken 7
      1.2.2   Die Gedankenspirale und der Einfluss auf unsere Denkmuster und unser Handeln 8
      1.2.3   Worauf du in deiner Gehaltsverhandlung achten musst 12
      1.2.4   Ein positives Mindset ist die Grundlage zum Erfolg 13
   Literatur 14

2   **Unterschiedliche Verhandlungsstrategien – unterschiedliche Vorgehensweisen** 15
   2.1   Intuitive Verhandlungsstrategie 16
   2.2   Kompromissorientierte Verhandlungsstrategie 20

	2.3	Zusammenarbeitende oder Win-win-Verhandlungsstrategie	24
	2.4	Unsere Empfehlung	28
3		**Was du über deine Verhandlung wissen solltest**	31
	3.1	Die erste Herausforderung – Dein Selbst-Profiling	33
	3.2	Die zweite Herausforderung – Deine Emotionen	37
	3.3	Die dritte Herausforderung – Deine Angst vor Ablehnung	39
	3.4	Auch aus Ablehnungen kannst du lernen	42

Teil II   Die Verhandlungsvorbereitung

4		**Die Vorbereitung und ihre Bedeutung**	47
5		**Was für die Vorbereitung deiner Gehaltsverhandlung wichtig ist**	51
	5.1	Jetzt geht es um dich	51
	5.2	Recherchiere deinen Marktwert	54
	5.3	Berücksichtige Veränderungen in deiner Branche	57
	5.4	Gehaltsvergleiche müssen sein	58
	5.5	Deine Netzwerkkontakte können auch sehr hilfreich sein	59
	5.6	Arbeitgeber/Firmeninformationen	60
	5.7	Zusatzleistungen sind immer eine mögliche Alternative	62
	5.8	Die Auswirkung von Erfahrung und Qualifikation in Gehaltsverhandlungen	63
	5.9	Berücksichtige auch die aktuelle wirtschaftliche Situation	64
6		**Die Fragenkataloge**	67
	6.1	Gehaltsverhandlungs- und Karriereentwicklungsfragebogen	69
		6.1.1 Zielbereich 1 – Gehaltsanpassung und finanzielle Ziele	70

	6.1.2	Zielbereich 2 – Karriereentwicklung und berufliche Ziele	73
	6.1.3	Zielbereich 3 –Arbeitsbedingungen und Wohlbefinden	75
6.2	Fragebogen zur Markwertanalyse		77
6.3	Fragebogen zur Selbstwertanalyse für Gehaltsverhandlungen		79
6.4	Fragebogen zu beruflichen Qualifikationen für die Gehaltsverhandlung		82
6.5	Fragebogen zur Zielbestimmung für die Gehaltsverhandlung		83
6.6	Fragebogen zur Definition von Alternativen und Optionen		86
6.7	Du musst nicht alle Fragebögen nutzen		88

7 Ein wichtiges Werkzeug – Erfolgstagebuch vs. Erfolgsportfolio — 91
- 7.1 Warum ein Erfolgstagebuch wichtig für deine Verhandlung ist — 92
- 7.2 Das Erfolgsportfolio ist genauso wichtig — 96

8 Wann ist der passende Zeitpunkt für deine Verhandlung? — 101

Teil III Kommunikation und die Macht der Worte

9 Wie Sprachmuster Gehaltsverhandlungen beeinflussen — 109
- 9.1 Eine Einführung — 110
- 9.2 Die Macht der klaren Kommunikation — 111
  - 9.2.1 Das konjunktive Sprachmuster und weshalb es nicht für eine Gehaltsverhandlung geeignet ist — 112
  - 9.2.2 Auch ein diplomatisches Sprachmuster bringt dich weiter — 114

9.3		Techniken für erfolgreiches Verhandeln deines Gehalts	118
9.4		Das PAR-Prinzip	119
9.5		Die nutzenorientierte Argumentation	123
	9.5.1	Beispiele nutzenorientierter Argumentationen für Projektmanager und Sachbearbeiter	126
	9.5.2	Beispiele nutzenorientierter Argumentationen für Assistenten, Buchhalter und kaufmännische Angestellte	128
9.6		Der Nutzen dieser Argumentationsform	131
9.7		Die zukunftsorientierte Argumentation – eine weitere Technik	132
	9.7.1	Der Nutzen dieser Argumentationsform	133
	9.7.2	Die Macht selbstbewusster Aussagen	135
	9.7.3	Der Nutzen selbstbewusster Aussagen	136

10 Damit musst du immer rechnen – Gründe, dir eine Gehaltsanpassung zu verweigern ... 139

10.1		So kannst du dich auf die Ablehnung vorbereiten	141
10.2		Ein erster Rahmen für deine Gesprächsstruktur	151
10.3		So vermittelst du deine Forderung	154
	10.3.1	Die Wunschzahl	156
	10.3.2	Die Gehaltsspanne	157
	10.3.3	Die Ankertechnik	158
	10.3.4	Unsere Empfehlung: die Methode Gehaltsspanne – Ankertechnik	161

Teil IV Tipps und Anregungen zur praktischen Umsetzung

11 Begründungen für eine Gehaltsanpassung, die du unbedingt vermeiden solltest ... 165

12	**Auch auf deinen Gesprächspartner solltest du dich vorbereiten**		175
	12.1	Eine Einführung in das Thema Persönlichkeitsmerkmale	176
	12.2	Unterschiedliche Persönlichkeitsmodelle	177
		12.2.1 Der dominante Typ	178
		12.2.2 Der initiative Typ	182
		12.2.3 Der stetige Typ	186
		12.2.4 Der gewissenhafte Typ	190
	Literatur		193
13	**Noch drei wichtige Tipps**		195
	13.1	Achte auf den richtigen Zeitpunkt	195
	13.2	Geduld und Ausdauer	196
	13.3	Schriftliche Vereinbarungen	197
14	**Sieben Regeln zum Abschluss**		199
15	**Unsere Anmerkung zur geschlechterspezifischen Thematik im Verhandlungsumfeld**		203
16	**Anleitungen zur Umsetzung**		211
	16.1	Anleitung zur Umsetzung des ersten Teils	211
	16.2	Anleitung zur Umsetzung des zweiten Teils	212
	16.3	Anleitung zur Umsetzung des dritten Teils	214
	16.4	Anleitung zur Umsetzung des Kap. 11	215
	16.5	Anleitung zur Umsetzung des Kap. 12	216
	16.6	Anleitung zur Umsetzung des Kap. 13	218
	16.7	Anleitung zur Umsetzung des Kap. 14	218

Weiterführende Literatur 221

Über die Autoren

Marion und Peter Troczynski blicken auf über 35 Jahre Erfahrung im Bereich Verhandlungen zurück und unterstützen Unternehmen und Organisationen dabei, ihre Verhandlungsziele zu erreichen. Mit ihrer Spezialisierung auf die Kunst des Verhandelns haben sie einen beeindruckenden Kundenkreis aufgebaut, zu dem namhafte Unternehmen aus unterschiedlichen Branchen gehören.

In ihrem neuen Buch „Verdienst du schon, was du verdienst" teilen Marion und Peter Troczynski ihr umfangreiches Wissen und bieten wertvolle Einblicke zur Verbesserung der Gehaltsverhandlungen. Marion Troczynski ist für die Recherche und Aufbereitung von Verhandlungsdaten verantwortlich und arbeitet eng mit dem Trainerteam zusammen, um die Schulungsinhalte kontinuierlich zu optimieren und praxisnah zu gestalten.

Peter Troczynski bringt über 35 Jahre erfolgreiche Berufserfahrung mit. Er hat hunderte von Vorträgen, Seminaren, Trainings und Coachings für tausende Teilnehmer durchgeführt und verfügt über umfassende praktische Erfahrung aus zahlreichen Verhandlungen mit unterschiedlichen Zielsetzungen in verschiedenen Unternehmensbereichen. Er ist Autor mehrerer Bücher zur Verhandlungsthematik.

Dieses Buch ist ein umfassender Leitfaden für alle, die ihre Verhandlungskompetenzen speziell im Bereich Gehaltsverhandlungen verbessern möchten. Es bietet praxisnahe Strategien, erprobte Techniken und konkrete Anleitungen, um in Gehaltsverhandlungen erfolgreich zu sein.

„Verdienst du schon, was du verdienst" ist ein unverzichtbares Werk für jeden, der seine Gehaltsverhandlungen erfolgreich abschließen und seine Verhandlungsfähigkeiten auf ein neues Niveau heben möchte.

Teil I
Die Psychologie der Gehaltsverhandlung

1

Warum die Gehaltsverhandlung wichtig ist und worauf du achten solltest

1.1 Einführung

Gehaltsverhandlungen sind für dich ein entscheidender Teil deiner beruflichen Entwicklung und können einen erheblichen Einfluss auf deine finanzielle Situation, deinen beruflichen Status und besonders für dein Selbstwertgefühl haben.

Eine angemessene Bezahlung ist nicht nur eine Frage der finanziellen Belohnung, sondern auch eine Anerkennung deiner Leistungen und Fähigkeiten. Die positiven Auswirkungen von Gehaltsverhandlungen auf dein Wohlbefinden und deine Lebensqualität sind offensichtlich und besonders erstrebenswert. Ein angemessenes Gehalt kann dazu beitragen, dass du dich wertgeschätzt und motiviert fühlst, was sich positiv auf deine Arbeitsleistung und deine Zufriedenheit im Job auswirkt. Es kann auch zu einem besseren Lebensstandard führen, der dir mehr finanzielle Sicherheit und Freiheit bietet. Darüber hinaus kann ein höheres Gehalt dein Selbstwertgefühl stärken, dein berufliches Ansehen steigern und dir neue berufliche Möglichkeiten eröffnen.

Allerdings sind Gehaltsverhandlungen weitaus komplexer, als sie auf den ersten Blick erscheinen mögen. Abgesehen von den erwarteten Zahlen und Fakten für deinen Vertrag spielen psychologische Faktoren eine entscheidende Rolle in diesem Prozess. Um erfolgreich zu verhandeln, bedarf es nicht nur einer fundierten Kenntnis der Marktgegebenheiten und einer soliden Vorbereitung auf das Gespräch selbst, sondern auch ein Verständnis für die psychologischen Dynamiken, die dabei eine Rolle spielen. Die Psychologie der Gehaltsverhandlung bezieht sich auf die Art und Weise, wie wir denken, fühlen und kommunizieren, wenn es um die Festlegung unserer Vergütung geht.

Die psychologischen Aspekte von Gehaltsverhandlungen
Die psychologischen Aspekte von Gehaltsverhandlungen sind vielschichtig und können einen erheblichen Einfluss auf den gesamten Verhandlungsprozess haben. Wenn du mit deinem Arbeitgeber zusammenkommst, um über dein Gehalt zu verhandeln, treffen zwei Parteien mit unterschiedlichen Interessen aufeinander. Auf der einen Seite steht dein Arbeitgeber, der bestrebt ist, die Kosten niedrig zu halten und das Budget der Firma zu schonen. Auf der anderen Seite stehst du als Arbeitnehmer, der sich nach einer angemessenen Vergütung für seine geleistete Arbeit sehnt.

In diesem Spannungsfeld kommen verschiedene psychologische Faktoren zum Tragen, die den Verhandlungsprozess beeinflussen können.

Ein positives Mindset ist für Gehaltsverhandlungen mit deinen Vorgesetzten aus mehreren Gründen äußerst wertvoll. Erstens stärkt ein positives Mindset dein Selbstvertrauen, was entscheidend ist, um selbstbewusst und überzeugend aufzutreten. Zweitens hilft dir ein optimistisches Denken dabei, die Verhandlung als Chance zu betrachten, anstatt als Konfrontation. Das ermöglicht eine konstruktive Herangehensweise, um eine für beide Seiten vorteilhafte Lösung zu finden.

Positiv eingestellte Personen werden oft als glaubwürdiger wahrgenommen, was dazu beitragen kann, dass deine Vorgesetzten eher bereit sind, deine Argumente und Forderungen ernst zu nehmen. Zudem fördert ein positives Mindset Flexibilität und Kreativität bei der Suche nach Lösungen. Das wird dir helfen alternative Wege finden, um deine Interessen zu vertreten und gleichzeitig die Bedürfnisse des Unternehmens zu berücksichtigen.

Eine positive Einstellung während der Verhandlungen kann auch dazu beitragen, die Beziehung zu deinem Vorgesetzten zu stärken, auch wenn es zu keiner unmittelbaren Einigung kommt. Eine gute Beziehung ist wichtig für die zukünftige Zusammenarbeit und kann langfristig zu positiven Ergebnissen führen. Insgesamt trägt ein positives Mindset dazu bei, eine erfolgreiche und respektvolle Verhandlungsumgebung zu schaffen, in der beide Seiten offen für Diskussionen sind und gemeinsam nach Lösungen suchen können.

Ein positives Mindset führt automatisch zu einer positiven Selbstwahrnehmung, die dir das Selbstvertrauen und die Entschlossenheit gibt, deine Forderungen überzeugend zu vertreten. Indem du dir deiner Fähigkeiten und deines Werts für das Unternehmen bewusst bist, kannst du selbstbewusst auftreten und deine Ziele mit Nachdruck verfolgen.

Im Gegensatz dazu können Selbstzweifel oder ein geringes Selbstwertgefühl deine Verhandlungsfähigkeit beeinträchtigen. Wenn du dir nicht sicher bist, ob du deine Forderungen durchsetzen kannst, neigst du möglicherweise dazu, Zugeständnisse zu machen oder dich unterzuordnen. Zweifel werden immer deine Fähigkeit beeinträchtigen, klare und überzeugende Argumente vorzubringen, wodurch du deine Verhandlungsposition schwächst.

Insgesamt ist die Kenntnis der Psychologie in Gehaltsverhandlung von großer Bedeutung, da sie die Grundlage für effektive Verhandlungen bildet. Sie beeinflusst, wie du dich selbst präsentierst, wie du mit Emotionen umgehst und wie du deine Verhandlungsstrategie gestaltest.

Wenn du diese psychologischen Aspekte verstehst und beherrschst, hast du bessere Chancen, deine beruflichen Ziele zu erreichen und angemessen vergütet zu werden.

Kurz gesagt, die Kenntnis und Anwendung der Psychologie kann den Unterschied zwischen einer erfolgreichen Gehaltsverhandlung und einer verpassten Gelegenheit ausmachen.

1.2 Dein Mindset – Wie deine Einstellung deine Gehaltsverhandlungen beeinflusst

In den nächsten Kapiteln wirst du dich mit der Recherche und Marktwertanalyse beschäftigt, die dir wichtige Erkenntnisse liefern, die für deine Gehaltsverhandlung von großer Bedeutung sind.

Es sind die ersten Schritte, für eine erfolgreiche Vorbereitung auf deine Gehaltsverhandlung. Die gewonnenen Erkenntnisse liefern wertvolle Informationen, die deine Verhandlungsposition stärken.

In diesem Kapitel werfen wir einen Blick auf deine Einstellung oder dein Mindset. Von Optimismus bis Pessimismus, von Selbstvertrauen bis Selbstzweifel – wir werden aufzeigen, wie deine Denkmuster und Überzeugungen den Verlauf der Verhandlung maßgeblich beeinflussen können.

Ein positives und ein negatives Mindset unterscheiden sich grundlegend in ihrer Auswirkung auf unser Leben, unsere Einstellungen und unsere Handlungen. Ein positives Mindset ist gekennzeichnet durch Optimismus, Selbstvertrauen und die Fähigkeit, Herausforderungen als Chancen zu sehen. Es geht darum, Lösungen zu finden, anstatt sich von Problemen entmutigen zu lassen. Ein positives Mindset ermöglicht es uns, die Welt um uns herum positiv wahrzunehmen und motiviert uns dazu, hart zu arbeiten, um unsere Ziele zu erreichen.

Auf der anderen Seite ist ein negatives Mindset von Pessimismus, Selbstzweifeln und einer Tendenz zum Opferdenken geprägt. Menschen mit einem negativen Mindset neigen dazu, sich auf die negativen Aspekte einer Situation zu konzentrieren und sich von ihren Ängsten und Sorgen überwältigen zu lassen. Sie sehen Probleme als unüberwindbare Hindernisse und fühlen sich oft machtlos, etwas dagegen zu tun.

Insgesamt hat ein positives Mindset eine transformative Kraft, die uns hilft, erfolgreich zu sein und ein erfülltes Leben zu führen, während ein negatives Mindset uns daran hindert, unsere Ziele zu erreichen und unser Glück zu finden. Es liegt an uns, bewusst zu wählen, welches Mindset wir kultivieren möchten, da dies einen entscheidenden Einfluss auf unser Leben und unsere Zukunft hat.

1.2.1 Die Macht der Gedanken

Das, was wir über uns selbst, andere Menschen und die Welt denken, also unser Mindset, hat Auswirkungen auf unser Handeln. Ein Beispiel, das sicher jeder schon mal erlebt hat oder nachvollziehen kann: Wer von sich denkt: *„Das schaff ich nicht"* geht anders in eine Verhandlung als jemand, der verinnerlicht hat: *„Das bekomme ich hin, das schaffe ich."* Die starke Kraft der Gedanken lässt solche Gefühle und Glaubenssätze zur gefühlten Realität werden.

> **Beispiel von fünf positiven Gedanken vor Eintritt in die Gehaltsverhandlung**
>
> „Ich bin fest davon überzeugt, dass meine Fähigkeiten und Leistungen einen wertvollen Beitrag zum Erfolg des Teams und des Unternehmens geleistet haben."
>
> „Ich bin optimistisch hinsichtlich meiner beruflichen Entwicklung und sehe diese Gehaltsverhandlung als Chance, meine Wertschätzung für meine Arbeit zu demonstrieren und meine finanziellen Ziele zu erreichen."
>
> „Ich bin überzeugt, dass eine angemessene Vergütung nicht nur meine Motivation steigern, sondern auch meine Bindung an das Unternehmen stärken würde, da ich langfristig zu seinem Erfolg beitragen möchte."
>
> „Ich bin zuversichtlich, dass wir eine Win-win-Situation finden können, in der meine Gehaltsvorstellungen mit den Zielen und Möglichkeiten des Unternehmens in Einklang gebracht werden können."
>
> „Ich bin bereit, aktiv an Lösungen mitzuarbeiten und bin offen für einen konstruktiven Dialog, um gemeinsam eine faire und angemessene Vergütung zu finden, die meine Leistungen und Erfolge angemessen anerkennt."

> **Beispiel von fünf negativen Gedanken vor Eintritt in die Gehaltsverhandlung**
>
> „Ich bin mir nicht sicher, ob ich eine Gehaltsanpassung verdient habe, da meine Leistungen vielleicht nicht ausreichend waren."
>
> „Ich befürchte, dass ich keine Gehaltsanpassung erhalten werde, da das Unternehmen möglicherweise nicht genug finanzielle Ressourcen hat."

> „Ich fühle mich unsicher, eine Gehaltsanpassung zu fordern, da ich befürchte, dass dies meine Beziehung zu meinem Vorgesetzten oder meinen Kollegen beeinträchtigen könnte."
>
> „Ich bin überzeugt, dass ich keine Gehaltsanpassung erhalten werde, da ich nicht genug Erfahrung oder Qualifikationen für eine höhere Vergütung habe."
>
> „Ich bin jetzt schon frustriert darüber, dass ich wahrscheinlich keine Gehaltsanpassung bekommen werde, da ich glaube, dass meine Bemühungen und Beiträge nicht angemessen geschätzt werden."

Begleiten uns solche Gedanken und Glaubenssätze lange Zeit, bekommen sie eine enorme Kraft. Ob positiv oder negativ, sie setzen sich in unserem Unterbewusstsein fest und wirken sich auf unsere innere Einstellung aus.

Das gleiche gilt auch für Vorurteile. Überhaupt neigen wir dazu, uns eher ein negatives Mindset anzugewöhnen. Auch hier ein immer wiederkehrendes Beispiel: Man hört von einem Kollegen oder Kollegin einen tollen Vorschlag, der im Arbeitsprozess eine deutliche Verbesserung bringt. Das Erste, was ausnahmslos alle machen: Sie suchen nach den Dingen, die bei diesem Vorschlag nicht funktionieren, anstatt den Vorschlag zu testen, zu prüfen oder mal einen Versuch zu starten.

Hierzu ein Zitat eines amerikanischen Sozialpsychologen und Konfliktforscher:

Macht ist keine Tatsache, sondern eine subjektive Konstruktion (Machttheorie von Morton Deutsch).
Wer glaubt ohne Macht zu sein, agiert auch ohnmächtig.
Wer glaubt, mächtig zu sein, agiert auch mächtig, selbst wenn die Situation selbst ihm gar nicht so viele Machtfaktoren bietet. (Deutsch, 1973)

1.2.2 Die Gedankenspirale und der Einfluss auf unsere Denkmuster und unser Handeln

Das psychologische Phänomen einer positiven Gedankenspirale bezieht sich auf eine aufwärts gerichtete Verstärkung von positiven Gedanken und Emotionen, die sich gegenseitig verstärken und in einer sich selbst verstärkenden Schleife oder Spirale festgehalten werden. Im Gegensatz zu einer negativen Gedankenspirale, die durch pessimistische Gedanken und Emotionen gekennzeichnet ist, führt eine positive Gedankenspirale dazu, dass positive Gedanken und Emotionen sich gegenseitig verstärken und zu einer anhaltenden Steigerung des Wohlbefindens und der Lebenszufriedenheit führen.

So funktioniert eine positive Gedankenspirale
Auslöser für positive Gedanken – Eine positive Gedankenspirale beginnt oft mit einem Auslöser, der positive Emotionen hervorruft, wie zum Beispiel eine positive Erfahrung, ein Kompliment, ein Erfolg oder eine inspirierende Begegnung.

Positive Gedanken – Nachdem der Auslöser aufgetreten ist, beginnt die Person, positive Gedanken zu entwickeln, die sich um den Auslöser drehen, z. B. Dankbarkeit, Stolz, Hoffnung, Zuversicht oder Freude.

Emotionale Reaktion – Die positiven Gedanken lösen eine emotionale Reaktion aus, die die positiven Emotionen verstärkt. Die Person kann sich glücklich, motiviert, erfüllt oder optimistisch fühlen.

Verstärkung – Die verstärkten positiven Emotionen führen zu einer weiteren Verschärfung der positiven Gedanken, was zu einer Verschärfung der positiven Emotionen führt. Dies schafft eine aufwärts gerichtete Spirale, in der die positiven Gedanken und Emotionen sich gegenseitig immer weiter verstärken.

Auswirkungen – Die positive Gedankenspirale kann zu einer Reihe von positiven Auswirkungen führen, darunter eine verbesserte Stimmung, gesteigertes Selbstwertgefühl, erhöhte Motivation und Energie, verbesserte Leistungsfähigkeit, bessere Stressbewältigungsfähigkeiten und eine insgesamt verbesserte mentale und emotionale Gesundheit.

So funktioniert eine negative Gedankenspirale
Der Auslöser – Eine negative Gedankenspirale beginnt oft mit einem Auslöser, einer negativen Erfahrung, einem Ereignis oder einem Gedanken, der negative Emotionen wie Angst, Sorge, Frustration oder Traurigkeit hervorruft.

Die negativen Gedanken – Nachdem der Auslöser aufgetreten ist, beginnt die Person, negative Gedanken zu entwickeln, die sich um den Auslöser drehen, z. B. Selbstzweifel, Pessimismus, Ängste oder Sorgen.

Die emotionale Reaktion – Die negativen Gedanken lösen eine emotionale Reaktion aus, die die negativen Emotionen verstärkt. Die Person kann sich gestresst, ängstlich, deprimiert oder hoffnungslos fühlen.

Die Verstärkung – Die verstärkten negativen Emotionen führen zu einer weiteren Verschärfung der negativen Gedanken, was zu einer Verschärfung der negativen Emotionen führt. Dies schafft einen Teufelskreis, in dem die negativen Gedanken und Emotionen sich gegenseitig immer weiter verstärken.

Die Auswirkungen – Die negative Gedankenspirale kann zu einer Reihe von negativen Auswirkungen führen, darunter schlechte Stimmung, verminderter Selbstwert, geringes Selbstvertrauen, Probleme beim Problemlösen und Entscheidungsfindung, erhöhter Stress und Angst sowie Beeinträchtigung der mentalen und emotionalen Gesundheit.

Beispiel einer positiven Gedankenspirale für eine anstehende Gehaltsverhandlung
Dein Selbstbewusstsein stärken: Erinnere dich an deine Leistungen, Erfolge und die positiven Rückmeldungen, die du erhalten hast. Denke daran, dass du wertvoll für das Unternehmen bist und deine Arbeit Anerkennung verdient.

Fokus auf deinen Wert für das Unternehmen: Statt nur darüber nachzudenken, was du verdienen möchtest, konzentriere dich darauf, welchen Wert du für das Unternehmen bringst. Überlege, wie deine Arbeit dazu beiträgt, Ziele zu erreichen, Probleme zu lösen oder neue Chancen zu identifizieren.

Vorbereitung ist der Schlüssel: Je besser du vorbereitet bist, desto selbstbewusster wirst du sein. Recherchiere den Markt, um herauszufinden, was übliche Gehälter für vergleichbare Positionen sind. Sammle Informationen über deine Leistungen, Projekte und Erfolge, die deine Fähigkeiten und deinen Wert unterstreichen.

Kopfkino -Schaffe positive Bilder: Stelle dir vor, wie die Gehaltsverhandlung erfolgreich verläuft. Visualisiere, wie du ruhig und selbstbewusst deine Argumente vorträgst und wie dein Arbeitgeber positiv darauf reagiert. Male dir aus, wie du ein faires und zufriedenstellendes Gehalt aushandelst.

Bleibe immer flexibel: Sei offen für verschiedene Ergebnisse der Verhandlung. Das Ziel ist nicht nur, dein Gehalt zu erhöhen, sondern auch, eine Win-Win-Situation zu schaffen, in der sowohl du als auch dein Arbeitgeber zufrieden sind. Sei bereit, alternative Vorschläge anzuhören und zu diskutieren.

Sei dankbar: Denke daran, dankbar für die Möglichkeit zu sein, über dein Gehalt zu verhandeln. Es zeigt, dass dein Arbeitgeber deine Arbeit wertschätzt und offen für deine Bedürfnisse ist. Diese positive Einstellung kann dir helfen, die Verhandlung mit einer guten Beziehung zum Unternehmen abzuschließen, unabhängig vom Ergebnis.

Beispiel einer negativen Gedankenspirale für eine anstehende Gehaltsverhandlung
Du bist unsicher und zweifelst an dir selbst: Du beginnst, an deinen Fähigkeiten und Leistungen zu zweifeln. Negative Gedanken über deine Qualifikationen und deinen Wert für das Unternehmen kommen auf, und du fühlst dich unsicher darüber, ob du überhaupt eine Gehaltserhöhung verdienst.

Du hast große Angst vor Ablehnung: Du malst dir aus, wie die Gehaltsverhandlung schiefgehen könnte. Du befürchtest, dass dein Arbeitgeber deine Forderungen ablehnen oder deine Leistungen herunterspielen könnte. Diese Angst vor Zurückweisung verstärkt deine Unsicherheit und Nervosität.

Du vergleichst dich immer mit anderen: Du fängst an, dich mit anderen Kollegen zu vergleichen und fragst dich, ob sie möglicherweise mehr verdienen als du. Diese Vergleiche führen dazu, dass du dich minderwertig fühlst und Zweifel an deinem eigenen Wert für das Unternehmen bekommst.

Dein Kopfkino schafft negative Bilder: Du kannst nicht aufhören, dir vorzustellen, wie die Gehaltsverhandlung katastrophal verläuft. Du siehst dich selbst nervös und unsicher gegenüber deinem Arbeitgeber, der deine Argumente kritisiert und deine Forderungen ablehnt. Diese negativen Vorstellungen verstärken deine Ängste und Sorgen.

Schwarzmalerei: Du fängst an, das Schlimmste zu erwarten. Du malst dir aus, dass eine Ablehnung deiner Gehaltsforderung dazu führen könnte, dass du unzufrieden im Unternehmen bleibst oder sogar gezwungen bist, nach einer neuen Stelle zu suchen. Diese pessimistischen Gedanken verstärken deine Angst und Unsicherheit noch weiter.

Du resignierst schon bevor du angefangen hast: Schließlich resignierst du und gehst bereits mit der Einstellung in die Verhandlung, dass du sowieso keine Gehaltserhöhung bekommen wirst. Du erwartest das Schlimmste und bist nicht mehr bereit, für deine Interessen einzutreten.

1.2.3 Worauf du in deiner Gehaltsverhandlung achten musst

Die Gedankenspirale beeinflusst unsere Einstellung und unser Verhalten in Gehaltsverhandlungen maßgeblich durch die Art der Denkmuster, die wir entwickeln. Positive Denkmuster, wie das Vertrauen in unsere Fähigkeiten, Optimismus bezüglich unserer beruflichen Entwicklung und die Bereitschaft zur Zusammenarbeit, können dazu beitragen, dass wir selbstbewusst und konstruktiv in Gehaltsverhandlungen eintreten. Diese positiven Denkmuster stärken unsere Entschlossenheit, faire und angemessene Lösungen zu finden und fördern eine Win-win-Situation für beide Seiten.

Im Gegensatz dazu können negative Denkmuster, wie Selbstzweifel an unseren Leistungen, Befürchtungen bezüglich der finanziellen Situation des Unternehmens oder Unsicherheit hinsichtlich zwischenmenschlicher Beziehungen im Arbeitsumfeld, unsere Fähigkeit beeinträchtigen, selbstbewusst in Gehaltsverhandlungen aufzutreten. Diese negativen Denkmuster können zu Vermeidungsverhalten führen und unsere Einstellung gegenüber Gehaltsverhandlungen beeinflussen, bevor sie überhaupt begonnen haben.

Es ist wichtig, sich dieser Denkmuster bewusst zu sein und bewusst positive Denkmuster zu kultivieren, um eine positive Gedankenspirale zu fördern. Indem wir optimistisch in unsere Fähigkeiten und unsere berufliche Entwicklung blicken und bereit sind, konstruktiv an Lösungen mitzuarbeiten, können wir selbstbewusster und erfolgreicher in Gehaltsverhandlungen auftreten. Letztendlich können positive Denkmuster dazu beitragen, unsere Einstellung und unser Verhalten in Gehaltsverhandlungen zu verbessern und zu erfolgreichen Ergebnissen führen.

1.2.4 Ein positives Mindset ist die Grundlage zum Erfolg

Ein positives Mindset spielt in Gehaltsverhandlungen eine entscheidende Rolle, und das aus verschiedenen Gründen. Zunächst einmal stärkt es dein Selbstbewusstsein und dein Selbstvertrauen, was entscheidend ist, um in Verhandlungen selbstsicher aufzutreten und deine Anliegen überzeugend zu vertreten. Ein positives Mindset ermöglicht es dir, optimistisch in die Verhandlungen zu gehen und an die Möglichkeit eines erfolgreichen Ergebnisses zu glauben, was deine Motivation und Entschlossenheit steigert.

Darüber hinaus fördert ein positives Mindset deine Bereitschaft, Kompromisse einzugehen. Du bist eher bereit, gemeinsame Lösungen zu finden, die für beide Seiten akzeptabel sind, anstatt auf stures Beharren zu setzen. Ein solches Mindset hilft dir auch dabei, Emotionen wie Angst oder Wut unter Kontrolle zu halten, die in Verhandlungen hinderlich sein können. Du behältst einen kühlen Kopf und bleibst rational, was deine Verhandlungsfähigkeiten erheblich verbessert.

Ein positives Mindset erleichtert zudem eine konstruktive Kommunikation mit deinem Vorgesetzten. Wenn du respektvoll und kooperativ bist, erhöht das die Wahrscheinlichkeit, dass du auf Verständnis und Kooperation stößt. Fokussiere dein positives Mindset auf den Erfolg und die Erreichung deiner Ziele. Dies hilft dir, hartnäckig und zielorientiert in den Verhandlungen zu agieren.

Die langfristigen Auswirkungen eines positiven Mindsets solltest du ebenfalls nicht unterschätzen. Es beeinflusst nicht nur die unmittelbaren Verhandlungen, sondern auch deine berufliche Entwicklung und die Beziehungen zu Vorgesetzten und Kollegen. Darüber hinaus kann sich positives Denken auch auf deine Gesundheit und dein allgemeines Wohlbefinden auswirken, indem es Stress und negative Emotionen reduziert, die mit Gehaltsverhandlungen verbunden sein können.

Insgesamt trägt ein positives Mindset dazu bei, die Chancen auf eine erfolgreiche Gehaltsverhandlung zu erhöhen. Es befähigt dich, effektiv deine Interessen zu vertreten, die Beziehung zu deinem Arbeitgeber zu pflegen und ein insgesamt zufriedenstellendes Ergebnis zu erzielen. Positive Gedanken sind dein mächtigster Verbündeter in Gehaltsverhandlungen.

Literatur

Deutsch, M. (1973). The resolution of conflict: Constructive and destructive processes. *American Behavioral Scientist, 17*(2), 248–248.

2
Unterschiedliche Verhandlungsstrategien – unterschiedliche Vorgehensweisen

Die Wahl der richtigen Verhandlungsstrategie ist in Gehaltsverhandlungen von entscheidender Bedeutung. In diesem Kapitel lernst du einige Strategien kennen, die dir dabei helfen, das bestmögliche Gehalt auszuhandeln.

Diese drei Verhandlungsstrategien – intuitiv, kompromissorientiert und Win-win – sind für Gehaltsverhandlungen aus verschiedenen Gründen empfehlenswert.

Die intuitive Verhandlungsstrategie basiert auf dem Gespür für Stimmungen und subtile Signale. In Gehaltsverhandlungen können intuitive Verhandler die Bedürfnisse und Erwartungen ihres Gegenübers besser erkennen und darauf eingehen. Sie sind flexibel und können auf unerwartete Wendungen reagieren, wodurch sie in der Lage sind, kreative Lösungen zu finden.

Die kompromissorientierte Strategie zielt darauf ab, einen Mittelweg zu finden, der beide Seiten zufriedenstellt. In Gehaltsverhandlungen kann dies Konflikte minimieren und eine positivere Atmosphäre schaffen. Das Finden von Kompromissen kann dazu beitragen, langfristige Beziehungen zu fördern, da beide Parteien das Gefühl haben, gewonnen zu haben.

Die Win-win-Strategie zielt darauf ab, für beide Seiten vorteilhafte Lösungen zu finden. In Gehaltsverhandlungen ermöglicht dies, dass sowohl der Arbeitnehmer als auch der Arbeitgeber von der Vereinbarung profitieren. Betont wird die Zusammenarbeit, was das Vertrauen zwischen den Verhandlungspartnern stärken kann.

Die Wahl der besten Verhandlungsstrategie hängt von der individuellen Situation und den spezifischen Zielen ab. In Gehaltsverhandlungen kann es hilfreich sein, verschiedene Strategien je nach den Umständen und den Bedürfnissen des Arbeitgebers einzusetzen, wobei der Schwerpunkt auf Kompromissbereitschaft, Win-win-Lösungen und der Betonung des eigenen Werts liegt. Ein Verständnis der eigenen Verhandlungspräferenzen und die Fähigkeit, flexibel zwischen verschiedenen Strategien zu wechseln, können dazu beitragen, erfolgreichere Gehaltsverhandlungen zu führen.

Es ist wichtig, die Verhandlungstaktik an die spezifische Situation anzupassen und flexibel zu sein, um auf die Reaktionen und Bedürfnisse des Arbeitgebers einzugehen. Letztendlich sollte das Ziel darin bestehen, eine faire und für beide Seiten akzeptable Vereinbarung zu erzielen, die die Arbeitsbeziehung stärkt und langfristig erfolgreich ist.

2.1 Intuitive Verhandlungsstrategie

Diese Verhandlungsstrategie bezieht sich auf den Einsatz von Instinkten, Gefühlen und innerer Weisheit, um Verhandlungen zu führen, anstatt sich nur auf taktische oder strategische Überlegungen zu verlassen. Bei dieser Strategie geht es darum, auf sein Bauchgefühl zu hören und im Moment intuitiv zu entscheiden, was in einer bestimmten Verhandlungssituation das beste Vorgehen ist.

Merkmale einer intuitiven Verhandlungsstrategie
Eine intuitive Verhandlungsstrategie basiert auf dem Bauchgefühl und der Intuition des Verhandlungsführers. Dabei werden Entscheidungen aufgrund von spontanen Eingebungen und persönlichen Erfahrungen getroffen, anstatt auf der Basis von analysierten Daten und Fakten. Eine intuitive Verhandlungsstrategie kann daher geprägt sein von schnellen

Entscheidungen, unkonventionellen Ansätzen und einem Fokus auf die Beziehungsebene zwischen den Verhandlungspartnern. Diese Art der Verhandlungsstrategie kann in bestimmten Situationen hilfreich sein, da sie Flexibilität und Anpassungsfähigkeit ermöglicht und in einigen Fällen schnelle Ergebnisse bringen kann. Jedoch kann sie auch zu Fehlentscheidungen führen, wenn wichtige Fakten und Informationen nicht berücksichtigt werden oder wenn persönliche Vorurteile und Annahmen die Entscheidungen beeinflussen. Daher sollte eine intuitive Verhandlungsstrategie nur in Situationen eingesetzt werden, in denen eine schnelle Entscheidung erforderlich ist und die Risiken überschaubar sind.

Stärken
Man muss die Fähigkeit besitzen, schnell auf unerwartete Situationen zu reagieren – Flexibilität und Anpassungsfähigkeit an Veränderungen sind entscheidend – Schnelle Entscheidungsfindung ohne lange Überlegungsprozesse ist notwendig – Übermäßige Analyse und Aufschieberei sollten vermieden werden.

Schwächen
Fehlende Basis von Daten und Fakten zur Unterstützung der Entscheidungen – Die Gefahr von Fehlentscheidungen aufgrund fehlender oder unvollständiger Informationen – Die Tendenz, sich von Emotionen und persönlichen Vorlieben leiten zu lassen – Schwierigkeiten bei der Kommunikation von Entscheidungen und Handlungen an andere Teammitglieder.

Entscheidungen basieren oft nicht auf einer soliden Daten- und Faktenbasis – Es besteht die Gefahr von Fehlentscheidungen aufgrund fehlender oder unvollständiger Informationen – Entscheidungen können durch Emotionen und persönliche Vorlieben beeinflusst werden – Es kann schwierig sein, Entscheidungen und Handlungen klar an andere Teammitglieder zu kommunizieren.

Vorgehensweise einer intuitiver Verhandlungsstrategie
Die intuitive Verhandlungsstrategie ist eine Strategie, bei der man versucht, auf seine Intuition zu hören und spontan zu reagieren, ohne sich

auf vorher festgelegte Pläne oder Strategien zu stützen. Hier ein Beispiel in der eine intuitive Verhandlungsstrategie genutzt wird:

- **Situation:**
  Eine Bewerberin, nennen wir sie Anna, hat ein Vorstellungsgespräch für eine Stelle als Marketing-Managerin in einem mittelständischen Unternehmen absolviert. Das Gespräch ist gut gelaufen und Anna hat ein positives Gefühl. In der Gehaltsverhandlung nennt ihr der Personalleiter ein Gehalt, das etwas unter Annas Erwartungen liegt.
- **Intuitive Verhandlungsstrategie:**
  Anna nutzt in dieser Situation eine intuitive Verhandlungsstrategie, die auf **Sympathie, Rapport und Bauchgefühl** basiert.
- **Beziehungsebene aufbauen:**
  Anna bedankt sich zunächst höflich für das Angebot und betont, dass sie sich sehr über die Stelle freut.
  Sie stellt dem Personalleiter einige Fragen zum Unternehmen und zur Position, um ihr Interesse und ihre Motivation zu zeigen.
  Sie schafft eine positive und entspannte Atmosphäre durch aktives Zuhören und offene Kommunikation.
- **Verhandlungsziele verdecken:**
  Anna vermeidet es, ihre Gehaltsvorstellungen zu Beginn der Verhandlung zu nennen.
  Stattdessen stellt sie Fragen nach dem Gehaltsgefüge in der Position und dem Unternehmen, um mehr über die übliche Bezahlung zu erfahren.
  Sie lenkt das Gespräch auf ihre Qualifikationen und Erfahrungen und hebt ihre Erfolge in früheren Positionen hervor.
- **Signale der Verhandlungsbereitschaft setzen:**
  Anna zeigt dem Personalleiter, dass sie verhandlungsbereit ist, indem sie ihre Bereitschaft äußert, verschiedene Gehaltsmodelle und Zusatzleistungen zu diskutieren.
  Sie signalisiert Flexibilität und Kompromissbereitschaft, indem sie verschiedene Optionen in Betracht zieht.
  Sie vermeidet es jedoch, konkrete Zahlen zu nennen, um ihre Verhandlungsposition zu stärken.

- **Aufmerksam zuhören und aktiv reagieren:**
  Anna hört dem Personalleiter aufmerksam zu und nimmt seine Argumente ernst.
  Sie stellt gezielte Fragen, um seine Position und seine Beweggründe besser zu verstehen.
  Sie reagiert mit Sachargumenten und konkreten Beispielen, um ihre Verhandlungsposition zu untermauern.
- **Bauchgefühl nutzen:**
  Anna achtet während der Verhandlung auf ihr Bauchgefühl und lässt sich von ihren Instinkten leiten.
  Sie erkennt Signale des Personalleiters und reagiert entsprechend.
  Sie vertraut auf ihre Intuition und trifft Entscheidungen, die sich für sie richtig anfühlen.
- **Zum Abschluss:**
  Anna fasst die wichtigsten Punkte des Gesprächs zusammen und bekräftigt ihr Interesse an der Stelle.
  Sie schlägt ein weiteres Gespräch vor, um die Details des Gehalts und der Konditionen zu klären.
  Sie bedankt sich erneut für das Angebot und verabschiedet sich höflich.
- **Analyse dieser Strategie:**
  Sympathie und Rapport: Durch den Aufbau einer guten Beziehung zum Personalleiter schafft Anna Vertrauen und erhöht die Wahrscheinlichkeit, dass ihre Argumente Gehör finden.
  Verhandlungsziele verdecken: Indem sie ihre Gehaltsvorstellungen zunächst nicht nennt, behält Anna die Kontrolle über die Verhandlung und kann den Verhandlungsverlauf besser steuern.
  Signale der Verhandlungsbereitschaft: Durch ihre Flexibilität und Kompromissbereitschaft zeigt Anna dem Personalleiter, dass sie an einer Einigung interessiert ist.
  Aktives Zuhören und Reagieren: Durch ihr aufmerksames Zuhören und ihre gezielten Fragen zeigt Anna dem Personalleiter, dass sie seine Position ernst nimmt und sich für die Details interessiert.
  Bauchgefühl nutzen: Indem sie auf ihr Bauchgefühl achtet, kann Anna Entscheidungen treffen, die für sie richtig sind und zu einem guten Verhandlungsergebnis führen.

- **Hinweis:**
  Der Erfolg einer intuitiven Verhandlungsstrategie hängt stark von der Persönlichkeit des Verhandlungspartners, der Unternehmenskultur und der Marktsituation ab. Es ist wichtig, die Situation flexibel einzuschätzen und die Strategie gegebenenfalls anzupassen.
  Diese Strategie kann erfolgreich sein, wenn sie von erfahrenen Verhandlern angewendet wird, die ein gutes Gespür für Menschen und Situationen haben. Dabei wird versucht, schnelle Entscheidungen zu treffen, ohne zu viel Zeit mit Überlegungen und Analysen zu verbringen. Dies kann dazu führen, dass man schneller zu einer Einigung kommt und mögliche Zeitverluste minimiert.
  Letztendlich geht es bei der intuitiven Verhandlungsstrategie darum, auf die eigene Intuition zu hören und sich auf das Bauchgefühl zu verlassen, um die richtigen Entscheidungen zu treffen. Dabei sollte man jedoch darauf achten, dass die Entscheidungen nicht rein auf Emotionen basieren und man trotzdem einen kühlen Kopf behält.

2.2 Kompromissorientierte Verhandlungsstrategie

Diese Strategie zielt darauf ab, eine Vereinbarung zu erzielen, die für beide Parteien akzeptabel ist, indem sie Kompromisse eingehen. Diese Strategie kann schnell zu einer Einigung führen, kann jedoch auch zu einem Verlust von Wert führen, wenn nicht genug verhandelt wird.

Merkmale einer kompromissorientierten Verhandlungsstrategie
Ziel ist ein Kompromiss, bei dem beide Seiten Teile ihrer Forderungen erfüllt bekommen. Man sucht nach Gemeinsamkeiten und Übereinstimmungen, um eine gemeinsame Basis für den Kompromiss zu finden. Jeder ist bereit, Zugeständnisse zu machen, um zu einem Kompromiss zu kommen. Die Konzentration liegt auf der Lösung des Problems und es wird versucht, persönliche Animositäten und Emotionen außen vor zu lassen. Man ist auch offen für neue Ideen und Ansätze und ist bereit, Kompromisse auf Basis neuer Informationen zu schließen.

Eine kompromissorientierte Verhandlungsstrategie kann insbesondere dann sinnvoll sein, wenn eine konkurrierende Strategie nicht zielführend ist und eine Win-Win-Strategie nicht umsetzbar erscheint. In vielen Fällen kann eine Kompromisslösung beiden Parteien mehr Vorteile bringen als ein kompromissloses Beharren auf den eigenen Forderungen. Allerdings besteht auch die Gefahr, dass man durch zu viele Zugeständnisse die eigenen Interessen nicht ausreichend vertritt.

Stärken und Schwächen einer kompromissorientierten Verhandlungsstrategie
Stärken

Eine gute Lösung für beide Parteien kann erzielt werden – Eine positive Atmosphäre kann die Beziehung zwischen den Parteien verbessern – Zeit und Ressourcen können gespart werden, da langwierige Konfrontationen vermieden werden.

Schwächen

Kompromisslösungen sind oft suboptimal und erzielen möglicherweise nicht die besten Ergebnisse für beide Parteien – Eine stärkere Partei kann einen größeren Teil des Kompromisses erhalten und die andere Partei benachteiligen – Es ist schwierig, einen akzeptablen Kompromiss zu finden, besonders wenn die Forderungen weit auseinander liegen.

Vorgehensweise einer kompromissorientierten Verhandlungsstrategie

Ein Beispiel für eine kompromissorientierte Verhandlungsstrategie könnte sein, dass beide Parteien ihre Prioritäten und Interessen klären und versuchen eine Lösung zu finden, die für beide akzeptabel ist. Beide Seiten könnten zum Beispiel Vorschläge machen und diese diskutieren, bis sie eine Lösung finden, mit der beide einverstanden sind. Beide sind bereit zu akzeptieren und zu verzichten. Das geht nur mit einer transparenten Kommunikation und einem guten Vertrauensverhältnis. Ein Beispiel.

- **Die Situation:**
 Anna nutzt in dieser Situation eine klassische kompromissorientierte Verhandlungsstrategie, die auf **Verständnis und der Suche nach einer gemeinsamen Lösung** basiert.
- **Vorbereitung und Zielsetzung:**
 Vor der Verhandlung informiert sich Anna über das übliche Gehaltsniveau für vergleichbare Positionen in ihrer Branche und Region.
 Sie definiert ihre Verhandlungsziele und legt fest, welche Kompromisse sie bereit ist einzugehen.
 Sie bereitet konkrete Argumente vor, mit denen sie ihre Forderungen untermauern kann.
- **Aktives Zuhören und Verständnis zeigen:**
 Anna hört dem Personalleiter aufmerksam zu und versucht, seine Position und seine Argumente zu verstehen.
 Sie stellt Fragen, um Unklarheiten zu beseitigen und Missverständnisse zu vermeiden.
 Sie zeigt dem Personalleiter, dass sie seine Bedenken ernst nimmt.
- **Eigene Interessen und Argumente klar kommunizieren:**
 Anna kommuniziert ihre eigenen Interessen und Forderungen klar und deutlich.
 Sie untermauert ihre Forderungen mit konkreten Argumenten und Beispielen aus ihrer Erfahrung.
 Sie zeigt sich offen für Gegenargumente und ist bereit, ihre Position zu begründen.
- **Nach gemeinsamen Interessen suchen:**
 Anna sucht nach gemeinsamen Interessen und Zielen mit dem Personalleiter.
 Sie betont die Vorteile, die sich für beide Seiten ergeben, wenn sie eine Einigung erzielen können.
 Sie schlägt verschiedene Optionen vor, die für beide Seiten tragbar sein könnten.
- **Bereitschaft zum Kompromiss zeigen:**
 Anna zeigt dem Personalleiter, dass sie bereit ist, Kompromisse einzugehen, um eine Einigung zu erzielen.
 Sie ist flexibel und offen für verschiedene Lösungsansätze.

Sie konzentriert sich auf das Ergebnis, das für beide Seiten zufriedenstellend ist.
- **Kreative Lösungen erarbeiten:**
Anna und der Personalleiter brainstormen gemeinsam nach kreativen Lösungen, die beiden Seiten Vorteile bringen könnten.
Sie diskutieren zum Beispiel Möglichkeiten zur flexiblen Arbeitszeitgestaltung, Weiterbildungsmöglichkeiten oder zusätzliche Boni.
Sie sind offen für neue Ideen und lassen sich nicht von starren Vorgaben einschränken.
- **Zum Abschluss:**
Anna und der Personalleiter einigen sich auf eine Gehaltsvereinbarung und ein Paket an Zusatzleistungen, mit dem beide Seiten zufrieden sind.
Sie bedanken sich gegenseitig für die konstruktive und faire Verhandlungsführung.
Sie freuen sich auf eine erfolgreiche Zusammenarbeit.
- **Erfolgsfaktoren:**
Verständnis und Respekt: Durch aktives Zuhören und den Aufbau einer vertrauensvollen Beziehung zum Personalleiter schafft Anna eine Atmosphäre, in der beide Seiten offen und ehrlich miteinander kommunizieren können.
Klare Kommunikation: Anna kommuniziert ihre eigenen Interessen und Forderungen klar und deutlich, was zu einem transparenten Verhandlungsprozess führt.
Gemeinsame Interessen: Indem sie sich auf die gemeinsamen Interessen und Ziele konzentrieren, können Anna und der Personalleiter eine Lösung finden, die für beide Seiten von Vorteil ist.
Kompromissbereitschaft: Anna zeigt dem Personalleiter, dass sie bereit ist, Kompromisse einzugehen, um eine Einigung zu erzielen, was zu einem positiven Verhandlungsklima beiträgt.
Flexibilität: Anna ist flexibel und offen für verschiedene Lösungsansätze, was zu einer kreativen und innovativen Lösung führen kann.
- **Hinweis:**
Der Erfolg einer kompromissorientierten Verhandlungsstrategie hängt von verschiedenen Faktoren ab, wie z. B. der Verhandlungsvorbereitung, der Verhandlungskompetenz und der Bereitschaft bei-

der Parteien zur Zusammenarbeit. Es ist wichtig, die Situation flexibel einzuschätzen und die Strategie gegebenenfalls anzupassen. Diese Verhandlungssituation zeigt, wie eine kompromissorientierte Strategie zu einer Lösung führen kann, die für beide Seiten akzeptabel ist und langfristige Vorteile bietet.

2.3 Zusammenarbeitende oder Win-win-Verhandlungsstrategie

Diese Strategie wird oft von integrativen Verhandlungspartnern eingesetzt, um Win-win-Situationen zu schaffen, bei denen beide Parteien von der Vereinbarung profitieren. Diese Strategie kann zu einer langfristigen und stabilen Beziehung führen.

Merkmale einer Win-win-Verhandlungsstrategie
Eine Win-win-Verhandlungsstrategie basiert auf der Idee, dass beide Parteien in einer Verhandlung gewinnen können und dass eine Vereinbarung erzielt wird, die für alle Beteiligten von Vorteil ist.

Die Verhandlungsparteien arbeiten zusammen, um eine Lösung zu finden, die für alle von Vorteil ist.

In einer Verhandlung, bei der beide Parteien bereit sind, Kompromisse einzugehen und flexibel zu sein, wird eine für alle Beteiligten akzeptable Vereinbarung angestrebt. Durch offene Kommunikation wird sichergestellt, dass die Bedürfnisse und Interessen aller Parteien berücksichtigt werden. Der Fokus liegt dabei auf den zugrunde liegenden Interessen und Bedürfnissen, nicht auf starren Positionen. Ziel ist es, eine Lösung zu finden, die für alle Beteiligten von Vorteil ist, anstatt nur eine kurzfristige Gewinnmaximierung anzustreben. Diese Win-win-Verhandlungsstrategie betont den Aufbau langfristiger Beziehungen zwischen den Parteien.

Stärken und Schwächen einer zusammenarbeitenden Win-win-Verhandlungsstrategie

Stärken

Eine Win-win-Strategie führt zu Lösungen, von denen beide Parteien profitieren und ihre Ziele erreichen können – Sie unterstützt den Aufbau langfristiger Beziehungen auf Basis von Vertrauen und Zusammenarbeit – Sie fördert Kreativität und Zusammenarbeit, was zu innovativen Lösungen führen kann – Offene Kommunikation und Transparenz zwischen beiden Parteien vermeiden Missverständnisse und Konflikte.

Schwächen

Eine Win-win-Strategie erfordert mehr Zeit und Mühe als eine konkurrierende Strategie – Bei ungleichen Macht – oder Ressourcenverhältnissen kann eine Win-win-Strategie unangemessen sein – Keine Garantie, dass eine Win-win-Strategie immer zu einer für beide Seiten akzeptablen Lösung führt.

Vorgehenswesen für eine Win-win-Verhandlungsstrategie

Finde zunächst Gemeinsamkeiten zwischen deinen Interessen und Bedürfnissen sowie denen deines Vorgesetzten, um eine Basis für eine gemeinsame Lösung zu finden. Dazu eignet sich die Technik des Brainstormings, um alle möglichen Lösungen zu generieren, die sowohl für dich als auch für deinen Vorgesetzten vorteilhaft sein könnten. Schaffe eine offene Kommunikationsumgebung, in der ihr eure Interessen und Bedürfnisse offen diskutieren könnt, um ein tieferes Verständnis füreinander zu entwickeln. Generiere auch mehrere Optionen, die euch beiden zugutekommen könnten und bewerte diese Optionen hinsichtlich ihrer Auswirkungen auf die Ziele und Interessen von dir und deinem Vorgesetzten. Sei immer bereit, Kompromisse einzugehen und deine Position zu ändern, um eine Lösung zu finden, die beiden Parteien zugutekommt. Achte darauf, dass die Bedingungen der Einigung fair und ausgewogen sind und deine Interessen berücksichtigt werden. Betone die

Bedeutung einer langfristigen und kooperativen Beziehung zwischen dir und deinem Vorgesetzten und wie eine Win-win-Lösung dazu beitragen kann, diese Beziehung zu stärken. Ein Beispiel.

- **Die Situation:**
  Anna nutzt in dieser Situation eine klassische Win-Win-Verhandlungsstrategie, die auf Kooperation und gegenseitigem Verständnis basiert.
- **Gemeinsame Interessen identifizieren:**
  Anna beginnt das Gespräch, indem sie dem Personalleiter ihre Begeisterung für die Stelle und das Unternehmen ausdrückt.
  Sie stellt Fragen nach den Herausforderungen und Zielen der Position, um die Bedürfnisse des Unternehmens besser zu verstehen.
  Sie betont ihre eigenen Stärken und Erfahrungen, die sie für die Position qualifizieren.
- **Verhandlungsraum schaffen:**
  Anna erklärt dem Personalleiter, dass sie an einer fairen und für beide Seiten vorteilhaften Lösung interessiert ist.
  Sie schlägt vor, verschiedene Gehaltsmodelle und Zusatzleistungen zu diskutieren, um eine Einigung zu finden, die sowohl ihre Bedürfnisse als auch die des Unternehmens erfüllt.
  Sie zeigt sich offen für Kompromisse und ist bereit, verschiedene Optionen zu erwägen.
- **Kreative Lösungen erarbeiten:**
  Anna und der Personalleiter brainstormen gemeinsam nach kreativen Lösungen, die beiden Seiten Vorteile bringen könnten.
  Sie diskutieren zum Beispiel Möglichkeiten zur flexiblen Arbeitszeitgestaltung, Weiterbildungsmöglichkeiten oder zusätzliche Boni.
  Sie sind offen für neue Ideen und lassen sich nicht von starren Vorgaben einschränken.
- **Auf Interessen fokussieren, nicht auf Positionen:**
  Anna vermeidet es, ein Ultimatum zu stellen oder ihre Forderungen unnachgiebig zu vertreten.

Stattdessen konzentriert sie sich auf die Interessen beider Parteien und sucht nach Lösungen, die diese Interessen bestmöglich erfüllen. Sie kommuniziert transparent und offen und ist bereit, ihre eigenen Interessen zugunsten einer gemeinsamen Lösung anzupassen.

- **Zum Abschluss:**

Anna und der Personalleiter einigen sich auf eine Gehaltsvereinbarung und ein Paket an Zusatzleistungen, mit dem beide Seiten zufrieden sind.
Sie bedanken sich gegenseitig für die konstruktive und faire Verhandlungsführung.
Sie freuen sich auf eine erfolgreiche Zusammenarbeit.

- **Erfolgsfaktoren:**

Kooperation und gegenseitiges Verständnis: Durch den Aufbau einer vertrauensvollen Beziehung zum Personalleiter schafft Anna eine Atmosphäre, in der beide Seiten offen und ehrlich miteinander kommunizieren können.
Gemeinsame Interessen identifizieren: Indem sie sich auf die gemeinsamen Interessen und Ziele konzentrieren, können Anna und der Personalleiter eine Lösung finden, die für beide Seiten von Vorteil ist.
Verhandlungsraum schaffen: Anna zeigt dem Personalleiter, dass sie an einer flexiblen und lösungsorientierten Verhandlung interessiert ist, was zu einem positiven Verhandlungsklima beiträgt.
Kreative Lösungen erarbeiten: Durch Brainstorming und die Offenheit für neue Ideen können Anna und der Personalleiter innovative Lösungen finden, die beide Seiten zufrieden stellen.
Auf Interessen fokussieren, nicht auf Positionen: Anstatt ihre Forderungen unnachgiebig zu vertreten, konzentriert sich Anna auf die Interessen beider Parteien, was zu einer nachhaltigen Einigung führt.

- **Hinweis:**

Der Erfolg einer Win-Win-Verhandlungsstrategie hängt von verschiedenen Faktoren ab, wie z. B. der Verhandlungsvorbereitung, der Verhandlungskompetenz und der Bereitschaft beider Parteien zur Zusammenarbeit. Es ist wichtig, die Situation flexibel einzuschätzen und die Strategie gegebenenfalls anzupassen.

> **Zusammenfassung**
>
> Es ist wichtig, deine eigene Situation sorgfältig zu analysieren, klare Ziele zu setzen und die Bedürfnisse und Erwartungen deines Arbeitgebers zu verstehen. Auf dieser Grundlage kannst du eine passende Verhandlungsstrategie auswählen, sei es die intuitive, kompromissorientierte oder die Win-win-Strategie. Sicher gibt es noch mehr Strategien wie z. B. konfrontative oder konkurrierende Strategien. Diese eignen sich nicht für Gehaltsverhandlungen.
>
> Jede dieser Strategien hat ihre eigenen Vor- und Nachteile und die richtige Wahl hängt von den individuellen Umständen ab. Eine kluge Vorbereitung, das Beherrschen von Verhandlungstechniken und die Fähigkeit, flexibel auf unerwartete Wendungen zu reagieren, sind ebenfalls entscheidende Faktoren für den Verhandlungserfolg.

2.4 Unsere Empfehlung

Unsere Empfehlung für deine Gehaltsverhandlung ist die Win-win-Strategie, da sie eine Reihe von Vorteilen bietet, die sowohl für den Arbeitgeber als auch für dich als Arbeitnehmer von großem Nutzen sind.

Durch die Anwendung dieser Strategie können langfristige und erfolgreiche Arbeitsbeziehungen aufgebaut werden, die auf Vertrauen, Zusammenarbeit und gegenseitigem Respekt basieren.

Warum empfehlen wir die Win-win-Verhandlungsstrategie für Gehaltsverhandlungen?

Es ist schon in der Bezeichnung der Strategie zu lesen. Eine Win-win-Verhandlungsstrategie fördert die langfristige Beziehung zwischen deinem Arbeitgeber und dir. Indem ihr eure Interessen und Bedürfnisse berücksichtigt und gemeinsam nach einer Lösung sucht, die für beide von Vorteil ist, wird das Fundament für eine erfolgreiche Zusammenarbeit gelegt, die über die aktuelle Gehaltsverhandlung hinausgeht. Diese Strategie trägt auch zur Entwicklung von Vertrauen und Zusammenarbeit zwischen euch bei. Durch offene Kommunikation, Kompromissbereitschaft und das Streben nach gemeinsamen Zielen wird ein Klima des Vertrauens geschaffen, das eine effektive Zusammenarbeit ermöglicht. Wenn du und dein Vorgesetzter in Gehaltsverhandlungen eine Win-

win-Lösung anstrebt, wird auch eine langfristige Zufriedenheit und Motivation gefördert. Wenn du als Arbeitnehmer das Gefühl hast, fair und angemessen vergütet zu werden, bist du auch eher bereit, dich langfristig dem Unternehmen zu verpflichten und dein Bestes zu geben.

Insgesamt empfehlen wir die Win-win-Verhandlungsstrategie für Gehaltsverhandlungen, da sie dazu beiträgt, langfristige und erfolgreiche Arbeitsbeziehungen aufzubauen, die auf Vertrauen, Zusammenarbeit und gegenseitigem Nutzen beruhen. Indem beide Parteien ihre Interessen und Bedürfnisse berücksichtigen und gemeinsam nach einer Lösung suchen, die für alle von Vorteil ist, können langfristige Zufriedenheit, Motivation und Erfolg erreicht werden.

3

Was du über deine Verhandlung wissen solltest

Verhandlungen sind ein integraler Bestandteil des beruflichen und persönlichen Lebens. Gehaltsverhandlungen sind eine spezielle Form der Verhandlung, die im beruflichen Kontext stattfinden und sich auf die finanzielle Entlohnung eines Mitarbeiters konzentrieren.

In Gehaltsverhandlungen versucht der Mitarbeiter, eine angemessene Vergütung für seine Arbeit zu erreichen, während das Unternehmen darauf bedacht ist, die Kosten zu kontrollieren und eine faire Entlohnung im Rahmen des Budgets zu gewährleisten.

Diese Verhandlungen erfordern spezifische Fähigkeiten und Strategien, darunter eine gründliche Vorbereitung, die Kenntnis des Marktstandards für Gehälter, die Fähigkeit, die eigenen Leistungen überzeugend zu präsentieren und die Bereitschaft, alternative Lösungen zu diskutieren.

Das Ziel einer erfolgreichen Gehaltsverhandlung ist es, eine Vereinbarung zu erzielen, die sowohl für den Mitarbeiter als auch für das Unternehmen fair und akzeptabel ist und gleichzeitig die Arbeitsbeziehung zu stärken.

Was du dabei beachten musst
Die Vorbereitung auf eine Gehaltsverhandlung ist entscheidend, um erfolgreich zu sein und die eigenen Interessen effektiv zu vertreten.

Orientiere dich an nachfolgenden Empfehlungen für deine Vorbereitung.

Eine gründliche Vorbereitung ist der Schlüssel zu erfolgreichen Gehaltsverhandlungen. Sammle Informationen über den Marktstandard für deine Position, deine eigenen Leistungen und Erfolge im Unternehmen sowie über mögliche Alternativen und Zusatzleistungen, die verhandelbar sind.

Die Identifikation von Zielen und Prioritäten ist wichtig, um deine Gehaltsvorstellungen und Zusatzwünsche klar zu definieren. Setze dir klare Ziele und Prioritäten für die Verhandlung, um deine Interessen effektiv zu vertreten. Es ist wichtig, deine eigenen Wertvorstellungen und finanziellen Ziele zu kennen, bevor du in Gehaltsverhandlungen eintrittst. Überlege dir auch, welche Alternativen und Zusatzleistungen für dich angemessen und zufriedenstellend wären.

Sei dir bewusst, dass es möglicherweise Grenzen gibt, wie weit das Unternehmen bei der Gehaltsverhandlung gehen kann. Berücksichtige die finanziellen Möglichkeiten des Unternehmens sowie branchenübliche Standards und gehe realistisch an die Verhandlung heran.

Das Sammeln von Argumenten ist entscheidend, um deine Gehaltsanpassung zu untermauern. Sammle konkrete Beispiele für deine Leistungen, Erfolge und Zusatzqualifikationen, um deine Wertvorstellung zu unterstützen.

Schließlich ist es wichtig, die Perspektive und die Interessen deines Verhandlungspartners zu verstehen. Berücksichtige dabei, wie deine Gehaltsanpassung und Zusatzwünsche in das größere Bild des Unternehmens passen.

Effektive Kommunikation während der Verhandlung ist entscheidend. Formuliere deine Argumente klar und überzeugend und übe dich in aktiver Zuhörtechnik, um die Bedenken und Interessen der anderen Partei zu verstehen.

Wähle den richtigen Zeitpunkt für die Gehaltsverhandlung sorgfältig aus. Idealerweise solltest du Verhandlungen führen, nachdem du bedeutende Leistungen erbracht hast oder wenn das Unternehmen in einer finanziell stabilen Phase ist.

Indem du diese Maßnahmen ergreifst und dich gründlich auf die Gehaltsverhandlung vorbereitest, kannst du deine Chancen auf eine erfolgreiche und zufriedenstellende Vereinbarung erhöhen.

3.1 Die erste Herausforderung – Dein Selbst-Profiling

Eine wichtige Erkenntnis, die wir aus zahlreichen unserer Trainings, Vorträge und Coachings gewonnen haben, ist die unbestreitbare Bedeutung der Verhandlungsfähigkeiten. Die Ergebnisse von Verhandlungen sind maßgeblich von den Fähigkeiten der beteiligten Personen abhängig. Daher ergibt sich als Schlussfolgerung und auch als unsere Empfehlung, dass der erste Schritt bei der Vorbereitung auf eine Verhandlung ein gründliches Selbst-Profiling sein sollte.

Ein gründliches Selbst-Profiling in Bezug auf deine Persönlichkeit, deine Stärken, Schwächen und Verhaltensmuster ist für deine Gehaltsverhandlung äußerst wichtig.

Zunächst einmal ermöglicht dir ein solches Profiling, deine Fähigkeiten und Leistungen klar zu erkennen und zu verstehen. Indem du deine Stärken identifizierst, kannst du während der Verhandlung selbstbewusst darauf verweisen und argumentieren, warum du eine angemessene Vergütung verdienst.

Auf der anderen Seite hilft dir die Analyse deiner Schwächen, realistische Erwartungen zu setzen und mögliche Gegenargumente deines Arbeitgebers vorauszusehen. Durch diese Selbstreflexion kannst du Schwachstellen in deiner Argumentation erkennen und dich darauf vorbereiten, sie während der Verhandlung zu adressieren.

Des Weiteren ist es wichtig, deine Verhaltensmuster zu verstehen, da diese dein Auftreten während der Verhandlung beeinflusst. Wenn du beispielsweise dazu neigst, in Konfliktsituationen zurückhaltend zu sein, kannst du dich darauf vorbereiten, selbstsicherer aufzutreten und deine Position klar zu vertreten.

Ein Selbst-Profiling ermöglicht es dir auch, deine beruflichen Erfolge und Leistungen zu dokumentieren und zu quantifizieren. Indem du konkrete Beispiele für deine Erfolge und ihren Einfluss auf das Unternehmen vorlegst, kannst du deine Verhandlungsposition stärken und eine höhere Vergütung rechtfertigen.

> **Tipp**
> Die eigene Persönlichkeit ist der Erfolgsfaktor Nr. 1 in Verhandlungen! Dieser Faktor darf niemals unterschätzt werden, denn die Ergebnisse der Verhandlungen hängen immer vom Grad der Fähigkeiten der mit den Verhandlungen betrauten Personen ab.

Um deine Verhandlungsfähigkeiten gezielt zu verbessern, ist es wichtig, eine fundierte Selbsteinschätzung vorzunehmen. Der folgende Analysebogen bietet dir eine strukturierte Möglichkeit, deine persönlichen Stärken und Schwächen im Bereich der Verhandlungsführung zu identifizieren und konkrete Entwicklungsziele zu setzen. Passe ihn bei Bedarf an deine spezifischen Anforderungen und Präferenzen an.

Analysebogen für dein persönliches Profiling
Persönliche Stärken

- **Empathie:** Beschreibe deine Fähigkeit, die Gefühle und Bedürfnisse anderer zu erkennen und darauf einzugehen.
- **Analytische Fähigkeiten:** Bewertung deiner Fähigkeit, komplexe Informationen zu analysieren, Muster zu identifizieren und fundierte Entscheidungen abzuleiten.
- **Kommunikation:** Wie effektiv bist du darin, deine Gedanken klar und überzeugend zu vermitteln und dabei aktiv zuzuhören?
- **Kreativität:** Beschreibe deine Fähigkeit, innovative Lösungen zu finden und alternative Ansätze zu entwickeln, um Verhandlungshindernisse zu überwinden.

Persönliche Schwächen

- **Konfliktvermeidung:** Bewerte deine Tendenz, Konfrontationen zu vermeiden und deine Bereitschaft, schwierige Themen anzusprechen und Konflikte konstruktiv anzugehen.
- **Mangelnde Vorbereitung:** Wie intensiv bereitest du dich vor Verhandlungen vor und wie effektiv kannst du Informationen sammeln, Ziele setzen und Strategien entwickeln?
- **Zu viel Nachgeben:** Bewerte deine Tendenz, zu schnell nachzugeben und deine Fähigkeit, deine Positionen zu verteidigen und faire Kompromisse zu finden.
- **Mangelnde Selbstkontrolle:** Beschreibe deine Fähigkeit, deine Emotionen zu kontrollieren und rational zu handeln, auch wenn die Situation emotional belastend ist.

Erfahrungen und Feedback

- **Vergangene Verhandlungen:** Reflektiere über vergangene Verhandlungen und identifiziere spezifische Situationen, in denen deine Stärken und Schwächen zum Tragen kamen.
- **Feedback von anderen:** Was sagen Kollegen, Vorgesetzte oder andere Verhandlungspartner über deine Verhandlungsfähigkeiten? Sammle konkrete Beispiele und Rückmeldungen.

Persönlichkeitsbewertungen

- **Persönlichkeitstests:** Hast du bereits Persönlichkeitstests oder Assessments durchgeführt, die sich auf Verhandlungsfähigkeiten konzentrieren? Beschreibe die Ergebnisse und wie sie mit deinen eigenen Beobachtungen und dem erhaltenen Feedback übereinstimmen.

Zusammenfassung und Analyse

- **Stärken und Schwächen:** Fasse zusammen, welche Stärken und Schwächen du identifiziert hast. Gibt es bestimmte Muster oder Trends, die du erkennst?
- **Entwicklungsziele:** Formuliere konkrete Ziele, die auf deiner Analyse basieren und überlege, wie du diese Ziele erreichen kannst.

Fortschritt und Weiterentwicklung

- **Aktionsplan:** Skizziere einen detaillierten Aktionsplan, der beschreibt, wie du deine Stärken weiter ausbauen und deine Schwächen überwinden kannst. Berücksichtige dabei Zeitrahmen, Ressourcen und unterstützende Maßnahmen.
- **Fortlaufende Bewertung:** Plane regelmäßige Überprüfungen deiner Fortschritte ein und sei bereit, deine Ziele und Strategien anzupassen, wenn sich neue Erkenntnisse ergeben oder sich die Umstände ändern.

Zusammenfassung

Die essenzielle Bedeutung von Verhandlungsfähigkeiten wird in zahlreichen Trainings, Vorträgen und Coachings unterstrichen. Der Erfolg von Verhandlungen hängt maßgeblich von den Fähigkeiten der beteiligten Personen ab. Daher ist ein sorgfältiges Selbst-Profiling der erste Schritt zur Vorbereitung auf Verhandlungen. Durch Selbstreflexion können persönliche Stärken und Schwächen identifiziert, realistische Erwartungen gesetzt und eine überzeugende Verhandlungsstrategie entwickelt werden. Die eigene Persönlichkeit spielt dabei eine entscheidende Rolle und sollte keinesfalls unterschätzt werden. Ein strukturierter Analysebogen ermöglicht eine detaillierte Bewertung der eigenen Verhandlungsfähigkeiten und die Festlegung konkreter Entwicklungsziele.

3.2 Die zweite Herausforderung – Deine Emotionen

In Gehaltsverhandlungen spielen deine Emotionen eine bedeutende Rolle, die weitreichende Auswirkungen auf den gesamten Verhandlungsprozess haben können. Deine Emotionen beeinflussen maßgeblich dein Verhalten während der Verhandlung.

Angst vor Ablehnung, Ärger über ungerechte Vergütung oder Euphorie über mögliche Verbesserungen können deine Wahrnehmung beeinträchtigen und dich dazu bringen, impulsiv zu handeln oder unüberlegte Entscheidungen zu treffen.

Darüber hinaus beeinflussen deine Emotionen auch deine Kommunikation und deinen Ausdruck während der Verhandlung. Man erkennt sie in deiner Körpersprache, deiner Stimmlage und deinem Sprachgebrauch, was wiederum die Art und Weise beeinflusst, wie deine Botschaft vom Gegenüber wahrgenommen wird. Ein positives und selbstbewusstes Auftreten kann deine Verhandlungsposition stärken, während negative oder unsichere Emotionen das Gegenteil bewirken können.

Des Weiteren spielen deine Emotionen eine Rolle bei der Gestaltung der Beziehung zwischen dir und deinem Verhandlungspartner. Positive Emotionen wie Sympathie und Vertrauen werden häufig zu einer besseren Zusammenarbeit und einem konstruktiven Verhandlungsklima führen. Negative Emotionen hingegen können die Verhandlung erschweren und zu einem unproduktiven Austausch führen.

Letztendlich können Emotionen auch das Ergebnis von Verhandlungen beeinflussen. Zugeständnisse aus Angst oder Unsicherheit können zu weniger vorteilhaften Ergebnissen führen. Andererseits können positive Emotionen wie Entschlossenheit und Selbstvertrauen dazu beitragen, dass Ziele erfolgreich erreicht werden und verdient wird, was gewünscht wird. Es ist wichtig, Emotionen in Gehaltsverhandlungen zu erkennen, zu kontrollieren und konstruktiv zu nutzen, um erfolgreiche Verhandlungen zu führen. Eine bewusste Auseinandersetzung mit den eigenen Emotionen kann dazu beitragen, rational und selbstbewusst aufzutreten, Ziele erfolgreich zu verfolgen und letztendlich das zu erreichen, was verdient wird.

So hältst du deine Emotionen unter Kontrolle – Eine Checkliste

Um eine rationale Entscheidung treffen zu können, ist es sehr wichtig, in Verhandlungssituationen die eigenen Emotionen unter Kontrolle zu halten.

Der erste Schritt ist, ein Bewusstsein für deine eigenen Emotionen zu entwickeln. Nimm dir Zeit, um zu erkennen, welche Emotionen du fühlst und warum sie auftreten. Selbstreflexion kann dabei helfen, Muster zu identifizieren und zu verstehen, wie bestimmte Situationen deine Emotionen beeinflussen.

Atemtechniken sind eine weitere wirksame Methode, um Stress abzubauen und den Geist zu beruhigen. Konzentriere dich auf deine Atmung, indem du bewusst tief ein- und ausatmest. Dadurch kannst du deine Emotionen besser kontrollieren und einen klaren Kopf bewahren.

Positive Affirmationen oder auch Glaubenssätze können ebenfalls hilfreich sein, um das Selbstvertrauen zu stärken und negative Gedanken zu überwinden. Wiederhole dir selbst positive Sätze wie „Ich bin ruhig und gelassen" oder „Ich bin in der Lage, diese Verhandlung erfolgreich zu führen", um deine Emotionen positiv zu beeinflussen.

Die Entwicklung deiner emotionalen Intelligenz ist eine weitere Technik. Diese Technik beinhaltet das Verständnis und die Beherrschung eigener Emotionen sowie die Fähigkeit, Emotionen anderer zu erkennen und darauf angemessen zu reagieren. Durch ständiges Verbessern oder das Wachsen und Lernen deiner emotionalen Intelligenz wirst du deine eigenen Emotionen besser verstehen.

Auch die Visualisierung ist eine besonders kraftvolle Technik, um sich mental auf eine Verhandlung vorzubereiten und die eigenen Emotionen zu kontrollieren. Stelle dir vor, wie die Verhandlung ablaufen wird und wie du ruhig und selbstbewusst reagierst, auch in herausfordernden Situationen.

Wenn du das Gefühl hast, das deine Emotionen überhandnehmen, ist es wichtig, eine Pause einzulegen. Bitte deinen Gesprächspartner um eine kleine Pause. Stehe auf, verlasse den Besprechungsraum, trinke einen Kaffee, Tee oder etwas Wasser, um dich zu beruhigen und deine Gedanken zu sammeln. Eine kurze Pause kann helfen, Stress abzubauen und den Fokus wiederzuerlangen.

Schließlich ist es wichtig, dich mental von der Situation zu distanzieren und sie objektiv zu betrachten. Frage dich selbst, was wirklich wichtig ist und welche Emotionen dich beeinflussen. Indem du dich von emotionalen Reaktionen löst, kannst du rationaler handeln und bessere Entscheidungen treffen. Indem du diese Mittel anwendest und regelmäßig übst, kannst du lernen, deine eigenen Emotionen während einer Verhandlung besser zu kontrollieren und so deine Verhandlungsfähigkeiten verbessern.

> **Zusammenfassung**
>
> Um in Verhandlungen rationale Entscheidungen zu treffen, ist es wichtig, die eigenen Emotionen zu kontrollieren. Dies erreicht man durch Bewusstsein für die eigenen Emotionen, Atemtechniken, positive Affirmationen, Entwicklung emotionaler Intelligenz und Visualisierung. Bei Bedarf sollte man eine Pause einlegen, um Stress abzubauen, und die Situation objektiv betrachten, um rational handeln zu können. Durch regelmäßiges Üben dieser Techniken verbessert man seine Verhandlungsfähigkeiten und kann erfolgreichere Ergebnisse erzielen.

3.3 Die dritte Herausforderung – Deine Angst vor Ablehnung

Eine der größten Ängste bei Gehaltsverhandlungen ist die Angst vor der Ablehnung. Die Vorstellung, dass die Forderung nach einer Gehaltsanpassung mit einem „Nein" beantwortet werden könnte, schüchtert den einen oder die andere sehr schnell ein.

Sehr verbreitet ist die Furcht vor negativen Konsequenzen wie einer Verschlechterung der Beziehung zum Arbeitgeber oder beruflichen Nachteilen. Auch Erwartungen und Normen im persönlichen Umfeld bezüglich des beruflichen Erfolgs können zusätzlich Druck erzeugen, da eine Ablehnung als Versagen wahrgenommen werden könnte.

Ein anderer Grund könnte darin liegen, dass man sein Selbstwertgefühl stark mit dem Gehalt oder beruflichem Erfolg verknüpft und eine Ablehnung als persönlichen Angriff empfindet. Ein weiterer Faktor ist der Mangel an Selbstvertrauen und die Unsicherheit über den eigenen

Wert. Menschen, die sich ihres Wertes nicht bewusst sind oder Schwierigkeiten haben, diesen angemessen zu kommunizieren, können besonders von der Angst vor Ablehnung betroffen sein. Um mit dieser Angst umzugehen, ist Selbstreflexion entscheidend, um den eigenen Wert zu erkennen und Selbstvertrauen aufzubauen.

Ein Mangel an Selbstbewusstsein kann auch ein Faktor sein, der Unbehagen auslöst. Andere Menschen zweifeln an ihren Fähigkeiten und sind unsicher, ob sie tatsächlich eine Gehaltsanpassung verdienen. Dieser Mangel an Selbstvertrauen führt häufig dazu, dass sie sich selbst unterbewerten. Unsicherheiten über den eigenen Marktwert ist ein weiterer Grund für das Unwohlsein. Häufig ist man sich nicht sicher, wie viel man in der Branche und Position wert ist. Auch diese Unsicherheit führt häufig zu Selbstzweifeln.

Die Sorge um die Beziehung zum Arbeitgeber ist ein weiterer emotionaler Aspekt. Einige Arbeitnehmer befürchten, dass das Fordern einer Gehaltsanpassung ihre Beziehung zum Arbeitgeber beeinträchtigen könnte. Sie möchten keine Spannungen oder Konflikte auslösen.

Auch ein Mangel an Verhandlungsfähigkeiten bringt eine große Unsicherheit. Gehaltsverhandlungen erfordern spezielle Fähigkeiten, die nicht jeder beherrscht. Der Mangel an Verhandlungserfahrung und -kenntnissen wird die Unsicherheit verstärken.

Eine mangelnde Vorbereitung auf die Verhandlung ist das größte Problem. Eine unzureichende Vorbereitung auf Gehaltsverhandlungen kann die Unsicherheit verstärken. Menschen, die nicht gut vorbereitet sind, fühlen sich möglicherweise nicht in der Lage, ihre Forderungen überzeugend zu präsentieren.

> Trotz dieser Ängste und Unsicherheiten ist es wichtig zu erkennen, dass Gehaltsverhandlungen ein wesentlicher Bestandteil der eigenen beruflichen Entwicklung sind. Mit der richtigen Vorbereitung, Bildung und Selbstbewusstsein können Menschen erfolgreichere Verhandlungen führen und das Gehalt erzielen, das sie verdienen.

So stärkst du dein Selbstbewusstsein für die Verhandlung
Um die Angst vor Ablehnung in Verhandlungen zu reduzieren, ist es wichtig, verschiedene Maßnahmen zu ergreifen. Eine davon ist Selbstreflexion und Selbstbewusstsein. Durch das Reflektieren über deine eigenen Fähigkeiten, Stärken und Erfolge kannst du dein Selbstbewusstsein stärken und Selbstzweifel reduzieren. Realistische Erwartungen zu setzen ist ebenfalls entscheidend. Indem du dir realistische Ziele setzt und dich auf mögliche Ergebnisse vorbereitest, reduzierst du den Druck auf dich selbst und die Angst vor Ablehnung.

Eine gründliche Vorbereitung auf die Verhandlung ist unerlässlich. Sammle alle relevanten Fakten, Daten und Argumente, um deine Position überzeugend zu vertreten.

Das bedeutet auch, den Markt zu recherchieren, um den Wert deiner Position und deiner Branche zu verstehen. Es bedeutet auch, alle relevanten Informationen über deine eigenen Qualifikationen und Leistungen zu sammeln, die deine Gehaltsanpassung rechtfertigen. Eine gut durchdachte Verhandlungsstrategie ist unerlässlich, einschließlich möglicher Alternativen, falls deine ursprüngliche Forderung abgelehnt wird.

Visualisierung ist eine weitere wirksame Methode, um die Angst vor Ablehnung zu reduzieren. Stelle dir vor, wie die Verhandlung erfolgreich verläuft und wie du selbstbewusst und überzeugend auftrittst. Die Visualisierung haben wir schon in der Checkliste für die Emotionskontrolle beschrieben. Positive Visualisierung kann auch hier dazu beitragen, dein Selbstvertrauen zu stärken und die Angst vor Ablehnung zu mindern.

Investiere auch in die Verbesserung deiner Kommunikationsfähigkeiten. Durch Kommunikationstraining lernst du, effektiv zu kommunizieren und deine Gedanken und Argumente klar und überzeugend zu präsentieren. Suche außerdem Unterstützung bei Freunden, Familienmitgliedern oder Kollegen, die dich ermutigen und unterstützen können. Ein starkes persönliches Netzwerk kann helfen, das Selbstvertrauen zu stärken und die Angst vor Ablehnung zu reduzieren.

Schließlich ist es wichtig, die Akzeptanz von Ablehnung zu üben. Akzeptiere, dass Ablehnung ein natürlicher Teil des Verhandlungsprozesses ist und nicht zwangsläufig persönlich genommen werden muss. Lerne, mit Ablehnung umzugehen und sie als eine Gelegenheit zur persönlichen Weiterentwicklung zu betrachten. Indem du diese Maßnahmen umsetzt und regelmäßig übst, kannst du deine Fähigkeit verbessern, mit der Angst vor Ablehnung in Verhandlungen umzugehen und selbstbewusst für deine Interessen einzutreten.

3.4 Auch aus Ablehnungen kannst du lernen

Ablehnungen in Gehaltsverhandlungen können zunächst entmutigend wirken, bieten jedoch auch wertvolle Lernmöglichkeiten.

Ein Perspektivwechsel kann hilfreich sein, indem du die Ablehnung als Chance zur persönlichen Weiterentwicklung betrachtest. Dabei ist es wichtig, sich in die Lage des Gesprächspartners zu versetzen, um neue Einsichten zu gewinnen und Fähigkeiten zu verbessern. Nach der Ablehnung ist es wichtig, eine Phase der Reflexion und Analyse einzuleiten. Dabei solltest du die Gründe für die Ablehnung noch einmal durchgehen und sorgfältig überprüfen. Anschließend kannst du die Schlussfolgerungen ziehen, die dir helfen, dich weiterzuentwickeln.

Darüber hinaus ist es wichtig, deine Emotionen zu verarbeiten und anzuerkennen, ohne sich von ihnen überwältigen zu lassen. Selbstfürsorge spielt dabei eine wichtige Rolle, indem du dir Zeit für dich selbst nimmst und Aktivitäten genießt, die dein Wohlbefinden steigern.

Eine Ablehnung kann auch als Ansporn für persönliches Wachstum dienen, indem du neue Ziele setzt und hart daran arbeitest, sie zu erreichen. Positive Selbstgespräche sind dabei eine unterstützende Kraft, um Selbstzweifel zu überwinden und motiviert zu bleiben.

Des Weiteren bieten Ablehnungen die Möglichkeit, die eigene Resilienz zu stärken und die Fähigkeit zu entwickeln, Rückschläge zu überwinden. Durch die Analyse der Gründe für die Ablehnung und die Anpassung der Verhandlungsstrategie kannst du deine Verhandlungsfähigkeiten verbessern. Außerdem fördern Ablehnungen das Selbstverständnis, da man sich bewusst wird, welche Aspekte der eigenen Persönlichkeit oder Fähigkeiten möglicherweise noch entwickelt werden müssen.

Die konstruktive Bewältigung von Ablehnungen kann zudem das Selbstbewusstsein stärken und ein Wachstumsdenken fördern, das Fehler und Rückschläge als Gelegenheiten zum Lernen und Wachsen betrachtet. Insgesamt bieten Ablehnungen in Gehaltsverhandlungen somit vielfältige Chancen zur persönlichen und beruflichen Entwicklung.

Zusammenfassend lässt sich sagen, dass Ablehnungen in Gehaltsverhandlungen als Gelegenheit zur persönlichen Entwicklung betrachtet werden können. Durch Reflexion, emotionale Verarbeitung und den Einsatz positiver Selbstgespräche kannst du gestärkt aus solchen Situationen hervorgehen und deinen Weg zum Erfolg weiterverfolgen.

> **Zusammenfassung**
>
> Die Angst vor Ablehnung ist eine häufige Sorge bei Gehaltsverhandlungen. Sie kann durch die Befürchtung negativer Konsequenzen, Selbstwertverknüpfung mit Gehalt, Mangel an Selbstvertrauen und Unsicherheit über den eigenen Wert ausgelöst werden. Selbstreflexion, Vorbereitung, und das Bewusstsein um den eigenen Marktwert sind entscheidend, um diese Ängste zu überwinden.
>
> Um Selbstbewusstsein für die Verhandlung zu stärken, ist Selbstreflexion, Realismus in den Erwartungen, gründliche Vorbereitung, Visualisierung, Kommunikationstraining und Unterstützung aus dem Netzwerk essenziell. Akzeptanz von Ablehnung als natürlicher Teil des Prozesses und die Fähigkeit, daraus zu lernen, sind ebenfalls wichtige Aspekte.
>
> Ablehnungen bieten Chancen zur persönlichen Weiterentwicklung, indem sie als Motivation für neue Ziele dienen und die Resilienz stärken. Die konstruktive Bewältigung fördert ein Wachstumsdenken und Selbstvertrauen, das Fehler und Rückschläge als Lernmöglichkeiten betrachtet. Insgesamt können Gehaltsverhandlungen trotz Ängsten und Ablehnungen als wichtiger Bestandteil der beruflichen Entwicklung betrachtet werden.

Teil II
Die Verhandlungsvorbereitung

4
Die Vorbereitung und ihre Bedeutung

Die Vorbereitung auf eine Verhandlung ist entscheidend für den Erfolg. Viele Experten sind sich einig, dass 80 % des Verhandlungserfolgs in der Vorbereitung liegt. Auch die Erkenntnisse aus sehr vielen Trainings mit mehreren tausend Teilnehmern verdeutlichen eindrucksvoll, welchen unschätzbaren Wert eine umfassende Verhandlungsvorbereitung hat. Eine sorgfältige Analyse der eigenen Position, das Verständnis der Interessen der Gegenseite und die Entwicklung einer klaren Strategie sind essenziell, um in Verhandlungen souverän und überzeugend auftreten zu können.

Eine gründliche Vorbereitung steigert die Erfolgsaussichten erheblich. Die Teilnehmer, die sich intensiv auf ihre Verhandlungen vorbereiten, erzielen in der Regel bessere Ergebnisse. Sie sind in der Lage, ihre Ziele klar zu definieren und mit überzeugenden Argumenten zu untermauern. Dieses Selbstbewusstsein trägt maßgeblich zum Erfolg bei.

Die Vorbereitung fördert zudem die Effizienz in Verhandlungen. Gut vorbereitete Teilnehmer verschwenden weniger Zeit mit unwichtigen Details und konzentrieren sich stattdessen auf die zentralen Aspekte der Verhandlung. Dies führt zu schnelleren und zielgerichteteren Gesprächen.

Ein weiterer Vorteil der Vorbereitung besteht darin, typische Fehler und Fallstricke in Verhandlungen zu vermeiden. Teilnehmer, die gut vorbereitet sind, sind weniger anfällig für unerwartete Hindernisse und können flexibler auf Veränderungen in der Verhandlungsdynamik reagieren.

Die erworbenen Fähigkeiten und das Selbstvertrauen bleiben den Teilnehmern langfristig erhalten und können in ihrer gesamten beruflichen Laufbahn, oder auch im privaten Umfeld, von Nutzen sein.

Nicht zuletzt fördert eine professionelle und respektvolle Herangehensweise an die Vorbereitung den Aufbau von Vertrauen zwischen den Verhandlungspartnern. Dies schafft die Grundlage für langfristig positive Arbeitsbeziehungen, die auch über einzelne Verhandlungen hinausgehen.

Insgesamt verdeutlichen die Erfahrungen aus zahlreichen Trainings, dass eine umfassende Verhandlungsvorbereitung einen klaren und messbaren Mehrwert bietet.

Sie steigert die Erfolgschancen, stärkt das Selbstvertrauen, fördert die Effizienz und trägt zur Vermeidung von Fehlern bei.

Die Learnings daraus sind eindeutig: Eine sorgfältige Vorbereitung ist der Schlüssel zu erfolgreichen Gehaltsverhandlungen und anderen Verhandlungssituationen.

Die Bedeutung der Vorbereitung für Gehaltsverhandlungen
Gehaltsverhandlungen sind keine zufälligen Gespräche, bei denen Sie einfach auf Ihr Bauchgefühl vertrauen können. Sie sind ein wohlüberlegter Prozess, der sorgfältige Vorbereitung und eine kluge Strategie erfordert. Die Bedeutung von Vorbereitung und Strategien in Gehaltsverhandlungen kann nicht genug betont werden, da sie den Schlüssel zum Erreichen deiner finanziellen Ziele und zur Anerkennung deiner beruflichen Leistungen darstellen.

Investiere mehr Zeit in die Vorbereitung. Je intensiver die Vorbereitung, desto größer ist dein Verhandlungserfolg.

Eine gute Vorbereitung ist der erste Schritt zu einer erfolgreichen Gehaltsverhandlung. Dabei geht es nicht nur darum, deine Dokumente und Unterlagen für eine Gespräch mit deinen Vorgesetzten zusammenzustellen.

Eine gründliche Vorbereitung gibt dir Selbstvertrauen und Sicherheit während der Verhandlung. Du wirst besser in der Lage sein, auf Fragen deines Arbeitgebers zu antworten und deine Position zu verteidigen bzw. zu stärken.

Durch eine umfassende Recherche über deinen Gesprächspartner, seine Ziele, Interessen, Stärken und Schwächen kannst du besser verstehen, was ihn antreibt und wie du deine Argumentation anpassen kannst. Du kannst z. B. mögliche Fragen, Einwände oder Gegenargumente antizipieren und im Voraus überlegen, wie du auf sie reagieren wirst.

Du brauchst klare Ziele, Alternativen und Optionen, um deine Ziele zu erreichen und gleichzeitig die Interessen deines Arbeitgebers zu berücksichtigen. Eine gute Vorbereitung hilft dir, flexibel auf verschiedene Szenarien zu reagieren.

Du kannst gut durchdachte Argumente und Informationen präsentieren, die deine Position unterstützen und überzeugend darstellen, warum die andere Partei von deinem Vorschlag profitieren wird.

Zusammenfassend ist die Vorbereitung der Schlüssel zu einer erfolgreichen Verhandlung. Sie ermöglicht es dir, den Verlauf der Verhandlung zu kontrollieren, effektiv zu kommunizieren und bessere Ergebnisse zu erzielen.

Wenn du gut vorbereitet bist, steigert das dein Selbstbewusstsein. Du verfügst über alle notwendigen Informationen, die deine Argumente stärken und unterstützen. Dein Selbstbewusstsein hat einen positiven Einfluss auf die Wahrnehmung deiner Verhandlungspartner.

Eine solide Vorbereitung ermöglicht es dir, auf Fakten und Daten zurückzugreifen, um deine Forderungen zu untermauern. Du kannst deine Erfolge, deine Beiträge zum Unternehmen und branchenübliche Vergütungsdaten präsentieren.

Durch eine umfassende Vorbereitung bist du auch in der Lage, potenzielle Gegenargumente und Einwände vorherzusehen und angemessen darauf zu reagieren. Das verhindert während der Verhandlung einerseits deine Sprachlosigkeit, weil du in diesem Moment keine Antwort hast, andererseits kannst du nicht überrumpelt werden.

Die Vorbereitung hilft dir auch dabei, deinen persönlichen Verhandlungsspielraum zu verstehen. Du kannst dir realistische Ziele setzen und bist dir im Klaren darüber, bis zu welchem Punkt du bereit bist zu gehen.

# 5

Was für die Vorbereitung deiner Gehaltsverhandlung wichtig ist

Die Vorbereitung auf deine Gehaltsverhandlung ist ein entscheidender Schritt auf deinem Weg zu einer angemessenen Vergütung und beruflicher Anerkennung. Eine sorgfältige und systematische Vorbereitung erhöht deine Chancen, deine finanziellen Ziele zu erreichen und einen fairen Wert für deine beruflichen Leistungen zu erzielen.

Worauf kommt es jetzt an?

Die sorgfältige Planung einer Gehaltsverhandlung mit deinem Vorgesetzten erfordert eine gründliche Vorbereitung in verschiedenen Bereichen. Beginne mit einer umfassenden Recherche und einer Analyse des Marktwerts für die von dir angestrebte Position.

5.1 Jetzt geht es um dich

Die Vorbereitung auf eine Gehaltsverhandlung ist eine wichtige Phase, um sicherzustellen, dass deine Interessen und Leistungen angemessen berücksichtigt werden. Dazu gehört auch die Auseinandersetzung mit deiner eigenen Identität, deinen beruflichen Zielen und den

Erwartungen an deine Zukunft im Unternehmen. Diese Selbstreflexion ist entscheidend, um deine Position und Argumente während der Verhandlung klar und überzeugend darzulegen.

Indem du dir selbst Fragen über deine Identität, beruflichen Ziele und Zukunftserwartungen stellst, förderst du deine Selbsterkenntnis und stärkst dein Selbstbewusstsein. Du wirst dir deiner eigenen Werte, Stärken und Karriereziele bewusst. Das ist schon eine solide Grundlage für die Gehaltsverhandlung.

Eine klare Vorstellung von deiner Identität und deinen beruflichen Zielen ermöglicht eine präzise Kommunikation während der Verhandlung. Du bist in der Lage deutlich darzulegen, was du erreichen möchtest und warum du eine bestimmte Gehaltsanpassung verdienst.

Die klare Kommunikation deiner Ziele ist ein Baustein zur Erhöhung deiner Verhandlungsmacht. Gleichzeitig zeigst du deinem Vorgesetzten, was du im Unternehmen erreichen möchtest.

Wenn du dir über deine beruflichen Ziele und Zukunftserwartungen im Klaren bist, kannst du langfristige Karrierepläne entwickeln. Dies ermöglicht eine strategische Gehaltsverhandlung, die nicht nur kurzfristige Ziele, sondern auch langfristige berufliche Entwicklungen berücksichtigt.

Wir laden dich dazu ein, dich zunächst mit den folgenden Fragen zu beschäftigen und die Antworten in deinem Notizblock festzuhalten:

> **Notizen zu beruflichen Ziele und Zukunftserwartungen**
> - Welche Aspekte des Gehalts und der Zusatzleistungen sind für dich von Bedeutung?
> - Welche Art von Vergütungsstruktur bevorzugst du? Zum Beispiel: Festgehalt, Boni, Provisionen, Aktienoptionen usw.
> - Bevorzugst du beispielsweise flexible Arbeitszeiten, mehr Urlaubstage, Firmenhandy, Tablet oder einen Dienstwagen?
> - Welche zusätzlichen Leistungen sind für dich wichtig? Zum Beispiel: Krankenversicherung, Altersvorsorge, Essensgutscheine, Fitnessstudio-Mitgliedschaft usw.
> - Wie flexibel möchtest du in deiner Arbeit sein?
> - Welche Vorstellungen hast du bezüglich Homeoffice, Gleitzeit und ähnlichen Regelungen?
> - In welchem Umkreis von deinem Zuhause wäre ein Arbeitsplatz für dich akzeptabel?

5 Was für die Vorbereitung deiner Gehaltsverhandlung wichtig ist

- In welchem Bereich möchtest du arbeiten? Bist du beispielsweise an einer bestimmten Branche interessiert oder sind auch andere Branchen für dich interessant?
- Soll dein zukünftiger Arbeitgeber ein international tätiges Unternehmen sein oder bevorzugst du eher ein mittelständisches oder kleines, lokal tätiges Unternehmen?
- Könntest du dir vorstellen, im öffentlichen Dienst oder bei einer gemeinnützigen Organisation wie z. B. Wohltätigkeits-, Umweltschutz- oder Bildungsorganisationen zu arbeiten?
- Wäre auch ein Start-up-Unternehmen mit innovativen Produkten oder Dienstleistungen für dich eine Alternative?
- Welche Art von Führung bevorzugst du? Magst du flache Hierarchien oder legst du Wert auf selbstständiges Arbeiten?
- Welche Bedeutung hat für dich die Zusammenarbeit mit anderen Menschen und welches Ausmaß der Interaktion strebst du in deinem künftigen Beruf an?
- Welche Themengebiete wecken dein besonderes Interesse? Liegen deine Schwerpunkte beispielsweise in den Bereichen Technologie und Innovation, KI, Finanzen oder Unternehmenskommunikation?
- Präferierst du eine strategische Rolle, in der du Konzepte entwickelst oder ziehst du konkrete, operative Aufgaben vor?
- Wie wichtig ist dir der Austausch mit externen Partnern, sei es mit Kunden, Lieferanten, Beratern oder Geschäftspartnern?
- Welche konkreten Aufgaben möchtest du in Zukunft gerne übernehmen? Zum Beispiel im Projektmanagement die Planung, Koordination, Durchführung von Projekten, Überwachung von Zeitplänen und Ressourcen oder im Kundenservice die Betreuung und Beratung von Kunden, Bearbeitung von Anfragen und Beschwerden, Aufbau und Pflege von Kundenbeziehungen?
- Welche Rolle siehst du für dich in Bezug auf die Führung eines Teams, die Förderung der Entwicklung deiner Kollegen oder die Unterstützung anderer Personen?
- Auf welcher Ebene möchtest du beruflich tätig sein?
- Wie viel Reisetätigkeit möchtest du in deinem Job haben?
- Ist es dein Wunsch, den Großteil deiner Zeit unterwegs zu sein?
- Wie stellst du dir deinen Arbeitsplatz vor? Möchtest du lieber ein Einzelbüro oder ziehst du ein offenes Co-Working-Konzept vor?
- Wie wichtig ist dir die Möglichkeit zur beruflichen Weiterentwicklung und Karriereprogression?
- Welche Arbeitsbedingungen sind für dich entscheidend, um deine Leistungsfähigkeit zu maximieren? Zum Beispiel: ergonomische Arbeitsplatzgestaltung, Ruheräume, technische Ausstattung usw.

- Welche Art von Arbeitskultur und Unternehmenswerten sind dir wichtig? Zum Beispiel: teamorientiert, innovativ, flexibel, hierarchiefrei usw.
- Welche Möglichkeiten zur Work-Life-Balance sind für dich von Bedeutung? Zum Beispiel: flexible Arbeitszeiten, Teilzeitarbeit, Sabbaticals, Elternzeit usw.
- Wie wichtig ist dir die Möglichkeit zur persönlichen Entwicklung und Weiterbildung?
- Welche Unterstützung und Ressourcen benötigst du, um deine beruflichen Ziele zu erreichen?
- Gibt es besondere Anforderungen oder Wünsche, die spezifisch für deine berufliche Rolle oder Branche sind?

Eine intensive Auseinandersetzung mit den beruflichen Zielen und Zukunftserwartungen ist entscheidend für deine erfolgreiche Gehaltsverhandlung. Diese Selbstreflexion fördert die Selbsterkenntnis, stärkt dein Selbstbewusstsein und bildet eine solide Grundlage für die Verhandlung. Eine klare Kommunikation deiner Ziele erhöht auch deine Verhandlungsmacht und ermöglicht eine strategische Gehaltsverhandlung, die deine langfristigen beruflichen Entwicklungen berücksichtigt.

Die Beantwortung der hier aufgeführten Fragen unterstützt diesen Prozess und hilft, die eigenen beruflichen Ziele und Qualifikationen klar zu definieren.

Du wirst die ein oder andere Frage in den einzelnen Frage-Katalogen wiederfinden. Du wirst auch detaillierter darauf eingehen können.

5.2 Recherchiere deinen Marktwert

Eine sorgfältige Recherche und Marktwertanalyse sind Eckpfeiler einer erfolgreichen Gehaltsverhandlung. Diese Phase der Vorbereitung stellt sicher, dass du gut informiert und selbstbewusst in die Verhandlung eintreten kannst.

Welche Informationen sind für diese Vorbereitungsphase erforderlich?

Suche nach Stellenanzeigen für ähnliche Positionen in deinem Bereich und vergleiche diese miteinander. Dies ermöglicht es dir,

Einblicke in die von anderen Unternehmen angebotenen Gehälter und Leistungen zu gewinnen. Vergleiche auch die Anforderungen dieser Stellen mit deinen eigenen Qualifikationen, um deine Verhandlungsposition genauer zu bestimmen.

Ein Vergleich von Stellenanzeigen für deine Position kann in der Vorbereitung auf Gehaltsverhandlungen wichtig sein. Hier sind einige Gründe, warum dies sinnvoll ist:

Stellenanzeigen geben Einblick in die aktuellen Markttrends und den Wert deiner Position in der Branche. Sie zeigen, welche Qualifikationen und Erfahrungen von Arbeitgebern gefragt sind.

Durch den Vergleich von Stellenanzeigen kannst du feststellen, wie dein derzeitiges Gehalt im Vergleich zu den in den Anzeigen angegebenen Gehältern steht. Dies ermöglicht es dir, deine Gehaltsvorstellungen besser zu begründen.

Wenn du deinem Arbeitgeber während der Verhandlung zeigen kannst, dass vergleichbare Unternehmen höhere Gehälter für ähnliche Positionen anbieten, stärkt das deine Verhandlungsposition.

Du kannst konkrete Beispiele aus Stellenanzeigen verwenden, um zu zeigen, dass deine Qualifikationen und Erfahrungen dem entsprechen, was auf dem Markt gefragt ist. Dies stärkt deine Argumentation für ein höheres Gehalt.

Stellenanzeigen können auch Informationen über Zusatzleistungen und Benefits enthalten, die in deiner Branche üblich sind. Dies kann bei der Verhandlung von Gesamtpaketen hilfreich sein.

Es ist jedoch wichtig zu beachten, dass Stellenanzeigen nur einen Teil der gesamten Gehaltsrecherche darstellen sollten. Andere Quellen wie Gehaltsumfragen, Branchenberichte und persönliche Netzwerkkontakte sollten ebenfalls in deine Recherche einbezogen werden, um ein umfassendes Bild vom Marktwert deiner Position zu erhalten.

Nutze Branchenberichte und Gehaltsumfragen, um Informationen über durchschnittliche Gehälter in deiner Branche und Region zu erhalten. Organisationen wie das Statistische Bundesamt, Unternehmensberatungen und Online-Plattformen bieten solche Daten an.

Informiere dich über die aktuelle wirtschaftliche Situation und den Arbeitsmarkt in deiner Branche und Region. In wirtschaftlich schwierigen Zeiten kann es schwieriger sein, höhere Gehaltsanpassungen durchzusetzen. Das Verständnis dieser Faktoren kann dir bei der Festlegung realistischer Ziele helfen.

Verschaffe dir Einblicke in aktuelle Trends und Entwicklungen in deiner Branche. Dies kann dir helfen, die wirtschaftliche Gesundheit und die Wachstumsaussichten deiner Branche besser zu verstehen, was sich auf Gehaltsangebote auswirken kann.

Du kannst die in Branchenberichten veröffentlichten Gehaltsdaten verwenden, um deine Vergütung mit dem Branchendurchschnitt zu vergleichen. Dies dient als Benchmark und kann dir bei der Festlegung realistischer Gehaltsvorstellungen helfen.

Branchenberichte können regionale Unterschiede in Gehältern und Arbeitsbedingungen hervorheben. Dies ist wichtig, da Gehälter oft von Standort zu Standort variieren.

Branchenberichte können Informationen über die spezifischen Anforderungen und Qualifikationen in deiner Branche enthalten. Das hilft dir, um deine eigenen Qualifikationen und Erfahrungen im Kontext deiner Branche zu bewerten.

Du kannst Branchenberichte nutzen, um Informationen über Wettbewerber und deren Vergütungspraktiken zu erhalten. Dies kann dir helfen, deine Verhandlungsstrategie besser auf den Markt abzustimmen.

Einige Branchenberichte enthalten Informationen über Zusatzleistungen und Benefits, die in deiner Branche üblich sind. Dies kann bei der Verhandlung von möglichen Gesamtpaketen hilfreich sein.

Branchenberichte können Gehaltstrends aufzeigen. Du kannst herausfinden, ob Gehälter in deiner Branche tendenziell steigen, stagnieren oder fallen, was bei deiner Entscheidung über Gehaltsverhandlungen berücksichtigt werden sollte.

Insgesamt bieten Branchenberichte einen umfassenden Überblick über die Vergütungslandschaft in deiner Branche, der dir bei der Vorbereitung auf Gehaltsverhandlungen wertvolle Erkenntnisse liefern kann. Sie helfen dir, realistische Gehaltsvorstellungen zu entwickeln und deine Verhandlungsargumente besser zu begründen.

5.3 Berücksichtige Veränderungen in deiner Branche

Halte Ausschau nach Veränderungen und Entwicklungen in deiner Branche, die sich auf die Vergütung auswirken könnten, wie z. B. technologische Innovationen, neue Wettbewerber oder gesetzliche Änderungen.

Du kannst davon ausgehen, dass sich die Marktdynamik kontinuierlich verändert. Neue Technologien, Trends und sich wandelnde Kundenpräferenzen beeinflussen die Anforderungen an Fachkräfte. Wenn du diese Entwicklungen in deine Verhandlungsstrategie einbeziehst, kannst du überzeugend argumentieren, dass deine Fähigkeiten und Qualifikationen in der aktuellen Marktsituation besonders wertvoll sind.

Auch die Wettbewerbssituation spielt eine entscheidende Rolle. Wenn die Nachfrage nach Fachkräften in deiner Branche hoch ist oder Unternehmen verstärkt versuchen, Top-Talente zu gewinnen, steigt normalerweise dein Verhandlungsspielraum. Du kannst darauf hinweisen, dass du in einer Umgebung, in der qualifizierte Fachkräfte gefragt sind, eine höhere Vergütung verdienst.

Zudem ist der aktuelle und sicher anhaltende Fachkräftemangel in deiner Branche ein Booster der die Gehälter positiv beeinflusst. Unternehmen sind oft bereit, mehr zu zahlen, um hochqualifizierte Mitarbeiter anzuziehen und zu halten. Dies kann ein starkes Argument für eine Gehaltsanpassung sein, insbesondere wenn du nachweisen kannst, dass deine Qualifikationen und Erfahrungen die Anforderungen der Branche erfüllen.

Weiterhin helfen Branchentrends dabei, deine langfristige Karriereplanung zu gestalten. Dann kannst du deine Fähigkeiten und Qualifikationen gezielt entwickeln, um auf zukünftige Entwicklungen in deiner Branche vorbereitet zu sein. Du kannst argumentieren, dass deine Vergütung deine langfristige Verpflichtung und deinen Beitrag zur Bewältigung dieser Trends widerspiegeln sollte.

Schließlich ist es wichtig, den Erfolg deines aktuellen oder zukünftigen Arbeitgebers in der Branche zu berücksichtigen. Wenn das

Unternehmen in einer dynamischen Branche eine herausragende Position einnimmt oder sich aufgrund von Innovationen und Wachstum hervorhebt, stärkt das deine Verhandlungsposition. Du kannst argumentieren, dass deine Expertise dazu beiträgt, den Erfolg des Unternehmens in diesem anspruchsvollen Umfeld sicherzustellen.

Insgesamt zeigt die Berücksichtigung von Branchenveränderungen, dass du nicht nur auf aktuelle Bedingungen, sondern auch auf die Zukunft deiner Karriere achtest. Dies trägt dazu bei, realistische Gehaltsvorstellungen zu entwickeln und deine Verhandlungsstrategie effektiv auf die spezifischen Anforderungen und Chancen deiner Branche abzustimmen.

5.4 Gehaltsvergleiche müssen sein

Auch die Recherche und Gehaltsvergleiche sind wichtig für deine Vorbereitung. Es gibt zahlreiche Online-Tools und Websites, auf denen du Gehaltsvergleiche durchführen kannst. Gib deine Position, Erfahrung und Standort ein, um relevante Informationen zu erhalten.

Bei diesen Anbietern kannst du dir die ersten Informationen holen:

- Glassdoor (www.glassdoor.de) bietet eine umfangreiche Datenbank mit Gehaltsinformationen, Unternehmensbewertungen und Stellenangeboten. Nutzer können ihre eigenen Gehaltsdaten anonym teilen.
- Payscale (www.payscale.com) bietet Gehaltsinformationen und Tools zur Analyse von Gehaltsstrukturen. Du kannst auch einen kostenlosen Gehaltsbericht erstellen, der deine Vergütung mit anderen vergleicht.
- Salary (www.salary.com) bietet Gehaltsdaten für verschiedene Positionen und Branchen. Die Website bietet auch Informationen über Zusatzleistungen und Vergütungspakete.
- Wenn du ein LinkedIn-Mitglied (www.linkedin.com) bist, kannst du auf LinkedIn Salary Insights zugreifen, um Gehaltsdaten für verschiedene Berufe und Standorte zu erhalten.

- Indeed (www.indeed.com) bietet nicht nur Stellenangebote, sondern auch Gehaltsdatenbanken und Gehaltsrechner, die dir helfen können, den Marktwert für deine Position herauszufinden.
- Monster Salary Center (www.monster.com) bietet eine Sammlung von Gehaltsressourcen, darunter Gehaltsrechner, Artikel und Gehaltsdaten für verschiedene Berufe.
- Einige Gewerkschaften und Berufsverbände veröffentlichen Gehaltsdaten und -ressourcen für ihre Mitglieder.
- Online-Foren und Community-Diskussionen: Es gibt Online-Foren wie Reddit (www.reddit.com) und Quora (www.de.quora.com), auf denen Menschen über ihre Gehälter sprechen. Obwohl diese Informationen nicht immer verlässlich sind, können sie Einblicke in die Gehaltsstrukturen bestimmter Unternehmen oder Branchen bieten.

Gehaltsdaten hängen oft stark von Faktoren wie Standort, Erfahrung und Qualifikationen ab. Darauf solltest du achten. Die Berücksichtigung verschiedener Faktoren und die Nutzung mehrerer Quellen können allerdings dazu beitragen, präzise Gehaltsinformationen zu erlangen.

5.5 Deine Netzwerkkontakte können auch sehr hilfreich sein

Sprich mit Kollegen, Mentoren oder anderen Kontakten in deiner Branche. Sie können Einblicke in aktuelle Gehaltstrends und -praktiken geben.

Netzwerkkontakte können wertvolle Informationen über die Branche, das Unternehmen und die spezifische Position bieten. Sie können dir Einblicke in aktuelle Entwicklungen und Trends geben, die sich auf deine Verhandlung auswirken könnten.

Durch Gespräche mit Kollegen in ähnlichen Positionen oder Branchen kannst du herausfinden, wie dein Gehalt im Vergleich zu anderen steht. Dies kann dir helfen, realistische Gehaltsvorstellungen zu entwickeln.

Netzwerkpartner, die bereits Gehaltsverhandlungen geführt haben, können wertvolle Ratschläge und Tipps zur Verhandlungsstrategie geben. Sie können dir auch mögliche Herausforderungen und Stolpersteine aufzeigen.

Falls du in deinem beruflichen Netzwerk gute Beziehungen aufgebaut hast, könnten Netzwerkkontakte bereit sein, Empfehlungsschreiben oder Referenzen bereitzustellen, die deine Qualifikationen und Fähigkeiten bestätigen. Dies kann deine Verhandlungsposition stärken.

Einflussreiche Netzwerkpartner könnten in der Lage sein, dich bei deinen Gehaltsverhandlungen zu unterstützen, indem sie mit Personalverantwortlichen sprechen oder dich für bestimmte Positionen empfehlen.

Dein Netzwerk kann dir Informationen über Unternehmenskulturen, Arbeitsbedingungen und Arbeitsumfelder bei verschiedenen Arbeitgebern liefern. Dies ist nützlich, um die Gesamtpakete der Arbeitgeber besser zu verstehen.

Durch dein Netzwerk könnten mögliche Jobangebote oder berufliche Chancen entstehen, die deine Verhandlungsposition erheblich beeinflussen könnten.

Zusammengefasst können Netzwerkkontakte wertvolle Ressourcen sein, um dich auf Gehaltsverhandlungen vorzubereiten und deine Verhandlungsstrategie zu stärken. Es ist wichtig, diese Kontakte zu pflegen und aktiv Informationen und Unterstützung von ihnen zu suchen, wenn du dich auf Gehaltsverhandlungen vorbereitest.

5.6 Arbeitgeber/Firmeninformationen

Informationen über den Arbeitgeber sind von entscheidender Bedeutung, wenn es um die Vorbereitung und Durchführung einer erfolgreichen Gehaltsverhandlung geht. Diese Informationen bieten die Grundlage, um fundierte Entscheidungen zu treffen und überzeugende Argumente vorzubringen. Zunächst einmal ist es wichtig, die finanzielle Gesundheit und die Performance deines derzeitigen

Arbeitgebers zu verstehen. Diese Informationen helfen dir, realistische Gehaltsvorstellungen zu entwickeln und deine Erwartungen an die Verhandlungen anzupassen. Wenn das Unternehmen gut abschneidet und wächst, könntest du argumentieren, dass du einen Anteil am Erfolg verdienst.

Die Kenntnis der eigenen Firmeninformationen ermöglicht es dir auch, dein aktuelles Gehalt und deine Leistungen im Vergleich zu internen Gegenüberstellungen zu bewerten. Du kannst feststellen, wie gut du innerhalb deiner aktuellen Organisation abschneidest und herausfinden, ob es Raum für Verbesserungen gibt. Diese Informationen sind entscheidend für die Entwicklung einer Verhandlungsstrategie. Du kannst deine Gehaltsanpassung besser begründen, wenn du auf finanzielle Fakten und Daten zurückgreifen kannst. Wenn das Unternehmen finanziell gut dasteht, kannst du argumentieren, dass dein Beitrag zum Unternehmenserfolg eine angemessene Gehaltsanpassung rechtfertigt. Darüber hinaus ermöglicht die Analyse eigener Firmeninformationen eine Risikobewertung. Du kannst die finanzielle Stabilität deines Arbeitgebers einschätzen und, falls erforderlich, Maßnahmen ergreifen, um dich abzusichern. Dies ist besonders wichtig, wenn das Unternehmen finanzielle Probleme hat.

Schließlich bietet die Kenntnis der eigenen Firmeninformationen die Möglichkeit, langfristige berufliche Pläne innerhalb des Unternehmens zu besprechen. Du kannst die Gehaltsverhandlung nutzen, um über Karriereentwicklung und zukünftige Möglichkeiten zu sprechen. Zusätzlich kannst du nach Schulungs- oder Weiterbildungsmöglichkeiten fragen, um deine Fähigkeiten zu erweitern und deine beruflichen Perspektiven zu verbessern.

Insgesamt spielen eigene Firmeninformationen eine zentrale Rolle in der Vorbereitung und Durchführung von Gehaltsverhandlungen. Sie bilden die Grundlage für eine gut durchdachte und erfolgreiche Verhandlungsstrategie, die deine Chancen auf eine positive Gehaltsentwicklung erhöht.

5.7 Zusatzleistungen sind immer eine mögliche Alternative

Denke immer daran, nicht nur das Grundgehalt, sondern auch Zusatzleistungen wie Boni, Aktienoptionen, medizinische Versicherungen, Rentenpläne und andere Vergünstigungen zu berücksichtigen. Diese können erheblichen Einfluss auf deine Gesamtvergütung haben und sollten in deine Verhandlung einfließen.

Zusatzleistungen spielen eine bedeutende Rolle in Gehaltsverhandlungen, da sie das Gesamtpaket deiner Vergütung und deiner Arbeitsbedingungen maßgeblich beeinflussen. Bei Gehaltsverhandlungen ist es wichtig, diese Leistungen sorgfältig zu berücksichtigen und sie als integralen Bestandteil deiner Gesamtvergütung zu betrachten. Zunächst ermöglichen Zusatzleistungen eine flexiblere Verhandlungsstrategie. Wenn dein Arbeitgeber zögerlich ist, das Grundgehalt erheblich zu erhöhen, könntest du stattdessen Zusatzleistungen wie Boni, mehr Urlaubstage oder die Möglichkeit für flexiblere Arbeitszeiten in Betracht ziehen. Dies eröffnet Möglichkeiten, den Gesamtwert deines Vergütungspakets zu steigern und gleichzeitig die Bedürfnisse und Präferenzen deines Arbeitgebers zu berücksichtigen.

Des Weiteren sind Zusatzleistungen maßgeschneidert für individuelle Bedürfnisse. Während eine Gehaltsanpassung allgemein ist, können Zusatzleistungen wie flexible Arbeitszeiten, Homeoffice-Optionen oder Weiterbildungsmöglichkeiten speziell auf deine beruflichen und persönlichen Anforderungen zugeschnitten sein. Dies kann deine Zufriedenheit im Job erheblich steigern. Die Berücksichtigung von Zusatzleistungen in Gehaltsverhandlungen ermöglicht es dir auch, den Wert, den du für das Unternehmen bringst, besser zu kommunizieren. Du könntest argumentieren, dass bestimmte Benefits, wie Weiterbildung oder zusätzliche Urlaubstage, deine Fähigkeiten und Leistungen steigern und daher eine verbesserte Vergütung rechtfertigen.

Langfristig tragen Zusatzleistungen dazu bei, deine Arbeitszufriedenheit zu steigern und die Motivation aufrechtzuerhalten. Wenn du von Benefits wie einem flexiblem Arbeitszeitmodell oder zusätzlichen Urlaubstagen profitierst, kann dies deine langfristige Bindung an das

Unternehmen stärken. Schließlich sind Zusatzleistungen ein wichtiger Aspekt der Wettbewerbsfähigkeit. In bestimmten Branchen oder Märkten sind bestimmte Benefits branchenüblich. Daher ist es entscheidend, sicherzustellen, dass deine Vergütungspakete den Branchenstandards entsprechen, damit du im Kampf um die besten Talente wettbewerbsfähig bleibst.

Insgesamt sind die Berücksichtigung und geschickte Verhandlung von Zusatzleistungen ein Schlüssel zur Optimierung deiner Gesamtvergütung und deiner beruflichen Zufriedenheit. Gehaltsverhandlungen sollten daher nicht nur das Grundgehalt, sondern auch die vielfältigen Zusatzleistungen umfassen, um eine für dich vorteilhafte Vereinbarung zu erzielen.

5.8 Die Auswirkung von Erfahrung und Qualifikation in Gehaltsverhandlungen

Deine eigenen Erfahrungen und Qualifikationen sind von entscheidender Bedeutung, wenn es um Gehaltsverhandlungen geht, da sie die Grundlage für deine Verhandlungsposition bilden. Diese Faktoren tragen auf vielfältige Weise dazu bei, deine Argumentation für eine angemessene Vergütung zu stärken.

Deine bisherige Laufbahn deutet darauf hin, dass du in dieser Position erfolgreich sein wirst. Wenn du über die erforderlichen Qualifikationen und eine nachweisliche Erfolgsbilanz in ähnlichen Aufgaben verfügst, kannst du dein Können und deine Fähigkeiten überzeugend darstellen. Dies ist entscheidend, um den Arbeitgeber von deinem Wert zu überzeugen.

Dein Wissen und deine Expertise sind für jedes Unternehmen von großem Nutzen. Wenn du über spezielle Fähigkeiten, Branchenkenntnisse oder eine beeindruckende Erfolgsgeschichte verfügst, kannst du argumentieren, dass du einen erheblichen Beitrag zum Unternehmenserfolg leistest. Dies zeigt, dass du nicht nur eine Position ausfüllst, sondern aktiv zum Wachstum und Erfolg des Unternehmens beiträgst.

In der heutigen wettbewerbsorientierten Arbeitswelt sind qualifizierte Fachkräfte gefragt und deine Qualifikationen und Erfahrungen können dir helfen, dich von anderen Bewerbern abzuheben. Dies erhöht deine Wettbewerbsfähigkeit und stärkt deine Verhandlungsposition, da du als wertvolles Asset für das Unternehmen angesehen wirst.

Dein Potenzial geht auch weit über die Anforderungen dieser Position hinaus. Wenn du kontinuierlich in deine berufliche Entwicklung investierst und bereit bist, zusätzliche Verantwortung zu übernehmen, kannst du langfristig bessere Gehaltsaussichten haben. Arbeitgeber schätzen Mitarbeiter, die bereit sind, sich weiterzuentwickeln und ihre Fähigkeiten auszubauen.

Schließlich verleiht eine solide Qualifikations- und Erfahrungsbasis dir in Gehaltsverhandlungen Glaubwürdigkeit. Du kannst deine Argumente und Forderungen mit konkreten Beispielen und Erfolgsgeschichten untermauern, was deine Position stärker macht und das Vertrauen deines Arbeitgebers in deine Fähigkeiten festigt.

Insgesamt sind deine Kompetenzen ein Schlüssel zur Optimierung deiner Verhandlungsposition in Gehaltsverhandlungen. Sie zeigen, dass du die richtige Person für die Position bist, einen erheblichen Beitrag leistest und langfristig einen Mehrwert für das Unternehmen darstellst. Daher ist es unerlässlich, diese Aspekte sorgfältig zu prüfen und geschickt in deine Gehaltsverhandlungen einzubringen.

5.9 Berücksichtige auch die aktuelle wirtschaftliche Situation

Die allgemeine wirtschaftliche Lage in deiner Branche hat einen direkten Einfluss auf die Vergütungsniveaus. In wirtschaftlich prosperierenden Zeiten können Unternehmen möglicherweise großzügigere Gehälter anbieten, während in wirtschaftlich schwierigen Zeiten die Verhandlungsmöglichkeiten eingeschränkter sein können. Die Wettbewerbssituation in deiner Branche kann die Vergütung beeinflussen. In stark umkämpften Branchen kann der Druck zur Gewinnung und Bindung qualifizierter Fachkräfte die Gehälter nach oben treiben.

Das Verständnis aktueller Branchentrends ist wichtig, um die Zukunftsaussichten deiner Position und die damit verbundenen Vergütungsaussichten besser einschätzen zu können. Branchen im Wandel können neue Chancen für Fachkräfte bieten.

Wenn die Nachfrage nach Fachkräften in deiner Branche hoch ist und das Angebot begrenzt ist, kannst du in der Regel bessere Vergütungsbedingungen aushandeln.

Die finanzielle Leistung deines Arbeitgebers und dessen Position in der Branche können sich direkt auf die Vergütung auswirken. Ein erfolgreiches Unternehmen hat in der Regel mehr Spielraum für großzügigere Gehälter.

In einigen Branchen können Tarifverhandlungen und -verträge die Vergütungsniveaus festlegen. Es ist wichtig, diese Tarifbedingungen zu verstehen und zu prüfen, ob individuelle Verhandlungen darüber hinaus möglich sind.

Die allgemeine wirtschaftliche Inflationsrate kann die Kaufkraft deines Gehalts im Laufe der Zeit beeinflussen. Es ist wichtig, sicherzustellen, dass deine Vergütung Schritt hält, um deinen Lebensstandard zu erhalten.

Je nach Branche können spezifische Faktoren eine Rolle spielen. Dies könnten gesetzliche Vorschriften, technologische Entwicklungen oder globale Ereignisse sein, die die Branche betreffen.

In Gehaltsverhandlungen ist es wichtig, die wirtschaftlichen Rahmenbedingungen deiner Branche zu berücksichtigen, um realistische Gehaltsvorstellungen zu entwickeln und argumentativ begründen zu können. Wenn du nachweisen kannst, dass deine Forderungen im Einklang mit den wirtschaftlichen Realitäten deiner Branche stehen, stärkt das deine Verhandlungsposition und erhöht die Wahrscheinlichkeit einer erfolgreichen Gehaltsverhandlung.

Zusammenfassung

Eine gründliche Recherche und Marktwertanalyse geben dir das notwendige Wissen und die Argumente, um deine Gehaltsvorstellungen zu rechtfertigen. Dies stellt sicher, dass du fundiert in die Verhandlung gehst und realistische Erwartungen hast.

Mit fundierten Informationen über die Gehaltsniveaus in deiner Branche und Position gehst du selbstbewusster in die Verhandlung. Sie bilden die Grundlage für realistische Gehaltsvorstellungen und stärken auch deine Position während der Verhandlung. Ein fundierter Benchmark ermöglicht es dir, objektive Daten und Branchenstandards zu nutzen, um deine Forderungen zu untermauern. Dies erhöht dein Selbstbewusstsein und unterstützt eine selbstbewusste Verhandlungsführung.

Darüber hinaus bietet die Marktwertanalyse langfristige Vorteile für deine Karriereplanung. Du kannst gezielt an deinen Qualifikationen und Erfahrungen arbeiten, um deinen Marktwert zu steigern und in zukünftigen Verhandlungen noch besser positioniert zu sein. Die Recherche eröffnet die Möglichkeit, innovative Ansätze zu erkunden und kreative Lösungen für eine Win-win-Situation zu finden. Insgesamt sind die Mittel zur Informationsbeschaffung unverzichtbar, um fair entlohnt zu werden und deine berufliche Entwicklung voranzutreiben. Nur wer sein Marktwert kennt, kann für seine Leistung fair entlohnt werden."

6

Die Fragenkataloge

In der Arbeit mit unseren Klienten, die wir in Gehaltsverhandlungen unterstützt haben, wurde von uns eine Sammlung von Fragebögen entwickelt, die dir dabei helfen sollen, dich optimal auf deine nächste Gehaltsverhandlung vorzubereiten.

Diese Fragebögen decken verschiedene Aspekte ab, die für eine erfolgreiche Gehaltsverhandlung entscheidend sind.

Die Verwendung sowohl des Gehaltsverhandlungs- und Karriereentwicklungsfragebogens als auch der anderen spezifischen Fragebogenarten wie Marktanalyse, Selbstwertanalyse, berufliche Qualifikationen, Zielbestimmung und Alternativen und Optionen ist sinnvoll, da sie in ihrer Kombination eine ganzheitliche und fundierte Herangehensweise an die Karriereplanung und Gehaltsverhandlungen ermöglichen.

Warum die unterschiedlichen Fragebögen wertvoll sind
Der Gehaltsverhandlungs- und Karriereentwicklungsfragebogen bildet das Herzstück der Vorbereitung auf Gehaltsverhandlungen. Er hilft dabei, klare Ziele für die Gehaltsanpassung zu setzen und eine Verhandlungsstrategie zu entwickeln. Darüber hinaus fördert er die

Selbstreflexion und unterstützt die Identifikation von langfristigen beruflichen Zielen.

Die Marktwertanalyse ergänzt den Gehaltsverhandlungsfragebogen, indem sie Daten und Informationen über aktuelle Gehaltssätze und Trends in deiner Branche und Region liefert. Dies ermöglicht es dir, realistische und wettbewerbsfähige Gehaltsziele zu setzen, die auf dem aktuellen Arbeitsmarkt basieren.

Die Selbstwertanalyse hilft dabei, die eigenen Stärken, Schwächen und Erfahrungen zu erkennen. Sie trägt dazu bei, eine realistische Selbsteinschätzung zu entwickeln und festzustellen, welche Qualifikationen und Erfolge bei der Gehaltsverhandlung betont werden können.

Der Fragebogen zu deinen beruflichen Qualifikationen ermöglicht es, akademische und berufliche Qualifikationen zu erfassen, die sich auf die Position und das Gehalt auswirken können. Die Identifizierung dieser Qualifikationen ist entscheidend, um den eigenen Wert für das Unternehmen zu verdeutlichen.

Der Fragebogen zur Zielbestimmung unterstützt die Definition von langfristigen beruflichen Zielen. Dies ist wichtig, da die Gehaltsverhandlung nicht isoliert betrachtet werden sollte, sondern in den Kontext der Karriereentwicklung eingebettet ist.

Der Fragebogen zu Alternativen und Optionen hilft bei der Identifikation von möglichen Alternativen zur reinen Gehaltsanpassung. Er zeigt, welche Zusatzleistungen oder Vergütungskomponenten in Betracht gezogen werden können, wenn eine Gehaltsanpassung nicht möglich ist.

Die Kombination dieser Fragebogenarten schafft eine umfassende Grundlage für die Vorbereitung auf Gehaltsverhandlungen und die langfristige Karriereplanung. Sie ermöglicht es dir, realistische Gehaltsziele zu setzen, deine Argumentation zu stärken, alternative Vergütungsoptionen zu berücksichtigen und deine beruflichen Ziele zu verfolgen. Zusammen bieten sie eine klare und gut informierte Herangehensweise an die Karriereentwicklung und die Sicherung einer angemessenen Vergütung.

6.1 Gehaltsverhandlungs- und Karriereentwicklungsfragebogen

Der Gehaltsverhandlungs- und Karriereentwicklungsfragebogen ist ein wichtiges Werkzeug, um dich effektiv auf deine anstehende Gehaltsverhandlung vorzubereiten. Dieser Fragebogen bietet sowohl dir als auch deinem Arbeitgeber eine klare und strukturierte Methode, um die Ziele und Erwartungen für deine bevorstehende Verhandlung zu definieren.

Ein wesentlicher Aspekt ist die Selbstreflexion, die der Fragebogen fördert. Wenn du die Fragen beantwortest, wirst du dazu angeregt, intensiv über deine finanziellen Ziele, beruflichen Ambitionen und Arbeitsbedingungen nachzudenken. Das unterstützt dich dabei, realistische und gut begründete Erwartungen zu entwickeln.

Darüber hinaus bietet der Fragebogen eine solide Grundlage für deine Vorbereitung auf die Gehaltsverhandlung. Er hilft dir dabei, alle relevanten Aspekte und Alternativen im Voraus zu bedenken, was die Wahrscheinlichkeit erhöht, dass die Verhandlung gut strukturiert abläuft.

Während der Verhandlung selbst ermöglicht der Fragebogen eine klare und präzise Kommunikation deiner Ziele und Bedürfnisse. Das erleichtert die Interaktion mit deinem Arbeitgeber und minimiert mögliche Missverständnisse.

Ein weiterer Vorteil ist die schriftliche Aufzeichnung der während der Verhandlung besprochenen Ziele und Erwartungen. Dadurch wird sichergestellt, dass die Verhandlungsergebnisse für beide Seiten nachvollziehbar sind und dass ihr eure Verpflichtungen versteht und einhaltet.

Der Karriereentwicklungsaspekt des Fragebogens eröffnet außerdem die Möglichkeit, langfristige berufliche Ziele zu definieren und Entwicklungspläne zu erstellen. Dies trägt zur Identifikation von Aufstiegschancen und zur langfristigen Weiterentwicklung bei.

Insgesamt dient der Gehaltsverhandlungs- und Karriereentwicklungsfragebogen dazu, die Gehaltsverhandlung zu einer konstruktiven und effektiven Interaktion zu machen. Er fördert

Transparenz, Klärung von Erwartungen und die Möglichkeit, auf eine Win-win-Lösung hinzuarbeiten, bei der sowohl deine beruflichen Ziele als auch die Unternehmensziele berücksichtigt werden. Dies unterstützt eine positive und produktive Arbeitsbeziehung zwischen dir und deinem Arbeitgeber.

Der Fragebogen ist in drei Hauptbereiche unterteilt:

Gehaltsanpassung und finanzielle Ziele – Hier hast du die Möglichkeit, deine aktuelle finanzielle Situation zu bewerten und deine finanziellen Ziele für die Zukunft festzulegen.

Karriereentwicklung und berufliche Ziele – In diesem Anschnitt solltest du bestimmen, welche beruflichen Ambitionen du hegst und welche Rolle dein Gehalt in diesem Kontext spielt.

Arbeitsbedingungen und Wohlbefinden – Deine Arbeitsbedingungen und dein Wohlbefinden am Arbeitsplatz sind entscheidend. Dieser Abschnitt ermöglicht es dir, Verbesserungsvorschläge und Bedenken zu äußern.

Nimm dir bitte ausreichend Zeit, um jeden Fragebogen sorgfältig auszufüllen.

6.1.1 Zielbereich 1 – Gehaltsanpassung und finanzielle Ziele

Fragen zu Gehaltsanpassung und finanziellen Zielen
- Wie hoch ist dein derzeitiges Gehalt?
- Welches Gehalt hast du für dich als realistisch und angemessen festgelegt?
- Welche finanziellen Ziele möchtest du mit dieser Gehaltsverhandlung erreichen?

Mögliche Alternativen (finanzielle Ziele)

Mit der Beantwortung der Fragen hast du die Möglichkeit, deine finanziellen Ziele und Erwartungen klar zu definieren und zu strukturieren. Indem du dein derzeitiges Gehalt reflektierst und überlegst, welches Gehalt du als realistisch und angemessen erachtest, kannst du deine Verhandlungsziele klar festlegen.

Die Zusammenstellung einer Liste der finanziellen Ziele, die du mit der Gehaltsverhandlung erreichen möchtest, eröffnet dir die Chance, wichtige Optionen zu überdenken und alternative Wege zu erkunden. Durch die Berücksichtigung einer breiten Palette von Möglichkeiten bist du flexibler und besser vorbereitet für die Verhandlungssituation. Zusätzlich bietet dir diese Herangehensweise die Gelegenheit, deine Prioritäten klar zu definieren und zu bestimmen, welche Vergütungselemente für dich von höchster Bedeutung sind.

Die Aufnahme von Alternativen wie Bonuszahlungen, Zulagen, Prämien, Aktienoptionen, berufliche Fortbildungskostenübernahmen und andere Zusatzleistungen ermöglicht dir, einen umfassenden Überblick über die möglichen Verhandlungsoptionen zu erhalten. Das wird dir helfen, realistische Erwartungen zu setzen und deine Verhandlungsstrategie entsprechend anzupassen.

Die BATNA und warum die Beantwortung dieser Fragen wichtig ist
In Verhandlungen ist es von entscheidender Bedeutung, die eigene BATNA zu verstehen und zu nutzen. BATNA steht für „Best Alternative to a Negotiated Agreement" und bezieht sich auf die beste Alternative, die eine Partei hat, wenn die Verhandlungen scheitern oder keine Einigung erzielt werden kann.

Die Kenntnis der BATNA gibt einer Partei Verhandlungsmacht und Selbstvertrauen. Wenn man eine starke BATNA hat, ist man besser in der Lage, seine Ziele zu erreichen und bessere Ergebnisse in Verhandlungen zu erzielen. Eine starke BATNA dient als Rückfallposition und bietet Sicherheit, falls die aktuellen Verhandlungen nicht erfolgreich verlaufen.

Um die BATNA effektiv zu nutzen, ist es wichtig, Alternativen sorgfältig zu prüfen und vorzubereiten. Man sollte sich überlegen, welche Optionen zur Verfügung stehen und wie diese im Vergleich zur aktuellen Verhandlungssituation abschneiden. Je besser die Alternativen sind, desto stärker ist die Position in den Verhandlungen.

Es ist auch wichtig, die BATNA nicht nur für sich selbst zu kennen, sondern auch die BATNA der Gegenseite zu berücksichtigen. Durch das Verständnis der BATNA der anderen Partei kann man besser einschätzen, wie weit man in den Verhandlungen gehen kann und welche Zugeständnisse angemessen sind.

Die BATNA sollte während der Verhandlungen variabel bleiben. Neue Informationen oder veränderte Situationen können auch die BATNA verändern, denn Flexibilität und die ständige Neubewertung der BATNA sind erfolgsentscheidend.

Insgesamt ist die BATNA ein leistungsstarkes Instrument in Verhandlungen. Indem man seine Alternativen kennt und nutzt, kann man seine Verhandlungsmacht stärken und bessere Ergebnisse erzielen. Die Berücksichtigung der BATNA ist ein wichtiger Schritt auf dem Weg zu erfolgreichen Verhandlungen und langfristigen Vereinbarungen.

Die Liste in Tab. 6.1 ist nicht abschließend, und es gibt viele weitere Möglichkeiten für Zusatzleistungen, die in einer Gehaltsverhandlung verhandelt werden können. Die Wahl der richtigen Zusatzleistungen hängt von deinen individuellen Bedürfnissen, Prioritäten und der Unternehmenspolitik ab. Es ist wichtig, diese Leistungen im Voraus zu recherchieren und zu klären, welche für dich am relevantesten sind.

Insgesamt trägt die strukturierte Vorbereitung mit einem solchen Fragebogen dazu bei, dass du besser auf die Gehaltsverhandlung vorbereitet bist, deine Ziele klar definieren kannst und eine Vielzahl von Optionen und Alternativen berücksichtigst, um deine finanziellen Ziele erfolgreich zu erreichen.

Zusammenfassung

Eine gründliche Vorbereitung auf eine Gehaltsverhandlung ist entscheidend für den langfristigen beruflichen Erfolg. Die Kenntnis der eigenen BATNA (Best Alternative to a Negotiated Agreement) und die flexible Anpassung daran geben Verhandlungsmacht und Sicherheit. Alternativen sollten sorgfältig geprüft und vorbereitet werden, um in Verhandlungen besser auftreten zu können. Zudem ist es wichtig, Zusatzleistungen wie Boni, Aktienoptionen oder flexible Arbeitszeiten zu berücksichtigen und ihre Relevanz für die eigenen beruflichen Ziele zu bewerten. Eine klare Vorstellung von den eigenen Zielen und Ambitionen ermöglicht gezielte und erfolgreiche Verhandlungen.

Tab. 6.1 Eigene BATNA (Best Alternative to a Negotiated Agreement)

☐	Bonus oder Provisionserhöhung
☐	Zulagen oder Prämien
☐	Aktienoptionen oder Beteiligungen
☐	Gehaltsanpassung an den Marktdurchschnitt
☐	Kostenübernahme für berufliche Fortbildungen
☐	Verbesserte Altersvorsorgeleistungen
☐	Überstundenzuschläge oder flexible Arbeitszeiten
☐	Leistungsbezogene Boni
☐	Zielbasierte Prämien
☐	Gewinnbeteiligung
☐	Mehr Urlaubstage
☐	Erstattung von Pendelkosten
☐	Gehaltsvorauszahlungen oder -darlehen
☐	Erhöhte Vergütung für Überstunden
☐	Homeoffice- oder Telearbeitszulage
☐	Bonus für Projektabschlüsse
☐	Gehaltsanpassung in Abhängigkeit von zusätzlicher Verantwortung
☐	Gehaltsanpassung an die Inflation
☐	Firmenwagen
☐	Sprachkurse oder interkulturelle Schulungen
☐	Zusätzliche Sozialleistungen wie Gesundheitsvorsorge
☐	Gesundheits- und Wellnessleistungen
☐	Renten- und Altersvorsorge
☐	Kinderbetreuungsleistungen
☐	Mahlzeiten oder Verpflegung am Arbeitsplatz
☐	Firmenhandy oder -tablet
☐	Jobrad
☐	Firmenrabatte
☐	Versicherungspakete
☐	Sabbaticals

6.1.2 Zielbereich 2 – Karriereentwicklung und berufliche Ziele

Die Beantwortung dieser Fragen dient nicht nur der Reflexion der aktuellen Situation, sondern eröffnet auch einen Blick in die Zukunft. Der Karriereentwicklungsfragebogen ermöglicht es dir, deine langfristigen beruflichen Ziele zu überdenken und zu konkretisieren. Indem du dir über deine beruflichen Ambitionen im Klaren bist, kannst du besser einschätzen, wie das Gehalt als Mittel zur Erreichung dieser Ziele dient. Die Fragen zu deiner idealen Karriereentwicklung eröffnen zudem die Möglichkeit, verschiedene Aspekte deiner beruflichen Entwicklung zu betrachten, darunter die Aufstiegsmöglichkeiten, die Übernahme größerer Verantwortung, Weiterbildungschancen, die Entwicklung von Führungskompetenzen und die Verbesserung der Arbeitsbedingungen.

Durch die Auseinandersetzung mit diesen Fragen kannst du feststellen, welche Faktoren für deine berufliche Zufriedenheit und Entwicklung von entscheidender Bedeutung sind. Dies ermöglicht es dir, gezieltere Gespräche über deine Karriereentwicklung mit deinem Arbeitgeber zu führen und entsprechende Maßnahmen zu ergreifen, um deine beruflichen Ziele zu erreichen. Letztendlich trägt eine klare Vorstellung von deiner idealen Karriereentwicklung dazu bei, dass du langfristig motiviert und zielorientiert bleibst (s. Tab. 6.2).

Fragen zu Karriereentwicklung und beruflichen Zielen
- Welche langfristigen beruflichen Ziele verfolgst du?
- Welche Rolle spielt das Gehalt bei der Erreichung deiner beruflichen Ziele?
- Wie sieht deine ideale Karriereentwicklung aus?

Tab. 6.2 Mögliche Alternativen für die Karriere- und berufsbezogenen Ziele

☐	Aufstieg in eine höhere Position
☐	Verantwortung für größere Projekte oder Teams
☐	Weiterbildungsmöglichkeiten
☐	Entwicklung von Führungskompetenzen
☐	Erweiterung des Aufgabenbereichs
☐	Anerkennung für herausragende Leistungen
☐	Bessere Arbeitsbedingungen oder -umgebung
☐	Gezielte berufliche Entwicklungsgespräche
☐	Mentoring oder Coaching
☐	Erweiterung des beruflichen Netzwerks
☐	Verbesserte Leistungsbeurteilung
☐	Einführung flexibler Arbeitszeiten
☐	Arbeitsplatzsicherheit
☐	Verbesserung der Work-Life-Balance
☐	Erweiterung des Aufgabenspektrums
☐	Sichtbarkeit und Anerkennung im Unternehmen
☐	Integration in wichtige Unternehmensinitiativen
☐	Beteiligung an Innovationsprojekten
☐	Förderung der persönlichen und beruflichen Weiterentwicklung

> **Zusammenfassung**
>
> Dieser Fragebogen zur Vorbereitung auf eine Gehaltsverhandlung ist entscheidend, um langfristige berufliche Ziele zu definieren und deren Erreichung durch angemessene Vergütung zu planen. Fragen wie die Rolle des Gehalts in der Karriereentwicklung, die ideale berufliche Laufbahn und spezifische Ziele wie Aufstiegsmöglichkeiten, Weiterbildung und Anerkennung helfen dabei, Klarheit über persönliche Ambitionen zu gewinnen. Dies ermöglicht es, gezielte und fundierte Verhandlungen zu führen, die nicht nur die aktuelle Position verbessern, sondern auch langfristig die berufliche Zufriedenheit und Entwicklung fördern.
>
> Durch die Auseinandersetzung mit diesen Fragen wird eine bewusste Reflexion über die eigenen beruflichen Ziele und die notwendige Unterstützung durch das Gehalt ermöglicht. Dies ist wichtig, um in Gehaltsverhandlungen selbstbewusst und gut vorbereitet aufzutreten und den eigenen Wert klar zu kommunizieren. Letztendlich trägt dies dazu bei, dass man nicht nur kurzfristige, sondern auch langfristige berufliche Erfolge und Zufriedenheit erreicht.

6.1.3 Zielbereich 3 – Arbeitsbedingungen und Wohlbefinden

> **Fragen zu Arbeitsbedingungen und Wohlbefinden**
> - Wie zufrieden bist du derzeit mit deinen Arbeitsbedingungen?
> - Welche Verbesserungen wünschst du dir in Bezug auf deine Arbeitssituation und dein Wohlbefinden?
> - Welche Maßnahmen könnten dein Wohlbefinden am Arbeitsplatz steigern?

Der Fragebogen in Tab. 6.3 zu den Arbeitsbedingungen und dem Wohlbefinden am Arbeitsplatz ist deshalb relevant, da er dir ermöglicht, eine umfassende Bewertung deiner aktuellen Situation und deinen weiteren Wünschen nach Verbesserungen zu erhalten. Deine Zufriedenheit mit den Arbeitsbedingungen ist ein wesentlicher Faktor für die Motivation, Produktivität und langfristige Bindung an das Unternehmen.

Tab. 6.3 Mögliche Alternativen (Arbeitsbedingungen und Wohlbefinden)

☐	Flexiblere Arbeitszeiten
☐	Verbesserte Arbeitsplatzgestaltung
☐	Ergonomische Anpassungen am Arbeitsplatz
☐	Arbeitsplatzwechsel oder -verlagerung
☐	Bessere Arbeitsbedingungen oder -umgebung
☐	Bessere technische Ausstattung
☐	Unterstützung bei der Work-Life-Balance
☐	Unterstützung bei der Kinderbetreuung
☐	Mehr Urlaubstage oder Sabbaticals
☐	Stressabbau-Programme und psychologische Unterstützung
☐	Verbesserte Kommunikation und Feedbackkultur
☐	Betriebsrestaurant oder -kantine
☐	Homeoffice-Optionen
☐	Verkürzte Arbeitswoche
☐	Zuschuss zu Fitnessmitgliedschaften
☐	Unterstützung bei der beruflichen Weiterentwicklung
☐	Bessere Kommunikation über Unternehmensziele und -richtlinien
☐	Maßnahmen zur Vermeidung von Burnout
☐	Sozialverträgliche Arbeitszeiten und Pausenregelungen

Durch deine Ideen zu verschiedenen Aspekten der Arbeitsbedingungen, wie Flexibilität, Arbeitsumgebung, technische Ausstattung und Unterstützung bei der Work-Life-Balance, kann dein Vorgesetzter wertvolle Einblicke in deine Bedürfnisse gewinnen.

Die Verbesserungen, die du dir wünschst, spiegeln auch deine individuellen Bedürfnisse und Herausforderungen wider. Deine möglichen Aussagen zu flexibleren Arbeitszeiten, ergonomischen Anpassungen am Arbeitsplatz, Unterstützung bei der Kinderbetreuung und Stressabbau-Programmen sind von großem Wert für deinen Vorgesetzten, um gezielte Maßnahmen zur Verbesserung deiner Arbeitsbedingungen und deines Wohlbefindens einzuleiten.

Betrachte diesen Part der Vorbereitung als Basis und Erweiterung des „Verhandlungskuchens". Je mehr Alternativen und Optionen du in der Verhandlung hast, desto größer ist die Chance deine Ziele zu erreichen.

> **Zusammenfassung**
>
> Die Arbeitsbedingungen spielen eine große Rolle für das Wohlbefinden und die Zufriedenheit der Mitarbeiter am Arbeitsplatz. Eine umfassende Analyse der Arbeitsbedingungen ermöglicht es dir, deine aktuelle Situation zu bewerten und Verbesserungsmöglichkeiten zu identifizieren. Durch die Berücksichtigung individueller Bedürfnisse und Herausforderungen können gezielte Maßnahmen zur Steigerung des Wohlbefindens am Arbeitsplatz von deinem Vorgesetzten eingeleitet werden. Deine Einbindung in den Prozess der Arbeitsplatzgestaltung stärkt nicht nur die Bindung an das Unternehmen, sondern trägt auch zur Schaffung einer positiven Arbeitsumgebung bei. Insgesamt trägt eine umfassende Analyse der Arbeitsbedingungen dazu bei, eine gesunde und produktive Arbeitsumgebung zu schaffen, von der sowohl du und auch deine Kollegen und die anderen Mitarbeiter als auch das Unternehmen profitieren.

6.2 Fragebogen zur Markwertanalyse

Was kann dir helfen, herauszufinden, wie sich dein aktuelles Gehalt im Vergleich zur Branche und Region verhält? Hier ist ein Musterfragebogen zur Vorbereitung auf eine Gehaltsverhandlung:

> **Fragebogen zur Markwertanalyse**
>
> - **Aktuelles Gehalt:** Was ist dein aktuelles Grundgehalt? Welche anderen Vergütungselemente (z. B. Boni, Prämien, Zusatzleistungen) erhältst du?
> - **Berufsfeld und Branche:** In welchem Berufsfeld und in welcher Branche arbeitest du? Welche spezielle Rolle oder Funktion hast du in deinem Berufsfeld?
> - **Regionale Informationen:** In welcher Region arbeitest du? Befindest du dich in einer Metropolregion oder in einer ländlichen Gegend?
> - **Marktvergleich:** Hast du bereits Informationen über den durchschnittlichen Gehaltssatz in deiner Branche und Region recherchiert? Wenn ja, woher hast du diese Informationen?
> - **Vergleichsgruppen:** Welche Gruppen von Vergleichsunternehmen oder -stellen ziehst du für deinen Marktvergleich heran (z. B. ähnliche Unternehmen, ähnliche Positionen)?

- **Gehaltsvergleich:** Wie schätzt du dein derzeitiges Gehalt im Vergleich zum Markt ein? Bist du überzeugt, dass dein Gehalt marktgerecht ist, unterdurchschnittlich oder überdurchschnittlich?
- **Spezifische Vergütungsfaktoren:** Welche spezifischen Faktoren oder Qualifikationen könnten sich auf dein Gehalt auswirken (z. B. Berufserfahrung, Zusatzqualifikationen, Zertifizierungen)?
- **Gehaltsziele und Begründungen:** Welche Gehaltsziele verfolgst du in dieser Gehaltsverhandlung? Begründe, warum du der Meinung bist, dass diese Ziele gerechtfertigt sind.
- **Zusätzliche Informationen:** Gibt es noch andere Informationen oder Faktoren, die du für die Marktanalyse und Gehaltsverhandlung berücksichtigen möchtest?

Warum es wichtig ist, sich mit diesen Fragen auseinanderzusetzen

Es ist notwendig, auch diese Fragen für deine Gehaltsverhandlung zu berücksichtigen. Die Antworten bieten eine Reihe von Vorteilen, die dir helfen können, deine Vergütungssituation besser zu verstehen und deine Gehaltsziele fundiert zu verfolgen. Zunächst einmal ermöglicht dir die Erfassung deines aktuellen Grundgehalts sowie aller anderen Vergütungselemente wie Boni, Prämien und Zusatzleistungen einen klaren Überblick über deine derzeitige Vergütungssituation zu erhalten. Außerdem helfen dir die Fragen zu deinem Berufsfeld, deiner Branche und deiner Region, den Kontext deiner Vergütung zu verstehen und herauszufinden, wie sich dein Gehalt im Vergleich zu anderen in ähnlichen Situationen verhält. Durch den Marktvergleich und das Benchmarking kannst du Informationen über den durchschnittlichen Gehaltssatz in deiner Branche und Region recherchieren und relevante Vergleichsdaten sammeln, um deine Gehaltsverhandlung fundiert zu führen.

Die Frage nach der Einschätzung deines aktuellen Gehalts im Vergleich zum Markt ermöglicht es dir, deine eigene Position einzuschätzen und zu bestimmen, ob dein Gehalt marktgerecht ist, unterdurchschnittlich oder überdurchschnittlich. Darüber hinaus hilft dir die Frage nach spezifischen Faktoren oder Qualifikationen, die sich auf dein Gehalt auswirken könnten, wichtige Aspekte zu identifizieren, die bei der Bewertung deiner Vergütung berücksichtigt werden sollten. Durch die Definition von Gehaltszielen und entsprechenden Begründungen kannst du deine Gehaltsvorstellungen klar kommunizieren und deine Argumentation für die Gehaltsverhandlung stärken.

Zuletzt ermöglicht die Frage nach weiteren Informationen oder Faktoren es dir, alle relevanten Aspekte für deine Marktanalyse und Gehaltsverhandlung zu berücksichtigen und deine Vorbereitung zu vervollständigen. Insgesamt bietet der Fragebogen eine strukturierte Methode, um verschiedene Aspekte deiner Vergütung zu analysieren und deine Gehaltsziele auf eine fundierte Basis zu stellen.

> **Zusammenfassung**
> Betrachte diesen Fragebogen als Leitfaden für deine Marktanalyse.
> Das Ausfüllen des Fragebogens bietet dir eine strukturierte Methode, um verschiedene Aspekte deiner Vergütung zu analysieren und deine Gehaltsziele auf eine fundierte Basis zu stellen. Durch die Erfassung deines aktuellen Gehalts, den Vergleich mit Branchen- und Regionsdaten sowie die Identifizierung von Vergleichsgruppen erhältst du einen klaren Überblick über deine Vergütungssituation und kannst deine Gehaltsvorstellungen klar kommunizieren. Insgesamt dient der Fragebogen als wertvolles Werkzeug, um deine Gehaltsverhandlung effektiv vorzubereiten und erfolgreich zu führen.

6.3 Fragebogen zur Selbstwertanalyse für Gehaltsverhandlungen

Dieser folgende Fragebogen zur Selbstwertanalyse kann dir helfen, deine Selbstwahrnehmung und deinen Selbstwert in beruflicher Hinsicht zu reflektieren und zu verstehen, wie du dich selbst in Bezug auf deine berufliche Wertschätzung siehst. Das kann dir in der Vorbereitung auf die Gehaltsverhandlung helfen, selbstbewusster und besser vorbereitet zu sein.

Fragebogen zur Selbstwertanalyse für Gehaltsverhandlungen

- **Selbstwertgefühl:** Wie schätzt du dein allgemeines Selbstwertgefühl in beruflicher Hinsicht ein, auf einer Skala von 1 (niedrig) bis 10 (hoch)? Beschreibe, wie du dich in Bezug auf deine beruflichen Fähigkeiten und Leistungen siehst.
- **Selbstwahrnehmung:** Wie bewertest du deine beruflichen Stärken und Qualifikationen? Glaubst du, dass deine beruflichen Leistungen und Beiträge angemessen anerkannt werden?
- **Berufliche Erfolge:** Welche beruflichen Erfolge und Leistungen der letzten Zeit möchtest du besonders hervorheben? Wie haben diese deine Selbstwahrnehmung beeinflusst?
- **Qualifikationen und Weiterentwicklung:** Welche speziellen Qualifikationen, Zertifikate oder beruflichen Entwicklungen hast du in letzter Zeit erworben? Wie beeinflussen diese deine berufliche Wertschätzung?
- **Rolle und Verantwortlichkeiten:** Beschreibe deine derzeitige berufliche Rolle und die damit verbundenen Verantwortlichkeiten. Inwieweit siehst du deine Position als wesentlich für das Unternehmen an?
- **Vorbereitung auf die Gehaltsverhandlung:** Wie hast du dich auf die anstehende Gehaltsverhandlung vorbereitet? Welche Argumente und Beweise möchtest du präsentieren?
- **Gehaltsziele:** Welche konkreten Ziele verfolgst du in dieser Gehaltsverhandlung? Begründe, warum du der Meinung bist, dass diese Ziele gerechtfertigt sind.
- **Selbstvertrauen in der Verhandlung:** Fühlst du dich selbstbewusst, wenn es um die Gehaltsverhandlung geht? Welche Faktoren könnten dein Selbstvertrauen beeinflussen?
- **Hindernisse und Herausforderungen:** Gibt es Hindernisse oder innere Überzeugungen, die deine berufliche Wertschätzung oder deine Verhandlungsbereitschaft beeinträchtigen könnten?
- **Unterstützungssystem:** Wer sind die Menschen in deinem Leben, die dich unterstützen und dir helfen, dein Selbstwertgefühl in beruflicher Hinsicht zu stärken?
- **Zusätzliche Informationen:** Gibt es weitere Gedanken oder Überlegungen zur Selbstwertanalyse in Bezug auf die Gehaltsverhandlung, die du teilen möchtest?

Warum es unerlässlich ist, auf diese Fragen einzugehen

Die Beantwortung dieser Fragen zur Selbstwertanalyse bietet dir eine strukturierte Möglichkeit, deine Selbstwahrnehmung und deinen Selbstwert in beruflicher Hinsicht zu reflektieren. Indem du deine allgemeine Selbstwahrnehmung, deine beruflichen Stärken und Leistungen sowie deine beruflichen Erfolge und Leistungen bewertest, erhältst du einen Einblick in dein Selbstwertgefühl im beruflichen Kontext. Du kannst auch deine beruflichen Qualifikationen, Weiterentwicklungen, deine derzeitige Rolle und Verantwortlichkeiten sowie deine Vorbereitung auf die Gehaltsverhandlung genauer betrachten.

Des Weiteren ermöglicht dir der Fragebogen, konkrete Gehaltsziele zu definieren und zu begründen, warum du der Meinung bist, dass diese gerechtfertigt sind. Durch die Bewertung deines Selbstvertrauens in der Verhandlung und das Identifizieren von möglichen Hindernissen und Herausforderungen kannst du besser verstehen, wie du dich in einer Gehaltsverhandlung fühlst und welche Faktoren dein Selbstvertrauen beeinflussen könnten.

Nicht zuletzt kannst du die Menschen in deinem Unterstützungssystem identifizieren, die dir dabei helfen können, dein Selbstwertgefühl in beruflicher Hinsicht zu stärken. Insgesamt kann dieser Fragebogen dir helfen, dich besser auf die Gehaltsverhandlung vorzubereiten, selbstbewusster aufzutreten und deine Argumentation auf eine fundierte Basis zu stellen.

> **Zusammenfassung**
>
> Der Fragebogen zur Selbstwertanalyse bietet eine strukturierte Möglichkeit, deine Selbstwahrnehmung und deinen Selbstwert in beruflicher Hinsicht zu reflektieren. Indem du verschiedene Aspekte wie deine Selbstwahrnehmung, beruflichen Erfolge, Qualifikationen und Gehaltsziele betrachtest, erhältst du Einblicke in dein Selbstwertgefühl im beruflichen Kontext. Damit kannst du dich optimal auf die Gehaltsverhandlung vorbereiten, souverän auftreten und deine Forderungen überzeugend vertreten.

6.4 Fragebogen zu beruflichen Qualifikationen für die Gehaltsverhandlung

> **Fragebogen zu beruflichen Qualifikationen für die Gehaltsverhandlung**
> - **Berufliche Qualifikationen:** Welche akademischen Qualifikationen besitzt du (z. B. Studienabschlüsse, Zertifikate)? Welche beruflichen Qualifikationen oder Lizenzen sind relevant für deine Position?
> - **Berufserfahrung:** Wie viele Jahre Berufserfahrung bringst du in deiner aktuellen Position mit? Welche früheren Positionen oder Arbeitgeber waren für deine berufliche Entwicklung besonders relevant?
> - **Spezialisierte Fähigkeiten:** Welche spezialisierten Fähigkeiten oder Kenntnisse bringst du in deine derzeitige Rolle ein (z. B. Fremdsprachen, Projektmanagement, Programmierkenntnisse etc.)?
> - **Fortbildungen und Weiterbildung:** Welche Fortbildungen oder Weiterbildungsmaßnahmen hast du in letzter Zeit absolviert oder planst du zu absolvieren?
> - **Zertifikate und Zulassungen:** Welche branchenspezifischen Zertifikate oder Zulassungen hast du erworben und wie tragen sie zu deiner Qualifikation bei?
> - **Veröffentlichungen oder Präsentationen:** Hast du wissenschaftliche Artikel, Bücher oder Präsentationen veröffentlicht oder an Konferenzen teilgenommen?
> - **Lehrerfahrung und Mentoren-Tätigkeit:** Hast du Erfahrung im Unterrichten oder Mentoring von anderen in deinem Fachgebiet?
> - **Projekterfolge:** Welche beruflichen Projekte oder Initiativen hast du geleitet oder maßgeblich unterstützt und erfolgreich abgeschlossen?
> - **Anerkennungen und Auszeichnungen:** Hast du besondere Auszeichnungen, Preise oder Anerkennungen für deine beruflichen Qualifikationen erhalten?
> - **Selbsteinschätzung:** Wie schätzt du deine beruflichen Qualifikationen im Vergleich zu den Anforderungen deiner aktuellen Position und deiner Karriereziele ein?
> - **Zusätzliche Informationen:** Gibt es weitere Qualifikationen oder berufliche Fähigkeiten, die du für die Gehaltsverhandlung berücksichtigen möchtest?

Es ist auch unbedingt erforderlich, auf diese Fragen einzugehen

Die Beantwortung dieser Fragen bietet dir die Möglichkeit, deine beruflichen Qualifikationen und Fähigkeiten gründlich zu reflektieren und zu bewerten. Indem du deine akademischen

Qualifikationen, Berufserfahrung, spezialisierten Fähigkeiten, Weiterbildungsmaßnahmen, Zertifikate und Zulassungen sowie deine Erfolge in Projekten und Initiativen betrachtest, erhältst du einen umfassenden Überblick über deine berufliche Expertise.

Durch die Selbstbewertung deiner Qualifikationen im Vergleich zu den Anforderungen deiner aktuellen Position und deiner Karriereziele kannst du besser einschätzen, wo du stehst und welche Entwicklungsmöglichkeiten du hast. Dies hilft dir, dich besser auf die Gehaltsverhandlung vorzubereiten und deine berufliche Wertstellung zu kommunizieren.

Zusätzlich ermöglicht der Fragebogen dir, weitere Qualifikationen oder berufliche Fähigkeiten zu identifizieren, die für die Gehaltsverhandlung relevant sein könnten. Insgesamt bietet der Fragebogen eine strukturierte Methode, um deine beruflichen Qualifikationen und Fähigkeiten zu analysieren und deine Argumentation für die Gehaltsverhandlung zu stärken.

> **Zusammenfassung**
>
> Dieser Fragebogen ermöglicht dir eine gründliche Reflexion deiner beruflichen Qualifikationen und Fähigkeiten. Durch die Analyse von akademischen Abschlüssen, Berufserfahrung, spezialisierten Fähigkeiten und Erfolgen erhältst du einen umfassenden Überblick über deine Expertise. Dies hilft dir, deine Wertstellung zu verstehen und dich besser auf die Gehaltsverhandlung vorzubereiten. Der Fragebogen stärkt deine Argumentation und Kommunikation deiner beruflichen Wertstellung.

6.5 Fragebogen zur Zielbestimmung für die Gehaltsverhandlung

Fragebogen zur Zielbestimmung für die Gehaltsverhandlung

- **Aktuelles Gehalt:** Was ist dein aktuelles Grundgehalt? Welche anderen Vergütungselemente (z. B. Boni, Prämien, Zusatzleistungen) erhältst du?
- **Berufliche Ziele:** Welche kurz- und langfristigen beruflichen Ziele möchtest du in deiner Karriere erreichen? Wie könnte eine Gehaltsanpassung dazu beitragen?

- **Finanzielle Zielsetzung:** Welche finanziellen Ziele verfolgst du in deiner Gehaltsverhandlung (z. B. prozentuale Gehaltsanpassung, bestimmte Zusatzleistungen, Verhandlungsziele)?
- Priorisiere deine Ziele in absteigender Reihenfolge der Wichtigkeit.
- **Leistungen und Beiträge:** Welche beruflichen Leistungen und Beiträge möchtest du in der Verhandlung hervorheben (z. B. Projekterfolge, Umsatzsteigerungen, Kostenersparnisse)? Welche Beweise und Daten kannst du präsentieren, um deine Leistungen zu untermauern?
- **Zeitrahmen:** Welche zeitlichen Fristen oder Zeitrahmen setzt du für die Erreichung deiner Ziele in der Gehaltsverhandlung?
- **Alternative Szenarien:** Denke darüber nach, welche Alternativen du in Betracht ziehen würdest, falls du deine Hauptziele nicht vollständig erreichen kannst. Dies könnte beinhalten, dass du bereit bist, Zusatzleistungen oder Flexibilität in Betracht zu ziehen, um ein Win-win-Ergebnis zu erzielen.
- **Rückfragen für die Verhandlung:** Welche Fragen möchtest du während der Verhandlung stellen, um weitere Informationen zu erhalten oder die Position deines Arbeitgebers besser zu verstehen?
- **Unternehmenskontext:** Wie schätzt du den aktuellen finanziellen Zustand des Unternehmens ein? Wie passen deine Gehaltsanpassung zu den Unternehmenszielen und -strategien?
- **Zusätzliche Informationen:** Gibt es weitere Gedanken oder Überlegungen zur Zielbestimmung in Bezug auf die Gehaltsverhandlung, die du teilen möchtest?

Die Antworten auf diese Fragen spielen auch eine wesentliche Rolle
Das Ausfüllen dieses Fragebogens vor deiner Gehaltsverhandlung bietet zahlreiche Vorteile und ermöglicht eine strukturierte Herangehensweise. Zunächst verschaffst du dir Klarheit über deine aktuelle Vergütung, indem du dein Grundgehalt sowie andere Vergütungselemente wie Boni und Zusatzleistungen genau betrachtest.

Darauf aufbauend kannst du deine beruflichen Ziele definieren, sowohl kurz- als auch langfristige, und festlegen, wie eine mögliche Gehaltsanpassung dazu beitragen könnte. Des Weiteren ermöglicht dir der Fragebogen, finanzielle Ziele für die Gehaltsverhandlung festzulegen und zu priorisieren, sei es eine prozentuale Gehaltsanpassung oder spezifische Zusatzleistungen.

Ein wichtiger Aspekt ist auch die Hervorhebung deiner beruflichen Leistungen und Beiträge, indem du sie identifizierst und mit Beweisen untermauerst, um sie während der Verhandlung zu präsentieren. Zusätzlich kannst du zeitliche Fristen setzen, um die Erreichung deiner Ziele in der Gehaltsverhandlung zu planen und alternative Szenarien durchdenken, falls deine Hauptziele nicht vollständig erreicht werden können.

Du bereitest gezielte Fragen für die Verhandlung vor, um weitere Informationen zu erhalten und die Position deines Arbeitgebers besser zu verstehen, während du gleichzeitig den aktuellen finanziellen Zustand des Unternehmens einschätzt und überlegst, wie deine Gehaltsanpassung zu den Unternehmenszielen und -strategien passen.

Schließlich hast du die Möglichkeit, weitere Gedanken oder Überlegungen zur Zielbestimmung in Bezug auf die Gehaltsverhandlung zu teilen und deine Verhandlungsstrategie zu verbessern. Insgesamt bietet der Fragebogen eine strukturierte Methode, um deine Ziele zu definieren, deine Argumentation vorzubereiten und eine erfolgreiche Gehaltsverhandlung zu führen.

> **Zusammenfassung**
>
> Dieser Fragebogen bietet eine strukturierte Herangehensweise, um deine Ziele und Argumentation für die Verhandlung zu definieren. Er ermöglicht dir, Klarheit über deine aktuelle Vergütung zu erhalten, berufliche Ziele zu setzen und finanzielle Zielsetzungen festzulegen. Durch die Hervorhebung beruflicher Leistungen und Beiträge sowie die Planung von zeitlichen Fristen für die Verhandlung erhöhst du deine Verhandlungsmacht. Die Überlegung alternativer Szenarien und die Vorbereitung gezielter Fragen verbessern deine Verhandlungsstrategie. Schließlich kannst du den Unternehmenskontext berücksichtigen und zusätzliche Gedanken zur Zielbestimmung einbringen, um eine erfolgreiche Gehaltsverhandlung zu führen.

6.6 Fragebogen zur Definition von Alternativen und Optionen

> **Fragebogen zur Definition von Alternativen und Optionen**
> - **Beschreibung der aktuellen Situation oder des Problems:** Beschreibe die aktuelle Entscheidung oder Situation, für die du Alternativen oder Optionen definieren möchtest.
> - **Klärung des Ziels:** Was ist das Hauptziel oder das gewünschte Ergebnis, dass du mit dieser Entscheidung oder Situation erreichen möchtest?
> - **Bisherige Versuche:** Hast du bereits Schritte unternommen oder Optionen in Betracht gezogen, um das Ziel zu erreichen? Wenn ja, welche?
> - **Definition von Alternativen:** Liste alle möglichen Alternativen oder Optionen auf, die dir in Bezug auf diese Entscheidung oder Situation in den Sinn kommen.
> - **Bewertung der Alternativen:** Bewerte jede der aufgelisteten Alternativen anhand von Kriterien wie Effektivität, Machbarkeit und möglichen Konsequenzen.
> - **Priorisierung der Alternativen:** Ordne die aufgelisteten Alternativen in der Reihenfolge ihrer Priorität, wobei die am besten geeigneten Optionen zuerst kommen.
> - **Ressourcen und Unterstützung:** Welche Ressourcen oder Unterstützung benötigst du, um die ausgewählten Alternativen umzusetzen?
> - **Risikoanalyse:** Welche Risiken oder Unsicherheiten bestehen in Bezug auf jede der Alternativen? Wie könnten diese Risiken minimiert oder bewältigt werden?
> - **Zeitrahmen:** Gibt es zeitliche Fristen oder Faktoren, die bei der Umsetzung der ausgewählten Alternativen zu beachten sind?
> - **Feedback und Input:** Hast du bereits Feedback oder Input von Kollegen, Vorgesetzten oder Experten in dieser Angelegenheit eingeholt?
> - **Schlussfolgerungen und nächsten Schritte:** Welche Schlussfolgerungen ziehst du aus der Definition von Alternativen und Optionen? Welche Schritte planst du als nächstes?
> - Welche **Schlussfolgerungen** ziehst du aus der Definition von Alternativen und Optionen? Welche Schritte planst du als nächstes?

Warum Alternativen und Optionen in einer Verhandlung sehr wichtig sind

Über die BATNA haben wir ja schon in einem vorherigen Kapitel gesprochen.

In deiner Verhandlung ist es von entscheidender Bedeutung, über Alternativen und Optionen informiert zu sein, da sie die Flexibilität und deinen Verhandlungsspielraum erweitern. Der Fragebogen zur Definition von Alternativen und Optionen bietet dir eine strukturierte Methode, um verschiedene Aspekte einer Entscheidung oder Situation zu berücksichtigen und somit die Verhandlungsmacht zu stärken.

Zunächst beschreibst du die aktuelle Situation oder das Problem, für das Alternativen oder Optionen definiert werden sollen. Dies schafft für dich eine klare Ausgangsbasis und ermöglicht eine gezielte Identifizierung potenzieller Lösungen.

Die Beantwortung der Fragen zum Hauptziel hilft dir dabei, die Ziele klar zu definieren und sicherzustellen, dass die Alternativen darauf ausgerichtet sind, diese Ziele zu erreichen.

Auch die Berücksichtigung bisheriger Versuche oder Optionen aus der Vergangenheit bieten wertvolle Einblicke in die Wirksamkeit früherer Maßnahmen und unterstützt die Identifizierung neuer Alternativen.

Durch die Definition und Bewertung von Alternativen anhand bestimmter Kriterien wie Effektivität, Machbarkeit und möglichen Konsequenzen, können die am besten geeigneten Optionen priorisiert werden. Dies ermöglicht dir eine fundierte Entscheidungsfindung und eine gezielte Auswahl der besten Handlungsoptionen.

Insgesamt bietet dieser Fragebogen Antworten zur Definition von Alternativen und Optionen, um die Verhandlungsvorbereitung zu unterstützen, die Flexibilität zu erhöhen und eine fundierte Entscheidungsfindung zu fördern. Die Berücksichtigung der BATNA trägt zusätzlich dazu bei, deine Verhandlungsmacht zu stärken und eine erfolgreiche Verhandlung zu ermöglichen.

Zusammenfassung

Die Definition von Alternativen und Optionen in einer Verhandlung ist von entscheidender Bedeutung, um Flexibilität zu schaffen und die Verhandlungsmacht zu stärken. Ein strukturierter Fragebogen hilft dabei, verschiedene Aspekte der aktuellen Situation zu berücksichtigen und Lösungsmöglichkeiten zu identifizieren. Dies beinhaltet die Beschreibung des Problems, die Klärung der Ziele, die Bewertung von Alternativen und die Priorisierung der besten Optionen. Ein wichtiger Bestandteil der Verhandlungsvorbereitung ist die Bestimmung der BATNA („Best Alternative to a Negotiated Agreement"), da sie die Verhandlungsmacht zusätzlich stärkt. Insgesamt unterstützt die sorgfältige Definition von Alternativen und Optionen die erfolgreiche Planung und Umsetzung von Verhandlungsstrategien.

6.7 Du musst nicht alle Fragebögen nutzen

Die Verwendung verschiedener Fragebögen wie Gehaltsverhandlungs- und Karriereentwicklungsfragebögen sowie der beschriebenen spezifischen Fragebögen bieten eine ganzheitliche und fundierte Herangehensweise an die Karriereplanung und Gehaltsverhandlungen. Jeder dieser Fragebögen liefert wertvolle Erkenntnisse zu verschiedenen Aspekten der beruflichen Entwicklung und finanziellen Ziele.

Jeder Fragebogen kann relevant sein, je nach den individuellen Umständen und Zielen. Dazu gehören Fragebögen zur Marktanalyse, die dir helfen können, die aktuellen Gehaltstrends und Vergütungsniveaus in deiner Branche oder Region zu verstehen. Ebenso können Fragebögen zur beruflichen Qualifikation und Weiterbildung dir dabei helfen, deine Fähigkeiten und Qualifikationen objektiv zu bewerten und mögliche Lücken zu identifizieren, die du schließen möchtest.

Durch die Einbeziehung einer Vielzahl von Fragebögen in deine Vorbereitung schaffst du dir ein umfassendes Bild deiner beruflichen Situation und bist in der Lage die Entscheidungen zu treffen, die deine Karriere vorantreiben.

Während es von großem Nutzen ist, eine breite Palette von Fragebögen zu nutzen, um ein umfassendes Verständnis deiner Situation zu erhalten, ist es wichtig zu erkennen, dass nicht alle Fragebögen für jedes individuelle Verhandlungsgespräch gleichermaßen relevant sein müssen. Vielmehr ist es entscheidend, die Auswahl der Fragebögen an die spezifischen Ziele, Bedürfnisse und die Phase deiner Karriere anzupassen.

Beispielsweise könntest du in einer Gehaltsverhandlung nur den Fokus auf Fragebögen zur Gehaltsverhandlung, Marktanalyse und Selbstwertanalyse legen, um deine Position und deinen Wert auf dem Arbeitsmarkt zu stärken. Wenn für dich jedoch auch langfristigen Karriereziele wichtig sind, kannst du zusätzlich den Karriereentwicklungsfragebogen verwenden, um deine Ambitionen und Entwicklungsmöglichkeiten zu beleuchten.

Durch die gezielte Auswahl der relevanten Fragebögen kannst du immer sicherstellen, dass deine Vorbereitung auf das Verhandlungsgespräch effizient und zielgerichtet ist. Es geht darum, diejenigen Fragebögen zu nutzen, die dir dabei helfen, deine Argumentation zu stärken und deine Ziele am besten zu unterstützen.

7

Ein wichtiges Werkzeug – Erfolgstagebuch vs. Erfolgsportfolio

Gerade in einer Gehaltsverhandlung ist es von entscheidender Bedeutung, deine Leistungen, Erfolge und Fortschritte überzeugend darzulegen, um eine angemessene Anerkennung deiner Arbeit zu erhalten. Ein Erfolgstagebuch und ein Erfolgsportfolio sind dabei nicht nur simple Werkzeuge, sondern vielmehr strategische Instrumente, die es dir ermöglichen, deine beruflichen Erfolge systematisch zu dokumentieren und wirkungsvoll zu präsentieren.

Ein Erfolgstagebuch ist ein effektives Mittel zur Selbstreflexion und zur Verfolgung deiner beruflichen Fortschritte im Alltag. Es ermöglicht dir, deine täglichen Leistungen, Erfolge und Herausforderungen festzuhalten, um deine persönliche und berufliche Entwicklung zu verfolgen. Es ist eine schriftliche Aufzeichnung deiner Erfahrungen, Erkenntnisse und Ziele, die du im Laufe der Zeit angesammelt hast. Ein solches Tagebuch wird dir helfen, Muster zu erkennen, deine Ziele zu reflektieren und ihren Fortschritt zu verfolgen.

Mit „Muster erkennen" ist gemeint, dass du durch das Führen des Erfolgstagebuchs Trends oder wiederkehrende Themen in deinen beruflichen Erfolgen oder Herausforderungen identifizieren kannst. Zum Beispiel könntest du feststellen, dass bestimmte Methoden oder

Herangehensweisen in Projekten besonders erfolgreich waren oder dass du in bestimmten Situationen häufiger erfolgreich warst als in anderen. Dieses Erkennen von Mustern kann dir dabei helfen, deine Stärken und Schwächen besser zu verstehen und daraus für die Zukunft zu lernen.

Ein Erfolgsportfolio hingegen ist eine umfassendere und strukturiertere Zusammenstellung deiner beruflichen Leistungen, Errungenschaften und Kompetenzen. Es ist eine sorgfältig gestaltete Sammlung von Dokumenten, die deine größten Erfolge, Projekte, Zertifikate, Auszeichnungen, Kundenfeedbacks und andere relevante Materialien umfasst. Ein Erfolgsportfolio dient dazu, deine beruflichen Leistungen auf anschauliche und überzeugende Weise zu präsentieren, insbesondere während einer Gehaltsverhandlung, einem Vorstellungsgespräch oder einer Beförderung.

Die Hauptunterschiede zwischen einem Erfolgstagebuch und einem Erfolgsportfolio liegen in ihrer Struktur, ihrem Zweck und ihrer Verwendung. Während ein Erfolgstagebuch dazu dient, deine täglichen Erfahrungen und Fortschritte auf persönlicher Ebene zu reflektieren und zu verfolgen, ist ein Erfolgsportfolio eine professionelle Zusammenstellung deiner beruflichen Leistungen und Erfolge, die du gezielt für berufliche Zwecke verwenden kannst. Ein Erfolgsportfolio bietet eine geordnete und überzeugende Darstellung *deiner Ausbildung, deinen Weiterbildungen, deinen Zertifikaten, deiner Fähigkeiten*, die dir hilft, deine beruflichen Ziele zu erreichen und deine Karriere voranzutreiben.

7.1 Warum ein Erfolgstagebuch wichtig für deine Verhandlung ist

Ein Erfolgstagebuch ist eine äußerst wertvolle Ressource, um deine Verhandlung über mehr Geld und berufliche Entwicklungen zu unterstützen.

Ein Erfolgstagebuch ist ein persönliches Archiv deiner beruflichen Erfolge, Leistungen und Meilensteine. Hier sind einige Gründe, warum ein Erfolgstagebuch in diesem Kontext besonders hilfreich ist:

Ein Erfolgstagebuch ermöglicht es dir, auf eine geordnete und strukturierte Weise all die positiven Ergebnisse, Leistungen und Erfolge deiner beruflichen Laufbahn zu dokumentieren. Das regelmäßige Festhalten deiner Erfolge trägt auch dazu bei, dein Selbstvertrauen zu steigern. Wenn du dich für eine Gehaltsverhandlung vorbereitest, vermittelst du so den Eindruck eines selbstbewussten und kompetenten Mitarbeiters.

In Gehaltsverhandlungen ist es entscheidend, konkrete Beispiele für deine Leistungen und Erfolge vorzulegen. Dein Erfolgstagebuch dient als eine Sammlung solcher Beispiele. Wenn du in der Verhandlung deine bisherigen Erfolge präsentieren kannst, stärkt dies deine Glaubwürdigkeit und die Überzeugungskraft deiner Argumentation.

Dein Erfolgstagebuch hilft dir auch dabei, deine langfristigen beruflichen Ziele und Ambitionen klar vor Augen zu haben. Während einer Gehaltsverhandlung kannst du argumentieren, wie eine Gehaltsanpassung oder Zusatzleistungen zu diesen Zielen beitragen und deine Motivation für eine fortgesetzte erfolgreiche Arbeit im Unternehmen stärken.

Durch das Führen eines Erfolgstagebuchs entwickelst du die Gewohnheit, deine berufliche Entwicklung und Erfahrung regelmäßig zu reflektieren. Dies ermöglicht es dir, sowohl deine Stärken als auch deine Schwächen besser zu verstehen und zu identifizieren, wie du dich weiterentwickeln und verbessern kannst.

Positive Rückmeldungen und Anerkennung von Vorgesetzten, Kollegen oder Kunden sind wichtige und sehr wertvolle Ressourcen. Das Erfolgstagebuch bietet dir einen Ort, um solches Feedback zu notieren und es später als Beleg für deine Leistungen während der Verhandlung zu nutzen.

In Gehaltsverhandlungen ist es entscheidend, den Mehrwert hervorzuheben, den du für das Unternehmen bringst. Dein Erfolgstagebuch hilft dir dabei, klar darzustellen, wie deine Arbeit und Leistungen zum Unternehmenserfolg beigetragen haben. Dies ist ein überzeugendes Argument für eine Gehaltsanpassung oder für Zusatzleistungen.

Ein gut gepflegtes Erfolgstagebuch dient als eine Art „Beweismittel". Es ermöglicht dir, deine Argumentation in der Verhandlung zu strukturieren und zu stärken. Du kannst auf konkrete Beispiele und Fakten zurückgreifen, um deine Position zu unterstützen und deine Gehaltsanpassung zu begründen.

Um die Vorteile eines Erfolgstagebuchs bestmöglich zu nutzen, ist es wichtig, es regelmäßig zu aktualisieren und alle relevanten Informationen und Erfolge sorgfältig zu dokumentieren. Auf diese Weise wird es zu einem wertvollen Instrument, um deinen Wert für das Unternehmen zu unterstreichen und deine Gehaltsverhandlung und berufliche Entwicklung erfolgreich zu gestalten. Es ist eine Investition in deine berufliche Zukunft und ein Werkzeug, um deine beruflichen Ziele zu erreichen.

Auch deine Vorbereitung auf die Verhandlung wird durch das Erfolgstagebuch erleichtert, da eine klare Liste von Erfolgen und Leistungen zusammengestellt werden kann. Das ermöglicht dir, die eigenen Argumente und Forderungen fundiert und überzeugend zu präsentieren, was dann auch deine Verhandlungsmacht stärkt und die Wahrscheinlichkeit für positive Ergebnisse erhöht.

Ein weiterer Vorteil eines Erfolgstagebuchs besteht darin, dass es eine klare Übersicht ermöglicht, indem es kontinuierliche Selbstreflexion und -verbesserung unterstützt sowie Erfolge und Bereiche für zukünftiges Wachstum dokumentiert.

Insgesamt liefert ein Erfolgstagebuch einen erheblichen Nutzen für eine Gehaltsverhandlung, indem es dein Selbstbewusstsein stärkt, nachweisbare Argumente liefert, die Vorbereitung auf die Verhandlung erleichtert, das Verhandlungsgeschick verbessert und langfristige Selbstentwicklung fördert.

Ein Erfolgstagebuch kann in vielfältiger Weise strukturiert werden, abhängig von deinen persönlichen Präferenzen und deinen beruflichen Zielen.

> **Zusammenfassung**
>
> Ein Erfolgstagebuch ist für eine Gehaltsverhandlung äußerst wertvoll, da es eine Vielzahl von Vorteilen und Nutzen bietet. Durch das Führen eines solchen Tagebuchs können berufliche Erfolge, Leistungen und Stärken regelmäßig reflektiert und dokumentiert werden, was das eigene Selbstbewusstsein und die Selbstwahrnehmung steigert. Zudem dient es als nachweisbare Quelle für Leistungen und Erfolge während des Arbeitsjahres, die konkrete Beispiele und Daten für die Gehaltsverhandlung liefert.

Beispiel Erfolgstagebuch

Eintrag Datum – evtl. Zeugen oder Beobachter aufführen
1. **Berufliche Ziele und Ambitionen:**
Beschreibung deiner langfristigen beruflichen Ziele und Ambitionen:
   (Hier kannst du detailliert auf deine beruflichen Ziele eingehen, wie beispielsweise die Position, die du erreichen möchtest, die Branche, in der du arbeiten willst oder die spezifischen Projekte, an denen du beteiligt sein möchtest.)
2. **Tagesziele:**
Liste der Ziele für den heutigen Tag:
   (Nicht nur die Ziele, die du erreichen möchtest, sondern auch die Gründe dahinter und wie sie zu deinen langfristigen Zielen beitragen.)
3. **Erfolge und Leistungen:**
Beschreibung der erreichten Erfolge oder Leistungen heute:
   (Nicht nur die Erfolge selbst, sondern auch die Hindernisse, die du überwunden hast, um diese Erfolge zu erreichen, sowie die Auswirkungen dieser Erfolge auf deine berufliche Entwicklung.)
4. **Herausforderungen und Lösungen:**
Beschreibung der Herausforderungen und gemeisterten Lösungen heute:
   (Gib Einblicke in die Herausforderungen, die du heute gemeistert hast und wie du diese bewältigt hast. Reflektiere auch über mögliche alternative Lösungsansätze.)
5. **Feedback und Anerkennung:**
Feedback und Anerkennung von Kollegen, Vorgesetzten oder Kunden:
   (Nicht nur das erhaltene Feedback, sondern auch deine Reaktion darauf und wie du dieses Feedback für deine persönliche und berufliche Entwicklung nutzen kannst.)
6. **Berufliche Weiterentwicklung:**
Beschreibung der Schritte zur beruflichen Weiterentwicklung heute:
   (Detaillierte Beschreibung der durchgeführten Aktivitäten zur beruflichen Weiterentwicklung, einschließlich der Erkenntnisse oder Lernerfahrungen, die du daraus gezogen hast.)
7. **Selbstreflexion:**
Selbstreflexion über Stärken und Schwächen sowie Entwicklungsmöglichkeiten:
   (Eine eingehende Selbstreflexion über deine Stärken und Schwächen, sowie mögliche Entwicklungsmöglichkeiten, um deine beruflichen Ziele zu erreichen.)
8. **Zukünftige Schritte:**
Nächste Schritte zur Erreichung der beruflichen Ziele:
   (Eine detaillierte Aufschlüsselung der nächsten Schritte, die du unternehmen wirst, um deine langfristigen beruflichen Ziele zu erreichen, einschließlich der geplanten Zeitrahmen und Ressourcen.)

9. **Notizen und Anmerkungen:**
Alle zusätzlichen Informationen, Gedanken oder Ideen:
(Alle weiteren Gedanken, Ideen oder Anmerkungen, die für deine berufliche Entwicklung relevant sein könnten, sowie mögliche Quellen für zusätzliche Informationen oder Ressourcen.)
10. **Fazit des Tages:**
Zusammenfassung des Tages und Ausblick auf die Zukunft:
(Eine Zusammenfassung deines Erfolgstagebuchs für den Tag, einschließlich der wichtigsten Erkenntnisse, Erfolge und Herausforderungen, sowie ein Ausblick auf die nächsten Schritte und die langfristigen beruflichen Ziele.)

7.2 Das Erfolgsportfolio ist genauso wichtig

Im Gegensatz zum Erfolgstagebuch, das primär auf textbasierten Aufzeichnungen deiner täglichen Erfahrungen und Erkenntnisse beruht und daher oft persönlicher und informeller ist, fungiert ein Erfolgsportfolio als eine strukturierte Zusammenstellung von Dokumenten, Berichten, Projekten, Zertifikaten und anderen Nachweisen. Diese sorgfältig und mit Bedacht zusammengestellte Sammlung dient dazu, deine beruflichen Leistungen und Erfolge in einer visuellen und greifbaren Form zu präsentieren und zu illustrieren.

Ein Erfolgsportfolio fungiert als eine Art „Lebenslauf der Erfolge", der es dir ermöglicht, deine Fähigkeiten, Errungenschaften und Fachkenntnisse systematisch zu präsentieren und zu dokumentieren.

Ein Erfolgsportfolio ist mehr als nur eine Sammlung von Erfolgen – es ist ein strategisches Instrument zur Präsentation und Selbstvermarktung deiner beruflichen Kompetenzen. Durch die gezielte Zusammenstellung und Strukturierung deiner Leistungen kannst du potenzielle Arbeitgeber oder andere Interessengruppen von deinen Fähigkeiten überzeugen. Anders als bei einem informellen Erfolgstagebuch, ermöglicht dir das Erfolgsportfolio, deine Fähigkeiten auf eine professionelle und überzeugende Weise zu präsentieren, was deine Chancen auf beruflichen Erfolg erhöht.

Ein weiterer Vorteil eines Erfolgsportfolios ist die Möglichkeit, deine berufliche Entwicklung und Erfolge über einen längeren Zeitraum zu dokumentieren und zu verfolgen. Während ein Erfolgstagebuch hauptsächlich auf die Aufzeichnung täglicher Erfahrungen und Erkenntnisse abzielt, ermöglicht dir das Erfolgsportfolio, den Fortschritt im Laufe der Zeit zu reflektieren und zu dokumentieren. Diese langfristige Dokumentation ist besonders wertvoll, um zu erkennen, wie du dich beruflich entwickelt hast und welche Erfolge du im Laufe der Zeit erreicht hast.

Ein Erfolgsportfolio bietet dir auch eine übersichtliche und strukturierte Darstellung deiner beruflichen Leistungen und Erfolge, im Gegensatz zu einem Erfolgstagebuch, das oft unstrukturiert ist. Diese klare Struktur macht es einfacher, deine Erfolge zu präsentieren und zu kommunizieren, ohne dass es schwierig wird, spezifische Informationen schnell zu finden oder zu präsentieren. Dadurch wird das Erfolgsportfolio zu einem wertvollen Instrument, um deine beruflichen Leistungen effektiv zu dokumentieren und zu präsentieren.

Ein weiterer wichtiger Vorteil eines Erfolgsportfolios ist seine externe Verwendbarkeit. Anders als ein Erfolgstagebuch, kann ein Erfolgsportfolio als Teil deiner Bewerbungsunterlagen oder Online-Präsenz dienen. Dadurch erhalten potenzielle Arbeitgeber oder Kunden einen umfassenden Einblick in deine beruflichen Fähigkeiten und Leistungen, was deine Chancen auf eine erfolgreiche Bewerbung oder Zusammenarbeit erhöht. Insgesamt bietet ein Erfolgsportfolio eine strukturierte und umfassende Möglichkeit, deine beruflichen Leistungen und Erfolge zu dokumentieren und zu präsentieren, was sowohl für deine persönliche Entwicklung als auch für deine beruflichen Ziele äußerst wertvoll ist.

Die Zusammenstellung und Analyse eines Erfolgsportfolios ermöglichen nicht nur die Dokumentation vergangener Erfolge, sondern bieten auch die Möglichkeit, Bereiche zu identifizieren, in denen du dich weiterentwickeln möchtest oder musst. Indem du deine Erfolge und Leistungen systematisch betrachtest, kannst du nicht nur deine Stärken erkennen, sondern auch potenzielle Schwächen aufdecken und gezielt an der Verbesserung bestimmter Fähigkeiten arbeiten. Auf diese Weise kann ein Erfolgsportfolio nicht nur als Rückblick auf bisherige Erfolge dienen, sondern auch als Instrument für deine kontinuierliche professionelle Weiterentwicklung.

Darüber hinaus ermöglichen die regelmäßige Aktualisierung und Analyse deines Erfolgsportfolios eine bessere Planung und Verfolgung deiner langfristigen Karriereziele. Indem du deine Erfolge und Fortschritte dokumentierst und reflektierst, kannst du gezielt auf deine langfristigen beruflichen Ziele hinarbeiten und deine Karriere strategisch gestalten. Ein Erfolgsportfolio fungiert somit nicht nur als eine Momentaufnahme deiner beruflichen Leistungen, sondern als ein Werkzeug zur langfristigen Planung und Gestaltung deiner beruflichen Entwicklung.

Zusammenfassend bietet ein Erfolgsportfolio eine umfassendere und ansprechendere Möglichkeit, deine beruflichen Leistungen und Erfolge zu dokumentieren, zu präsentieren und zu vermarkten, während ein Erfolgstagebuch eher persönlicher Natur bleibt und vorwiegend zur Selbstreflexion und -entwicklung dient.

> **Beispiel Erfolgsportfolio**
>
> - **Lebenslauf**
> Beginne mit einem aktuellen und gut strukturierten Lebenslauf, der deine Ausbildung, Berufserfahrung, Fähigkeiten, Qualifikationen und Erfolge übersichtlich darstellt.
>
> - **Arbeitsproben**
> Füge Arbeitsproben hinzu, die deine Fähigkeiten und Erfahrungen in deinem Bereich zeigen. Dies könnten Berichte, Präsentationen, Artikel, Designs, Code-Schnipsel, Projektdokumentationen oder andere Beispiele deiner Arbeit sein.
>
> - **Zertifikate und Auszeichnungen**
> Zeige Zertifikate, Auszeichnungen und Anerkennungen, die du für deine Leistungen erhalten hast. Dies können Zertifikate für abgeschlossene Schulungen, Auszeichnungen für besondere Leistungen oder Zertifikate für erfolgreiche Projekte sein.
>
> - **Externe und interne Feedbacks**
> Füge Feedback von Kunden, Lieferanten oder Vorgesetzten hinzu, das deine Professionalität, Qualität der Arbeit oder deine Fähigkeit zur Problemlösung lobt. Dies kann in Form von E-Mails, Bewertungen, Dankesschreiben oder Leistungsbewertungen vorliegen.

7 Ein wichtiges Werkzeug – Erfolgstagebuch vs. Erfolgsportfolio

- **Fortbildungen und Weiterbildungen**
Liste Schulungen, Workshops, Seminare und Weiterbildungen auf, die du besucht hast, um deine Fähigkeiten zu verbessern und auf dem neuesten Stand zu bleiben. Füge Zertifikate oder Teilnahmebestätigungen hinzu.

- **Projekterfolge**
Beschreibe wichtige Projekte, an denen du beteiligt warst und dokumentiere deine Rolle, die Herausforderungen, die du bewältigst hast und die Ergebnisse, die du erzielt hast. Füge gegebenenfalls Projektberichte, Präsentationen oder Kundenfeedback hinzu.

- **Persönliche Ziele und Erfolge**
Notiere deine beruflichen Ziele und die Maßnahmen, die du ergriffen hast, um sie zu erreichen. Beschreibe deine persönlichen Erfolge, wie z. B. Beförderungen, Ziele, die du erreicht hast oder Hindernisse, die von dir überwunden wurden.

- **Berufliche Entwicklung**
Liste Weiterbildungsmaßnahmen, Schulungen, Konferenzen oder andere Aktivitäten auf, die deine berufliche Entwicklung unterstützt haben. Beschreibe, wie diese Aktivitäten deine Fähigkeiten und Kenntnisse erweitert haben.

Zusammenfassung

Sowohl ein Erfolgsportfolio als auch ein Erfolgstagebuch dienen dazu, berufliche Leistungen, Erfolge und Fähigkeiten zu dokumentieren. Ein Erfolgstagebuch ist eine persönliche, textbasierte Aufzeichnung von Erfolgen, Fortschritten und Herausforderungen im Laufe der Zeit. Es dient in erster Linie der Selbstreflexion und -entwicklung, indem es dir ermöglicht, deine beruflichen Erfahrungen zu analysieren und daraus zu lernen.

Ein Erfolgsportfolio hingegen ist ein strukturiertes Sammelwerk, das eine visuelle Darstellung deiner beruflichen Leistungen, Fähigkeiten und Erfolge bietet. Es besteht aus einer gezielten Zusammenstellung von Dokumenten, Arbeitsproben, Zertifikaten und anderen Materialien, die deine beruflichen Errungenschaften anschaulich darstellen. Das Portfolio dient als effektives Instrument zur Präsentation und Selbstvermarktung deiner Kompetenzen gegenüber Vorgesetzten, potenziellen Arbeitgebern, Kunden oder anderen Interessengruppen.

Der Nutzen eines Erfolgstagebuchs liegt in der Fähigkeit, deine persönliche und berufliche Entwicklung im Laufe der Zeit zu verfolgen und zu dokumentieren. Es ermöglicht dir, Erfolge zu feiern, Herausforderungen zu reflektieren und langfristige Ziele zu setzen. Ein Erfolgsportfolio hingegen bietet eine übersichtliche und strukturierte Darstellung deiner beruflichen Leistungen, die es leicht macht, sie zu präsentieren und zu kommunizieren. Es kann als Teil deiner Bewerbungsunterlagen oder Online-Präsenz dienen und potenziellen Arbeitgebern oder Kunden einen umfassenden Einblick in deine Fähigkeiten und Erfolge bieten.

8

Wann ist der passende Zeitpunkt für deine Verhandlung?

Wir werden häufig gefragt, wann der richtige Zeitpunkt für ein Gehaltsgespräch ist. Eins ist sicher. Die Wahl des richtigen Zeitpunkts für eine Gehaltsverhandlung wird immer einen signifikanten Einfluss auf den Erfolg deiner Gehaltsverhandlung haben. Es gibt bestimmte Phasen oder Situationen, die besonders vorteilhaft sind, um optimale Ergebnisse zu erzielen. Indem du dich bewusst für einen günstigen Zeitpunkt entscheidest, kannst du deine Chancen auf eine erfolgreiche Gehaltsverhandlung erheblich steigern.

Beispiele sind:

1. Jährliche Überprüfungen oder Leistungsgespräche – Viele Unternehmen führen jährliche Überprüfungen der Mitarbeiterleistung durch, die oft mit Gehaltsüberprüfungen verbunden sind. Dies ist ein günstiger Zeitpunkt, um das Thema Gehalt anzusprechen, da es bereits Teil der Gesprächsagenda ist.
2. Nach erfolgreicher Projektabwicklung oder Erreichung von Zielen – Wenn du gerade ein wichtiges Projekt erfolgreich abgeschlossen hast oder spezifische Ziele erreicht hast, kann dies ein guter Zeitpunkt sein, um eine Gehaltsanpassung zu beantragen, da du konkrete Leistungen vorweisen kannst.

3. Nachdem du eine Weiterbildung abgeschlossen hast – Wenn du kürzlich an Weiterbildungsmaßnahmen teilgenommen hast und dadurch deine Fähigkeiten und Qualifikationen verbessert hast, ist es angemessen, eine Gehaltsanpassung zu beantragen, um den Mehrwert, den du dem Unternehmen bringst, anzuerkennen.
4. Bei Umstrukturierungen oder strategischen Veränderungen im Unternehmen – Wenn das Unternehmen erfolgreich ist oder sich in einer Wachstumsphase befindet, könnte dies ein guter Zeitpunkt sein, um eine Gehaltsanpassung zu diskutieren, da das Unternehmen möglicherweise bereit ist, zusätzliche Ressourcen in talentierte Mitarbeiter zu investieren.
5. Nach einer längeren Zeit erfolgreicher Zusammenarbeit – Wenn du über einen längeren Zeitraum hinweg erfolgreich im Unternehmen tätig warst und kontinuierlich gute Leistungen erbracht hast, ist dies ein geeigneter Zeitpunkt, um eine Gehaltsanpassung anzusprechen. Deine nachgewiesene Erfolgsbilanz kann deine Argumentation unterstützen.
6. Nachdem du zusätzliche Verantwortung übernommen hast – Wenn du zusätzliche Aufgaben oder Verantwortlichkeiten übernommen hast, die nicht in deiner ursprünglichen Stellenbeschreibung enthalten waren, ist dies ein guter Zeitpunkt, um eine Gehaltsanpassung zu beantragen. Die Erweiterung deiner Rolle zeigt dein Engagement und deine Bereitschaft, zum Erfolg des Unternehmens beizutragen.
7. Bei einem positiven Unternehmensergebnis – Wenn das Unternehmen gute finanzielle Ergebnisse erzielt hat oder einen wichtigen Meilenstein erreicht hat, kann dies ein geeigneter Zeitpunkt sein, um eine Gehaltsanpassung zu diskutieren. Die positive Stimmung im Unternehmen und die Aussicht auf zukünftigen Erfolg können die Chancen auf eine Gehaltsanpassung verbessern.
8. Bei erfolgreicher Integration neuer Technologien oder Prozesse – Wenn du wesentlich zur erfolgreichen Implementierung neuer Technologien oder Prozesse im Unternehmen beigetragen hast, ist dies ein guter Zeitpunkt, um eine Gehaltsanpassung zu beantragen. Dein Beitrag zur Effizienzsteigerung oder Kosteneinsparung kann als Mehrwert für das Unternehmen betrachtet werden.

9. Nach einer positiven Leistungsbeurteilung – Wenn du eine positive Leistungsbeurteilung erhalten hast, in der deine Leistungen und Beiträge ausdrücklich anerkannt wurden, ist dies ein geeigneter Zeitpunkt, um eine Gehaltsanpassung anzusprechen. Die formelle Anerkennung deiner Leistungen stärkt deine Verhandlungsposition.
10. Am Ende des Geschäftsjahres oder Quartals – Das Ende des Geschäftsjahres oder Quartals kann ein geeigneter Zeitpunkt sein, um eine Gehaltsanpassung zu beantragen, da zu diesem Zeitpunkt oft Budgets überprüft und neue finanzielle Ziele festgelegt werden. Es ist wichtig, die Gelegenheit zu nutzen, um deine Leistungen und Beiträge im Hinblick auf die Unternehmensziele zu betonen.

> **Zusammenfassung**
>
> Sicher wird es noch den einen oder anderen passenden Zeitpunkt geben. Die hier genannten Zeitpunkte für Gehaltsgespräche bieten strategische Möglichkeiten, um deine Verhandlungsposition zu stärken und eine erfolgreiche Gehaltsanpassung zu erreichen. Diese Zeitpunkte umfassen erfolgreiche Projektumsetzungen, bevorstehende Leistungsbeurteilungen, Beförderungen oder Übernahme neuer Aufgaben, positive Feedbacks von Kunden oder Kollegen, eine nachgewiesene Erfolgsbilanz über einen längeren Zeitraum, Integration neuer Technologien oder Prozesse, positive Unternehmensergebnisse sowie das Ende des Geschäftsjahres oder Quartals. Indem du deine Leistungen und Beiträge zu diesen Zeitpunkten betonst, kannst du deine Verhandlungsposition stärken und deine Chancen auf eine Gehaltsanpassung maximieren. Deshalb folge unserer Empfehlung zur Führung eines Erfolgstagebuches.

Und dann gibt es noch die ungünstigen Zeitpunkte
Die Wahl des idealen Zeitpunkts für eine Gehaltsverhandlung ist von entscheidender Bedeutung, um die Erfolgschancen zu maximieren. Es gibt jedoch Situationen, in denen es ratsam sein kann, das Gespräch zu verschieben, um negative Folgen zu vermeiden. In solchen Fällen ist es wichtig, die organisatorischen Rahmenbedingungen sowie die eigene berufliche Situation sorgfältig zu berücksichtigen, um potenzielle Herausforderungen zu erkennen und angemessen zu reagieren.

Beispiele sind:

1. Während schwieriger Zeiten für das Unternehmen – Wenn das Unternehmen finanzielle Schwierigkeiten hat oder sich in einer Umstrukturierungsphase befindet, ist es möglicherweise nicht der beste Zeitpunkt, um eine Gehaltsanpassung anzufordern, da das Unternehmen voraussichtlich nicht in der Lage ist, zusätzliche Ausgaben zu tätigen.
2. Unmittelbar nach einem negativen Feedback oder einer schlechten Leistung – Wenn du kürzlich negatives Feedback erhalten hast oder deine Leistung nicht den Erwartungen entsprochen hat, ist es ratsam, mit dem Gehaltsgespräch zu warten, bis sich deine Leistung verbessert hat und du positive Ergebnisse vorweisen kannst.
3. Kurz nach der Einstellung oder einer Beförderung anderer Mitarbeiter – Wenn das Unternehmen kürzlich neue Mitarbeiter eingestellt hat oder andere Mitarbeiter befördert wurden, kann es besser sein, mit dem Gehaltsgespräch zu warten, um sicherzustellen, dass die Ressourcen des Unternehmens nicht bereits ausgeschöpft sind.
4. Während einer Phase organisatorischer Unsicherheit – Wenn das Unternehmen sich in einer Phase organisatorischer Unsicherheit befindet, wie z. B. bevorstehende Umstrukturierungen oder Führungswechsel, kann es ratsam sein, das Gehaltsgespräch zu verschieben, bis sich die Situation stabilisiert hat.
5. Kurz vor oder während einer Personalreduzierung – Wenn das Unternehmen Personal abbauen muss oder bereits einen Personalabbau angekündigt hat, ist es unangebracht, zu diesem Zeitpunkt eine Gehaltsanpassung anzufordern, da das Unternehmen eher darauf bedacht ist, Kosten zu senken.
6. Bei einem bevorstehenden wichtigen Projekt oder einer Deadline – Wenn das Unternehmen sich auf ein wichtiges Projekt oder eine wichtige Deadline konzentriert, kann es unpassend sein, ein Gehaltsgespräch zu initiieren, da die Priorität möglicherweise auf der erfolgreichen Umsetzung des Projekts liegt.
7. Während einer allgemeinen wirtschaftlichen Instabilität – In Zeiten allgemeiner wirtschaftlicher Instabilität, wie z. B. während einer Rezession oder politischer Unruhen, ist es nicht ratsam, eine Gehaltsan-

passung anzufordern, da das Unternehmen möglicherweise vorsichtiger mit Ausgaben umgeht.
8. Nach einer Unternehmenskrise oder einem Skandal – Nach einer Unternehmenskrise oder einem Skandal kann das Unternehmen mit Reputationsverlusten und anderen Herausforderungen konfrontiert sein, wodurch eine Gehaltsanpassungsgesuch ungünstig erscheinen kann.
9. Während einer Phase der Personalrotation – Wenn das Unternehmen sich in einer Phase der Personalrotation befindet, in der viele Mitarbeiter das Unternehmen verlassen oder neue Mitarbeiter eingestellt werden, kann es unangemessen sein, zu diesem Zeitpunkt eine Gehaltsanpassung anzufordern, da das Unternehmen möglicherweise mehr auf die Personalverwaltung als auf Gehaltsverhandlungen fokussiert ist.

> **Zusammenfassung**
>
> Es ist wichtig, den richtigen Zeitpunkt für eine Gehaltsverhandlung sorgfältig zu wählen, um erfolgreich zu sein. Es gibt jedoch bestimmte Situationen, in denen es besser ist, das Gespräch zu verschieben, um mögliche negative Folgen zu vermeiden. Dazu gehören Zeiten, in denen das Unternehmen finanziell instabil ist oder sich in einer Umstrukturierungsphase befindet, direkt nach erhaltenem negativem Feedback oder bei unterdurchschnittlicher Leistung sowie kurz nach Neueinstellungen oder Beförderungen anderer Mitarbeiter. Darüber hinaus ist es während Phasen organisatorischer Unsicherheiten ratsam, das Gespräch zu verschieben, um eine destabilisierende Wirkung zu vermeiden.

Teil III
Kommunikation und die Macht der Worte

9

Wie Sprachmuster Gehaltsverhandlungen beeinflussen

In diesem Teil geht es um die Vielfalt von Sprachmustern, Argumentationen und Vorgehensweisen, die im Kontext von Gehaltsverhandlungen angewendet werden. Wir verstehen, dass jeder Verhandlungsteilnehmer einzigartig ist und unterschiedliche Ansätze verfolgt, um seine Ziele zu erreichen. Dabei spielen individuelle Präferenzen, Persönlichkeiten und Erfahrungen eine entscheidende Rolle.

Einige Menschen bevorzugen direkte und konkrete Sprachmuster, während andere eher subtile und diplomatische Ansätze wählen. Manche setzen auf harte Fakten und Zahlen, um ihren Standpunkt zu untermauern, während andere eher emotionale oder persönliche Argumente einbringen. Darüber hinaus gibt es Verhandlungsteilnehmer, die verschiedene Techniken kombinieren, um ihre Verhandlungsstrategie anzupassen und flexibel zu bleiben.

Dieses Buchkapitel beleuchtet diese Vielfalt und stellt eine breite Palette von Sprachmustern, Argumentationsstilen und Vorgehensweisen vor, die in Gehaltsverhandlungen zum Einsatz kommen können. Du wirst hier unterschiedliche Ansätze kennenlernen, um sie zu verstehen und gegebenenfalls in deine eigenen Verhandlungsstrategien zu integrieren. Durch die Vielfalt der präsentierten Ansätze kannst du deine Verhandlungsfähigkeiten weiterentwickeln, deine Kommunikationskompetenz stärken und letztendlich erfolgreichere Gehaltsverhandlungen führen.

Wir ermutigen dich dazu, verschiedene Techniken auszuprobieren, um diejenigen zu identifizieren, die am besten zu dir und deinen individuellen Bedürfnissen, Persönlichkeit und Zielen passen.

Du musst wissen, dass es kein einheitliches Erfolgsrezept gibt, sondern vielmehr eine Vielzahl von Ansätzen, aus denen du wählen kannst, um dein Ziel zu erreichen.

9.1 Eine Einführung

Selbst in der Geschäftswelt und beim Karriereaufstieg ist die Macht der Worte nicht zu unterschätzen, insbesondere wenn es um Gehaltsverhandlungen geht. Die richtigen Sprachmuster und Kommunikationsstrategien können den Unterschied zwischen einem erfolgreichen Abschluss und einer verpassten Gelegenheit ausmachen.

Der Schlüssel zur Bedeutung von Sprachmustern in Gehaltsverhandlungen liegt in der Überzeugungskraft. Wie du deine Argumente präsentierst, deine Anliegen formulierst und deine Position darstellst, kann eine erhebliche Auswirkung auf den Ausgang der Verhandlung haben. Wenn du klare, überzeugende Sprachmuster verwendest, zeigst du Selbstsicherheit und Überzeugungskraft, was deinem Verhandlungspartner Vertrauen in deine Forderungen vermittelt. Ein weiterer entscheidender Aspekt ist das Win-win-Denken. Gehaltsverhandlungen sollten niemals als Konfliktsituation angesehen werden, sondern als Chance, eine Vereinbarung zu erzielen, von der beide Seiten profitieren. Sprachmuster, die die Idee einer kooperativen Lösung betonen, können dazu beitragen, eine positive Verhandlungsatmosphäre zu schaffen, in der beide Parteien bereit sind, aufeinander zuzugehen. Framing und Fokus sind ebenfalls wichtige Aspekte. Wie du die Themen und Argumente präsentierst, kann den Fokus der Verhandlungen beeinflussen. Indem du geschickt deine Stärken und Qualifikationen hervorhebst, kannst du deine Gehaltsanpassung unterstützen und den Mehrwert, den du dem Unternehmen bringst, klarer kommunizieren.

Ein weiterer Schlüssel zur Verhandlungsführung ist die Kommunikation von Mehrwert. Gehaltsverhandlungen drehen sich oft darum, wie viel Wert du für das Unternehmen schaffst. Durch die Verwendung von Sprachmustern, die deinen Beitrag und deine Leistungen betonen, kannst du deine Verhandlungspartner davon überzeugen, dass du eine Investition wert bist. Aber auch die Pflege von Beziehungen spielt eine Rolle. Die Art und Weise, wie du in Gehaltsverhandlungen kommunizierst, kann langfristige Auswirkungen auf deine Beziehung zu deinem Arbeitgeber haben. Respektvolle und höfliche Sprachmuster helfen dabei, eine gute Beziehung zu wahren, unabhängig vom Ausgang der Verhandlungen. Schließlich ist die Bedeutung von Sprachmustern auch in Bezug auf emotionale Intelligenz hervorzuheben. Die Fähigkeit, die Emotionen deines Verhandlungspartners zu erkennen und angemessen darauf zu reagieren, ist von großer Bedeutung. Die Verwendung von empathischen und verständnisvollen Sprachmustern trägt dazu bei, Konflikte zu vermeiden und eine bessere Verhandlungsatmosphäre zu schaffen.

Zusammengefasst zeigen Gehaltsverhandlungen, dass die Wahl der richtigen Worte und Sprachmuster entscheidend ist. Diese Muster können deine Fähigkeit beeinflussen, deine Position effektiv zu vertreten, den Mehrwert, den du bietest, zu kommunizieren und eine positive Beziehung zu deinem Arbeitgeber aufrechtzuerhalten. Daher ist es ratsam, sich auf die Kunst der Verhandlungskommunikation zu konzentrieren, um erfolgreich in Gehaltsverhandlungen zu sein.

9.2 Die Macht der klaren Kommunikation

Die Macht einer klaren Kommunikation ist von entscheidender Bedeutung für eine erfolgreiche Gehaltsverhandlung aus mehreren Gründen. Erstens ermöglicht sie ein gegenseitiges Verständnis und eine klare Kommunikation zwischen dir und deinem Vorgesetzten. Durch klare Aussagen können potenzielle Missverständnisse vermieden werden, was dazu beiträgt, dass beide Seiten die gleiche Vorstellung davon haben, worum es in der Verhandlung geht und welche Ziele angestrebt werden.

> **Beispiele einer direkten Form**
>
> „In Anbetracht meiner konstant guten Ergebnisse und des deutlich gestiegenen Aufgabenbereichs erwarte ich eine Gehaltsanpassung in Höhe von (Betrag oder Prozentsatz)."
> „Nach sorgfältiger Überprüfung meiner Aufgaben und meiner Marktvergleiche bin ich der Meinung, dass eine Anpassung meines Gehalts um (Betrag oder Prozentsatz) gerechtfertigt ist."
> „Basierend auf meinen Leistungen und der aktuellen Marktsituation erwarte ich eine Gehaltsanpassung von (Betrag oder Prozentsatz)."

Darüber hinaus trägt eine klare Kommunikation dazu bei, deine Argumente überzeugend zu präsentieren und deine Gehaltsvorstellungen effektiv zu vertreten. Wenn du deine Gedanken klar und präzise kommunizieren kannst, steigt die Wahrscheinlichkeit, dass auch deine Argumente gehört und berücksichtigt werden. Zudem vermittelst du Professionalität und Glaubwürdigkeit, was entscheidend ist, um einen positiven Eindruck zu hinterlassen und deine Verhandlungsposition zu stärken.

Eine klare und respektvolle Kommunikation schafft außerdem eine positive und konstruktive Atmosphäre für die Verhandlung. Die Förderung einer offenen Diskussion und die Vermeidung von Missverständnissen trägt dazu bei, Spannungen zu reduzieren und die Chancen auf eine für beide Seiten akzeptable Lösung zu erhöhen.

9.2.1 Das konjunktive Sprachmuster und weshalb es nicht für eine Gehaltsverhandlung geeignet ist

Aussagen in konjunktiver Form, in denen Wörter wie „könnte", „würde", „sollte" oder „müsste" oder Aussagen wie z. B.

> Wenn ich nur könnte.../Hätte ich mehr Zeit, würde ich.../Ich wünschte, dass.../Wenn das möglich wäre, dann.../Wenn ich gewusst hätte, dass.../Es wäre schön, wenn.../Wenn ich die Gelegenheit hätte.../Angenommen, wir würden.../Wenn es nicht so teuer wäre.../Wenn du nur früher hier gewesen wärst...

haben in manchen Fällen ihren Platz, sind aber nicht immer die beste Wahl, wenn du erfolgreich kommunizieren möchtest. Es gibt mehrere Gründe, warum die Verwendung von konjunktiven Formen in bestimmten Situationen ihre Grenzen hat. Erstens könnten diese Formen die Klarheit deiner Aussage beeinträchtigen und Raum für Interpretation und Verwirrung lassen. Zudem besteht die Gefahr, dass deine Botschaft nicht deutlich genug ist. Dies kann in Situationen, in denen Präzision und Klarheit entscheidend sind, zu Missverständnissen führen.

> **Beispiele**
> „Im Hinblick auf meine bisherige Leistung und die Marktstandards wäre eine Gehaltsanpassung von (Summe) angemessen."
> „In Anbetracht meiner herausragenden Leistungen und des positiven Beitrags zu den Unternehmenszielen bin ich der Meinung, dass eine Gehaltsanpassung von (Summe) gerechtfertigt wäre."
> „Ich würde gerne über eine Erhöhung meines Gehalts sprechen, wenn dies für das Unternehmen möglich ist."

Solche Formulierungen signalisieren oft Unsicherheit oder Unverbindlichkeit. Das kann deine Argumentation schwächen. Selbstsicherheit und Entschlossenheit werden oft als überzeugender wahrgenommen.

Zweitens kann die Verwendung von konjunktiven Formen dazu führen, dass du Verantwortlichkeit vermeidest. Wenn du dich hinter „könnte" oder „würde" versteckst, vermittelst du den Anschein, deine Überzeugungen oder Standpunkte verschleiern. Dies kann zu Frustration führen, da dein Gesprächspartner möglicherweise nicht versteht, wofür du wirklich stehst. Drittens können konjunktive Formen zu langwierigen Diskussionen führen, bei denen die tatsächlichen Absichten oder Vereinbarungen nicht klar festgelegt sind. Dies ist zeitraubend und kann zu Verwirrung führen.

Insgesamt ist es wichtig, die richtige Ausdrucksweise für den jeweiligen Kontext zu wählen, um effektiv zu kommunizieren und erfolgreich zu sein. Obwohl konjunktive Formen in einigen Situationen nützlich sein können, sollten sie sorgfältig eingesetzt werden, um die Klarheit, Überzeugungskraft und Verbindlichkeit deiner Kommunikation sicherzustellen.

Letztendlich ist es entscheidend, die Situation sorgfältig zu analysieren und die Kommunikationsstrategie entsprechend anzupassen.

9.2.2 Auch ein diplomatisches Sprachmuster bringt dich weiter

In Gehaltsverhandlungen ist die Art und Weise, wie du dich ausdrückst, von entscheidender Bedeutung. Ein diplomatisches Sprachmuster ist in diesem Zusammenhang eine weitere Variante, die dir hilft, deine Interessen und Anliegen effektiv zu vertreten. Warum ist das so wichtig?

Erstens ermöglicht die Anwendung eines diplomatischen Sprachmusters, eine positive Gesprächsatmosphäre zu schaffen. Dies ist entscheidend, da eine kooperative und respektvolle Verhandlungsumgebung die Chancen auf eine erfolgreiche Einigung erhöht.

Zweitens erlaubt dir ein diplomatisches Sprachmuster, klare und überzeugende Argumente vorzutragen, ohne dabei fordernd oder unhöflich zu wirken. Du kannst deine Forderungen respektvoll präsentieren und gleichzeitig sicherstellen, dass sie verstanden werden.

Drittens zeigt ein diplomatisches Sprachmuster Empathie. Du nimmst Rücksicht auf die Sichtweise deines Arbeitgebers und zeigst Verständnis für seine Interessen und Anliegen. Dies trägt dazu bei, Missverständnisse zu vermeiden und eine kooperative Gesprächsatmosphäre zu schaffen.

Viertens verdeutlicht ein diplomatisches Sprachmuster deine Kooperationsbereitschaft. Du zeigst, dass du bereit bist, gemeinsam nach Lösungen zu suchen, die sowohl deine Bedürfnisse als auch die Unternehmensziele berücksichtigen. Dies fördert die Zusammenarbeit und kann zu einer für beide Seiten zufriedenstellenden Vereinbarung führen.

Fünftens betonst du durch ein diplomatisches Sprachmuster die positiven Aspekte deiner Beziehung zum Unternehmen und wie eine Gehaltsanpassung dazu beitragen kann, diese Beziehung zu stärken. Dies zeigt, dass du langfristig an einer erfolgreichen Partnerschaft interessiert bist.

Insgesamt ist die Verwendung eines diplomatischen Sprachmusters und darauf angepasster Formulierungen in Gehaltsverhandlungen ein

Schlüsselaspekt für eine erfolgreiche und respektvolle Kommunikation. Es ermöglicht dir, deine Position effektiv zu vertreten, ohne dabei Konflikte zu schüren oder die Beziehung zu deinem Arbeitgeber zu gefährden.

Beispiele für diplomatische Formulierungen in Gehaltsverhandlungen

Diplomatische Formulierungen tragen dazu bei, eine positive Gesprächsatmosphäre zu bewahren und die Beziehung zum Arbeitgeber zu stärken.
- Zu höflichen Anfragen und Vorschläge

„Ich möchte gerne über die Möglichkeit einer Gehaltserhöhung sprechen und würde gerne Ihre Gedanken dazu hören."

„Lassen Sie uns gemeinsam überlegen, wie meine Leistungen und mein Beitrag zum Unternehmen in einer angemessenen Gehaltserhöhung berücksichtigt werden können."
- Zur Anerkennung der Arbeitgeberperspektive

„Ich verstehe, dass das Unternehmen bestimmten Budgetbeschränkungen unterliegt und das Gehaltsentscheidungen sorgfältig abgewogen werden müssen."

„Ich bin mir bewusst, dass Gehaltsverhandlungen komplex sind und viele Faktoren berücksichtigt werden müssen."
- Zur Präsentation von Leistungen und Erfolgen

„In den letzten Jahren habe ich mein Aufgabengebiet erweitert und erfolgreich Projekte geleitet, die wesentlich zum Erfolg des Unternehmens beigetragen haben."

„Meine Leistungsbeurteilungen und das Feedback von Kollegen und Kunden bestätigen meine hervorragende Arbeit und meinen Einsatz für das Unternehmen."
- Zu Fragen nach Feedback und Lösungen

„Könnten Sie mir bitte Rückmeldung zu meiner Leistung und meinen Fortschritten im Unternehmen geben?"

„Gibt es bestimmte Ziele oder Bereiche, in denen ich mich weiterentwickeln kann, um den Wert meiner Arbeit für das Unternehmen zu steigern?"
- Zur Offenheit für alternative Lösungen

„Ich bin offen für verschiedene Möglichkeiten zur Anerkennung meiner Leistung, sei es durch eine Gehaltserhöhung, zusätzliche Benefits oder andere Formen der Anerkennung."

„Können wir gemeinsam überlegen, wie wir eine Win-win-Lösung finden können, die sowohl meine beruflichen Ziele als auch die Bedürfnisse des Unternehmens berücksichtigt?"
- Weitere Formulierungsbeispiele

> „Ich freue mich über die Wertschätzung, die Sie für meine Arbeit gezeigt haben und ich möchte eine offene Diskussion über meine Entlohnung führen, um sicherzustellen, dass sie im Einklang mit meinen Beiträgen steht."
>
> „Ich verstehe, dass es finanzielle Herausforderungen und Budgetbeschränkungen gibt. Trotzdem glaube ich, dass eine Überprüfung meiner Entlohnung, im Einklang mit meiner wachsenden Verantwortung und meinen Leistungen gerechtfertigt ist."
>
> „Ich bin mir bewusst, dass Gehaltsverhandlungen eine komplexe Angelegenheit sind. Dennoch denke ich, dass wir gemeinsam eine Lösung finden können, die für beide Seiten zufriedenstellend ist."
>
> „Ich habe die Entwicklungen in der Branche und auf dem Arbeitsmarkt verfolgt und bin der Meinung, dass eine Anpassung meiner Entlohnung an die aktuellen Marktkonditionen angemessen ist."
>
> „Ich schätze die Zusammenarbeit und die Chancen, die mir das Unternehmen bietet, und ich hoffe, dass wir eine Vereinbarung finden können, die meine Motivation und mein Engagement für das Team aufrechterhält."
>
> „Ich verstehe, dass das Unternehmen eine Vielzahl von Prioritäten hat. Dennoch hoffe ich, dass wir gemeinsam eine Lösung finden können, die meinen Beitrag für den Unternehmenserfolg anerkennt."
>
> „Ich bin bereit, auf Ihre Bedenken und Vorschläge einzugehen und gemeinsam nach Möglichkeiten zur Erreichung unserer gemeinsamen Ziele zu suchen."
>
> „Ich freue mich darauf, unsere langfristige Zusammenarbeit fortzusetzen und sehe in der Diskussion über meine Entlohnung eine Möglichkeit, unsere Arbeitsbeziehung zu stärken."

Der Nutzen dieses Sprachmusters

Diplomatische Formulierungen zeigen, dass Sie respektvoll und verhandlungsbereit sind. Sie betonen die Kooperationsbereitschaft und fördern ein positives Gesprächsklima, was dazu beitragen kann, eine Einigung zu erzielen, die für beide Seiten akzeptabel ist.

Wenn du betonst, dass die Wertschätzung deiner Arbeit wichtig ist und eine offene Diskussion über deine Entlohnung anstrebst, schaffst du eine Atmosphäre des Respekts und des Vertrauens. Das schafft den Grundstein für ein konstruktives Gespräch.

Ebenso ist es wichtig, Verständnis für die finanziellen Herausforderungen und Budgetbeschränkungen deines Arbeitgebers zu zeigen, während du gleichzeitig die Überprüfung deiner Entlohnung aufgrund deiner wachsenden Verantwortung und Leistungen als gerechtfertigt darstellst. Dies verdeutlicht Empathie und Verständnis für die unternehmensspezifische Lage und fördert die gegenseitige Anerkennung.

Die Betonung deiner Kooperationsbereitschaft, indem du dich bereit erklärst, auf Bedenken und Vorschläge einzugehen, zeigt, dass du an einer konstruktiven Lösung interessiert bist. Das unterstreicht deine Entschlossenheit, eine faire Vereinbarung zu finden, die sowohl deine als auch die Unternehmensinteressen berücksichtigt.

Indem du auf den Marktbezug hinweist und zeigst, dass deine Forderungen auf aktuellen Informationen basieren, erhöhst du die Glaubwürdigkeit deiner Argumente. Das verdeutlicht, dass deine Position auf realistischen und relevanten Informationen basiert.

Du betonst außerdem deine langfristige Motivation und dein Engagement, da du darauf hoffst, dass eine Vereinbarung gefunden werden kann, die deine Motivation aufrechterhält. Dies zeigt, dass du nicht nur an kurzfristigen Vorteilen, sondern auch an langfristigen Beziehungen und Leistungen interessiert bist.

Die Aussage, dass du dich darauf freust, die langfristige Zusammenarbeit fortzusetzen, unterstreicht deine Absicht, eine langanhaltende Arbeitsbeziehung zu pflegen. Diese Betonung einer langfristigen Perspektive kann von großem Wert für deinen Arbeitgeber sein.

Insgesamt tragen diplomatische Formulierungen dazu bei, eine positive und respektvolle Gesprächsatmosphäre zu schaffen und zeigen, dass du respektvoll, verhandlungsbereit und kooperationsbereit bist. Dies erhöht die Chancen, eine für beide Seiten akzeptable Vereinbarung zu erzielen.

Eine Anmerkung der Autoren
Dieses Sprachmuster ist besonders geeignet für Persönlichkeitstypen, die über ausgeprägte zwischenmenschliche Fähigkeiten verfügen. Personen, die in der Lage sind, die Perspektive anderer zu verstehen, Empathie zu zeigen und respektvoll auf die Bedürfnisse und Gefühle anderer einzugehen, werden erfolgreich sein, wenn sie dieses diplomatische Sprachmuster in Gehaltsverhandlungen anwenden.

Es ist für Menschen geeignet, die die Kunst der Kommunikation beherrschen und in der Lage sind, ihre Gedanken und Argumente klar und überzeugend auszudrücken, während sie gleichzeitig eine positive und kooperative Gesprächsatmosphäre aufrechterhalten. Durch die Fähigkeit, empathisch zu sein und Verständnis für die Perspektive ihres Arbeitgebers zu zeigen, können sie Missverständnisse vermeiden und eine gemeinsame Basis für eine erfolgreiche Einigung schaffen.

Kurz gesagt, dieses Sprachmuster eignet sich besonders für Personen, die Wert auf harmonische zwischenmenschliche Beziehungen legen und bereit sind, ihre Verhandlungsfähigkeiten auf eine Weise einzusetzen, die sowohl ihre eigenen Interessen als auch die des Unternehmens berücksichtigt.

9.3 Techniken für erfolgreiches Verhandeln deines Gehalts

Selbstsichere Kommunikation in Gehaltsverhandlungen ist für dich von großer Bedeutung, um deine Forderungen effektiv zu präsentieren, ohne auf den Konjunktiv zurückzugreifen.

An dieser Stelle stellen wir einige bewährte Sprachmuster und Ausdrücke vor, die dir in Gehaltsverhandlungen hilfreich sein können:

Beginne mit klaren und selbstsicheren Aussagen, die deine Gehaltsanpassung eindeutig formulieren.

Quantifiziere deine Argumente, indem du konkrete Zahlen und Beispiele präsentierst (Erfolgstagebuch). Statt unsicherer Aussagen wie „Ich denke, ich sollte mehr Geld verdienen", lege deine Position klar dar: „Basierend auf meinen nachweisbaren Erfolgen, sehe ich eine Gehaltsanpassung von (konkreter Betrag) als angemessen an."

Betone deine Beiträge zum Unternehmen, indem du auf spezifische Leistungen und Projekte hinweist. Zeige, wie deine Arbeit zur Verbesserung des Unternehmens beigetragen hat, indem du beispielsweise erklärst: „Meine Leistungen, wie [Beispielprojekte], haben dazu beigetragen, dass das Unternehmen [konkrete Verbesserungen] erzielt hat."

Stütze deine Forderungen auf Marktdaten und Branchenstandards, um deine Position zu untermauern. Verweise auf Gehaltsdaten oder Marktvergleiche, um deine Argumentation zu unterstützen: „Laut den Daten des Branchenverbandes verdienen Fachkräfte in meiner Position durchschnittlich (zwischen x und y)." Lege einen Rahmen fest.

Betone deine zukünftigen Pläne und den Mehrwert, den du dem Unternehmen bieten wirst. Zeige, dass du bereit bist, kontinuierlich zum Erfolg des Unternehmens beizutragen, indem du zum Beispiel betonst: „Ich plane, [zukünftige Projekte oder Ziele] umzusetzen, um den Unternehmenserfolg weiter voranzutreiben."

Erwähne deine Bereitschaft zur Verhandlung, um eine positive Gesprächsatmosphäre zu schaffen. Zeige dich kooperativ und offen für faire Lösungen, die sowohl deine Bedürfnisse als auch die Unternehmensziele berücksichtigen: „Ich bin bereit, gemeinsam mit Ihnen eine faire Lösung zu finden."

Wahre während der Verhandlungen stets Höflichkeit und Respekt, um eine positive Beziehung zu deinem Arbeitgeber aufrechtzuerhalten. Selbstbewusstes Auftreten und Respekt können Hand in Hand gehen, um eine kooperative Gesprächsatmosphäre zu schaffen.

In Gehaltsverhandlungen ist eine klare, selbstsichere und sachliche Kommunikation von größter Bedeutung. Die Verwendung nachfolgender Techniken kann dir helfen, deine Position effektiv zu vertreten, die Verhandlungen erfolgreich zu führen und gleichzeitig eine respektvolle und kooperative Gesprächsatmosphäre zu schaffen. Eine überzeugende Kommunikation kann den Weg für eine erfolgreiche Gehaltsverhandlung ebnen und dazu beitragen, deine beruflichen Ziele zu erreichen.

9.4 Das PAR-Prinzip

Das PAR-Prinzip ist eine bewährte Methode zur Formulierung von Leistungsbeschreibungen in einem beruflichen Kontext. Es steht für „Problem, Aktion, Resultat" und hilft dabei, deine beruflichen Erfolge und Beiträge auf eine klare und überzeugende Weise darzustellen.

Das PAR-Prinzip kann auch in Gehaltsverhandlungen äußerst nützlich sein, um deine Leistungen und deinen Wert für das Unternehmen überzeugend zu präsentieren. Hier ist ein Beispiel, wie du das PAR-Prinzip in einer Gehaltsverhandlung anwenden kannst:

In der Gehaltsverhandlung ist das „Problem" der Ausgangspunkt. Hier betonst du die Gründe, warum du eine Gehaltsanpassung oder eine bessere Vergütung verdienst. Du könntest beispielsweise auf erzielte

Erfolge, deine zusätzlichen Verantwortlichkeiten oder die Tatsache hinweisen, dass du unter dem branchenüblichen Durchschnitt verdienst.

Im nächsten Schritt, der „Aktion", beschreibst du die Maßnahmen, die du ergriffen hast, um das Problem zu bewältigen. Das könnten spezifische Projekte, zusätzliche Aufgaben oder Verantwortlichkeiten sein, die du übernommen hast, um einen Mehrwert für das Unternehmen zu schaffen. Du erklärst, wie du zur Lösung des Problems beigetragen hast und wie du dich in deinem Job weiterentwickelt hast.

Zum Schluss präsentierst du das „Resultat". Hier informierst du über die konkreten Ergebnisse deiner Handlungen. Zeige auf, wie deine Aktionen das Unternehmen positiv beeinflusst haben. Das könnten gesteigerte Umsätze, Kosteneinsparungen, verbesserte Prozesse oder eine gesteigerte Kundenzufriedenheit sein. Du legst dar, wie deine Leistungen messbar zum Erfolg des Unternehmens beigetragen haben.

> **Beispiel**
>
> „In den letzten zwölf Monaten habe ich erkannt, dass unser Team Schwierigkeiten bei der Kundenbetreuung hatte (Problem). Daher habe ich zusätzliche Schulungen initiiert und ein verbessertes Feedback-System eingeführt (Aktion). Als Ergebnis konnten wir die Kundenzufriedenheit um 15 % steigern und unsere Kundenbindung um 20 % verbessern (Resultat)."

Die Anwendung des PAR-Prinzips in einer Gehaltsverhandlung ermöglicht es dir, deine Forderungen auf konkrete Leistungen und Resultate zu stützen, was deine Position stärkt. Es zeigt deinem Arbeitgeber klar, warum du eine Gehaltsanpassung verdienst und unterstreicht deinen Wert für das Unternehmen. Denke daran, diese Beispiele so konkret und messbar wie möglich zu gestalten, um deine Verhandlungsposition zu festigen.

Du kannst diese leistungsstarke Methode auch nutzen, um deine beruflichen Erfolge zu unterstreichen und in Vorstellungsgesprächen, Leistungsbeurteilungen oder Bewerbungen zu überzeugen. Das ermöglicht es deinem Gesprächspartner oder Arbeitgeber, deine Fähigkeiten und deinen Mehrwert für das Unternehmen klar zu erkennen. Denke daran, konkrete Beispiele zu verwenden, um das PAR-Prinzip noch effektiver einzusetzen und deine beruflichen Erfolge herauszustellen.

Beispiele des PAR-Prinzips

1. Problem: „In den letzten zwölf Monaten hatte ich zusätzliche Verantwortlichkeiten übernommen, die über meinen ursprünglichen Aufgabenbereich hinausgingen."

Aktion: „Um diese zusätzlichen Aufgaben zu bewältigen, habe ich mich intensiv in eine neue Projektmanagement-Software eingearbeitet und effizientere Arbeitsprozesse eingeführt."

Resultat: „Durch diese Maßnahmen konnte ich die Projektdurchlaufzeiten um 20 % verkürzen und die Fehlerquote um 15 % senken. Dies führte zu einer verbesserten Kundenzufriedenheit und Produktivität in meiner Abteilung."

2. Problem: „In den letzten zwei Jahren habe ich bemerkt, dass meine Bezahlung im Vergleich zu Kollegen mit ähnlicher Erfahrung und Qualifikation hinterherhinkt."

Aktion: „Ich habe Recherchen durchgeführt und festgestellt, dass in unserer Branche ein durchschnittliches Gehalt von [Betrag] für meine Position und Erfahrung üblich ist."

Resultat: „Ich glaube, dass eine Anpassung meines Gehalts auf dieses Niveau angemessen ist, um meine Motivation und Einsatzbereitschaft aufrechtzuerhalten und weiterhin zum Erfolg des Unternehmens beizutragen."

3. Problem: „Obwohl ich seit fünf Jahren in dieser Position tätig bin, habe ich in dieser Zeit keine formelle Gehaltsanpassung erhalten."

Aktion: „Ich habe mich intensiv in beruflicher Weiterbildung und Qualifizierung engagiert, um meine Leistungsfähigkeit zu steigern."

Resultat: „Durch diese Bemühungen habe ich eine signifikante Verbesserung in der Umsetzung unserer Projekte und eine Steigerung der Kundenzufriedenheit erreicht. Eine Überprüfung und Anpassung meines Gehalts, die meine Leistungen reflektiert, ist daher gerechtfertigt."

4. Problem: „Meine derzeitige Entlohnung reflektiert nicht die steigenden Lebenshaltungskosten und die gestiegenen beruflichen Anforderungen in unserer Branche."

Aktion: „Ich habe sorgfältig analysiert, wie sich die Lebenshaltungskosten erhöht haben und welche zusätzlichen Fähigkeiten und Verantwortlichkeiten von mir erwartet werden."

Resultat: „In Anbetracht dieser Faktoren und meiner nachgewiesenen Leistung bin ich davon überzeugt, dass eine Gehaltsanpassung notwendig ist, um meine finanzielle Stabilität zu gewährleisten und meine Motivation aufrechtzuerhalten."

5. Problem: „In den letzten Quartalen habe ich signifikante Umsatzsteigerungen in meinem Verantwortungsbereich erzielt."

> Aktion: „Um diese Ergebnisse zu erzielen, habe ich eine umfassende Überarbeitung unserer Vertriebsstrategie durchgeführt und ein leistungsstarkes Vertriebsteam zusammengestellt."
> Resultat: „Diese Bemühungen führten zu einer Umsatzsteigerung von 30 % im letzten Quartal. Eine Gehaltsanpassung wird meine Motivation zur Fortsetzung dieser positiven Leistung steigern."

Die wichtigste Aussage zum PAR-Prinzip

Das PAR-Prinzip hat sich als äußerst wirkungsvolle Methode erwiesen, um Leistungen und Erfolge in einer Gehaltsverhandlung klar und überzeugend zu präsentieren. Durch die strukturierte Darstellung des Problems, der daraufhin ergriffenen Maßnahmen und der erzielten Ergebnisse, können Mitarbeiter ihre Leistungen auf eine verständliche und überzeugende Weise darlegen. Innerhalb dieses Rahmens bildet das von uns erweiterte Prinzip in Form einer abschließenden Forderung oder Begründung für die Gehaltsanpassung den Höhepunkt und gleichzeitig den entscheidenden Moment der Aussage in der Verhandlung.

Diese Aussage ist von essenzieller Bedeutung, da sie nicht nur dazu dient, die eigenen Leistungen und Erfolge angemessen zu würdigen, sondern auch eine faire Vergütung zu fordern, die im Einklang mit den erbrachten Leistungen steht. Hierbei geht es darum, eine angemessene Entlohnung, die die erbrachten Leistungen und den Wert, den du für das Unternehmen schaffst, zu erhalten.

Die abschließende Forderung oder Begründung ist somit das neue Herzstück des PAR-Prinzips und bildet den Schlüssel für eine erfolgreiche Gehaltsverhandlung.

> **Beispiele**
>
> „Aufgrund meiner nachweisbaren Leistungen und meines engagierten Einsatzes für den Unternehmenserfolg halte ich eine angemessene Gehaltsanpassung für angebracht."
> „Angesichts meiner Leistungen und meines unermüdlichen Engagements für die Zielerreichung des Unternehmens, bin ich der festen Überzeugung, dass eine adäquate Gehaltsanpassung gerechtfertigt ist."
> „Meine nachweisbaren Erfolge und mein stetiges Bemühen, zum Erfolg des Unternehmens beizutragen, rechtfertigen aus meiner Sicht eine angemessene Gehaltsanpassung."

> „In Anbetracht meiner Leistungen und meines Einsatzes für das Unternehmen halte ich eine Gehaltsanpassung für angemessen und gerechtfertigt."
>
> „Aufgrund meiner herausragenden Leistungen und meines anhaltenden Engagements für den Erfolg des Unternehmens bin ich der Meinung, dass eine entsprechende Gehaltsanpassung mehr als gerechtfertigt ist."

Zusammenfassung

Das PAR-Prinzip, bestehend aus Problem, Aktion und Ergebnis, ist ein äußerst effektives Instrument, um in Gehaltsverhandlungen Leistungen und Erfolge klar und überzeugend darzulegen. Durch die strukturierte Präsentation von Herausforderungen, den ergriffenen Maßnahmen und den erzielten Ergebnissen können Mitarbeiter ihre Leistungen auf eine verständliche und überzeugende Weise kommunizieren. Die abschließende Forderung oder Begründung bildet dabei das Herzstück des PAR-Prinzips und ist entscheidend, um die eigenen Leistungen angemessen zu würdigen und eine faire Vergütung zu fordern, die mit den erbrachten Leistungen im Einklang steht. Diese Methode ermöglicht es Mitarbeitern, ihre Argumentation in Gehaltsverhandlungen zu strukturieren und ihre Gehaltsanpassung auf eine überzeugende Weise zu kommunizieren, wodurch die Chancen auf eine erfolgreiche Verhandlung deutlich steigen.

9.5 Die nutzenorientierte Argumentation

In Gehaltsverhandlungen ist eine nutzenorientierte Argumentation von großer Bedeutung, da sie dir ermöglicht, deine Gehaltsanpassungsforderungen auf eine Weise zu präsentieren, die nicht nur in deinem, sondern auch im Interesse deines Arbeitgebers liegt. Hier sind einige Gründe, warum eine nutzenorientierte Argumentation in deinem Interesse liegt:

Eine nutzenorientierte Argumentation verlangt von dir, deine beruflichen Erfolge und Beiträge in klaren, messbaren Begriffen darzustellen. Dies schafft eine klare Vorstellung davon, wie du aktiv zum Erfolg des Unternehmens beigetragen hast. Durch die Ausrichtung deiner Argumentation auf die Perspektive deines Arbeitgebers zeigst du auch, dass du ein Teamplayer bist. Du legst dar, wie deine Gehaltsanpassung nicht nur persönlich, sondern auch unternehmensseitig sinnvoll ist. Du betonst, wie eine bessere Vergütung dazu beitragen kann, die gemeinsamen Ziele zu erreichen.

Diese Argumentationsform basiert auf konkreten Ergebnissen und Daten. Sie vermittelt den Eindruck, dass du die Auswirkungen deiner Arbeit auf das Unternehmen verstehst und wie eine höhere Vergütung dazu beitragen kann, diese positiven Auswirkungen weiter zu fördern. Darüber hinaus fördert eine nutzenorientierte Argumentation die Transparenz und das Vertrauen zwischen dir und deinem Arbeitgeber. Du zeigst, dass du bereit bist, offene und ehrliche Gespräche zu führen und damit die Beziehung zu stärken.

Eine solche Argumentation stärkt deine Verhandlungsposition erheblich. Du kannst deine Gehaltsanpassung auf überzeugende Belege stützen, was es deinem Arbeitgeber schwerer macht, diese abzulehnen.

Eine nutzenorientierte Argumentation ist ein leistungsfähiges Werkzeug, um in Gehaltsverhandlungen erfolgreich zu sein. Sie zeigt, wie eine Gehaltsanpassung nicht nur für dich, sondern auch für das Unternehmen von Vorteil ist. Dies ermöglicht es dir, die Verhandlung zu deinen Gunsten zu gestalten und eine faire und zufriedenstellende Einigung zu erzielen.

> **Beispiele allgemeiner nutzenorientierter Argumentationen**
>
> **Zur Umsatzsteigerung:** „Während meiner Zeit im Vertriebsteam habe ich maßgeblich zur Umsatzsteigerung beigetragen, indem ich neue Kunden akquiriert und bestehende Kundenbeziehungen gestärkt habe. Meine Arbeit hat dazu geführt, dass unsere Einnahmen im letzten Jahr um 15 % gestiegen sind. Eine Gehaltsanpassung wird meine Motivation steigern, weiterhin zum Umsatzwachstum beizutragen."
>
> **Zur Kosteneinsparung:** „Durch die Implementierung effizienterer Arbeitsprozesse und die Nutzung moderner Technologien habe ich dazu beigetragen, die Betriebskosten in meiner Abteilung um 20 % zu senken. Dies führte zu erheblichen Kosteneinsparungen für das Unternehmen. Eine Gehaltsanpassung ist eine Anerkennung meiner Fähigkeiten zur Kosteneffizienz."
>
> **Zum Projektmanagement und zur Zeitersparnis:** „Als Projektleiter habe ich erfolgreich komplexe Projekte pünktlich und innerhalb des Budgets abgeschlossen. Dank meiner Fähigkeiten im Projektmanagement konnten

9 Wie Sprachmuster Gehaltsverhandlungen beeinflussen

wir Zeit und Ressourcen sparen. Eine Gehaltsanpassung wird meine Fähigkeiten und mein Engagement würdigen."

Zur Kundenbindung und Kundenzufriedenheit: „Durch meine engagierte Betreuung unserer Kunden und die Entwicklung maßgeschneiderter Lösungen konnten wir die Kundenbindung steigern und die Kundenzufriedenheit verbessern. Eine Gehaltsanpassung wird meine Anstrengungen zur Kundenbindung und -zufriedenheit honorieren."

Zum Innovationsbeitrag: „Ich habe kreative Lösungen entwickelt, die zu Produktverbesserungen geführt haben. Unsere neuesten Produktversionen waren ein großer Erfolg am Markt und ich bin stolz auf meinen Beitrag dazu. Eine Gehaltsanpassung ist eine Anerkennung meiner Innovationsfähigkeiten."

Zur Marktanalyse und zum Wettbewerbsvorteil: „Durch meine umfangreiche Marktforschung und Wettbewerbsanalysen konnten wir unsere Wettbewerbsposition stärken und unsere Zielgruppen besser verstehen. Meine Arbeit hat dazu beigetragen, neue Marktchancen zu identifizieren und auszuschöpfen. Eine Gehaltsanpassung wird meine wertvolle Marktkenntnis und meine Beiträge zur Wettbewerbsfähigkeit würdigen."

Zur Teamführung und Entwicklung: „Als Teamleiter habe ich ein leistungsstarkes Team zusammengestellt und die Fähigkeiten meiner Teammitglieder durch gezielte Schulungen und Mentoring gestärkt. Unsere Teamleistung hat sich erheblich verbessert, was zur Erreichung unserer Abteilungsziele beigetragen hat. Eine Gehaltsanpassung ist eine Anerkennung meiner Führungs- und Entwicklungsfähigkeiten."

Zur Kundengewinnung: „Durch meine Bemühungen bei der Akquise neuer Kunden und der Erschließung neuer Märkte konnten wir unser Geschäft ausweiten und unsere Präsenz in internationalen Märkten stärken. Meine Arbeit hat dazu beigetragen, neue Geschäftsmöglichkeiten zu erschließen und das Unternehmenswachstum zu fördern. Eine Gehaltsanpassung wird meine Rolle bei der Geschäftsexpansion würdigen."

Nachfolgend findest du noch weitere Beispiele nutzenorientierter Argumentationen für unterschiedliche Berufsgruppen. Damit erhältst du konkrete Anregungen für deine eigene Gehaltsverhandlung. Die Beschreibung dieser Argumentationen ermöglichen dir, dich besser auf deine Verhandlung vorzubereiten, indem du deine Leistungen, Fähigkeiten und Erfolge in einem Kontext präsentieren kannst, der für deine Berufsgruppe relevant ist.

Darüber hinaus verdeutlicht die Beschreibung konkreter Beispiele, wie bestimmte Leistungen und Erfolge in einen Kontext gesetzt werden können, der die Wertschöpfung für das Unternehmen und die individuelle Bedeutung für die jeweilige Berufsgruppe hervorhebt.

9.5.1 Beispiele nutzenorientierter Argumentationen für Projektmanager und Sachbearbeiter

Projektmanager

Für Projektmanager ist die Verwendung einer nutzenbasierten Argumentation in Gehaltsverhandlungen von entscheidender Bedeutung. Diese Argumentation ermöglicht den Projektmanagern, ihre Leistungen, ihren Mehrwert und ihren Einfluss auf den Unternehmenserfolg klar zu kommunizieren.

Sie können konkret aufzeigen, wie ihre Arbeit dazu beigetragen hat, Kosten zu senken, Projekte termingerecht abzuschließen, Risiken zu minimieren und die Zufriedenheit der Kunden zu erhöhen. Diese Faktoren sind wesentlich für den Erfolg eines Unternehmens und zeigen die unmittelbare Auswirkung der Arbeit eines Projektmanagers auf die Geschäftsziele.

Eine nutzenbasierte Argumentation ermöglicht es Projektmanagern, ihre Leistungen objektiv zu bewerten und ihre Gehaltsforderungen auf einer soliden Grundlage zu begründen. Sie schafft Transparenz darüber, wie ihre Arbeit zur Wertschöpfung des Unternehmens beiträgt und warum eine angemessene Vergütung gerechtfertigt ist.

> **Beispiele**
>
> **Projektabschlüsse und Zeitersparnis:** „In den letzten Projekten habe ich eine hervorragende Erfolgsbilanz bei der termingerechten Fertigstellung erzielt und bin dabei innerhalb des Budgets geblieben. Durch die effiziente Projektabwicklung konnten wir Zeit und Ressourcen sparen, was zu Kosteneinsparungen für das Unternehmen geführt hat."
>
> **Stakeholder Zufriedenheit/Qualität:** „Durch meine ausgezeichneten Beziehungen zu Stakeholdern und mein Qualitätsmanagement haben wir eine hohe Kundenzufriedenheit erreicht. Die Projekte, die ich geleitet habe, erfüllen stets die höchsten Qualitätsstandards und haben zur Stärkung unseres Markenrufs beigetragen."
>
> **Risikomanagement:** „Meine Fähigkeiten im Risikomanagement haben dazu beigetragen, Probleme frühzeitig zu erkennen und zu bewältigen.

> Dadurch konnten wir unnötige Kosten vermeiden und die Effizienz in der Projektdurchführung steigern."
> **Teamführung/Entwicklung:** „Als Projektmanager habe ich ein hochmotiviertes Team zusammengestellt und die berufliche Entwicklung meiner Teammitglieder gefördert. Dies hat zu einer verbesserten Teamleistung und zur Erreichung unserer Projektziele beigetragen."

Beispiel Sachbearbeiter

Durch die Fokussierung auf den Nutzen ihrer Arbeit können Sachbearbeiter ihre unverzichtbare Rolle im Unternehmen verdeutlichen und ihre Position in Gehaltsverhandlungen stärken.

Durch diese Argumentationsform können Sachbearbeiter konkret aufzeigen, wie ihre Arbeit z. B. zur Effizienzsteigerung, Kosteneinsparung, Qualitätsverbesserung und zur Steigerung der Kundenzufriedenheit beigetragen hat. Sie können Erfolge bei der Prozessoptimierung, der Fehlerminimierung, der Zeitersparnis und der Verbesserung der Geschäftsbeziehungen darlegen.

Diese Argumentation stärkt ihre Verhandlungsposition, indem sie ihre beruflichen Erfolge und ihre Fähigkeit, messbare Ergebnisse zu erzielen, betont.

In einem Umfeld, in dem Sachbearbeiter oft im Hintergrund arbeiten und ihre Leistungen möglicherweise nicht immer offensichtlich sind, ist eine nutzenbasierte Argumentation entscheidend, um ihre Wertschätzung im Unternehmen zu steigern und eine angemessene Vergütung für ihre Arbeit zu erhalten.

> **Beispiele**
>
> **Prozessoptimierung/Einsparung:** „Durch die Optimierung der Arbeitsprozesse und den Einsatz von Automatisierungstools konnte ich die Effizienz in meiner Abteilung erheblich steigern. Dies führte zu Kosteneinsparungen und einer schnelleren Bearbeitung von Aufgaben."
> **Genauigkeit:** „Meine Sorgfalt und Genauigkeit bei der Dateneingabe und Prüfung haben dazu beigetragen, Fehler zu minimieren und die Qualität unserer Arbeit zu verbessern. Dadurch konnten wir Reklamationen und zusätzliche Kosten vermeiden."
> **Kundenbetreuung/Zufriedenheit:** „Durch meine engagierte Kundenbetreuung und die schnelle Beantwortung von Anfragen konnte ich die Kun-

denzufriedenheit erheblich steigern. Zufriedene Kunden bleiben treu und empfehlen unser Unternehmen weiter."

Zeitmanagement/Multitasking: „Meine Fähigkeiten im Zeitmanagement und Multitasking haben es mir ermöglicht, effektiv mehrere Aufgaben gleichzeitig zu bearbeiten. Dadurch konnten wir den Arbeitsdurchsatz steigern und Deadlines einhalten."

Dokumentation/Archivierung: „Meine sorgfältige Dokumentation und Archivierung haben dazu beigetragen, dass wichtige Informationen leicht zugänglich und nachvollziehbar sind. Dies hat die Entscheidungsfindung und die Compliance verbessert."

9.5.2 Beispiele nutzenorientierter Argumentationen für Assistenten, Buchhalter und kaufmännische Angestellte

Büro- und Teamassistenz

Nutzenbasierte Argumentation ermöglicht den Büro- und Teamassistenzen ihre Erfolge und ihre Fähigkeiten klar und verständlich zu kommunizieren. Oftmals werden ihre vielfältigen Aufgaben und ihre unmittelbaren Auswirkungen auf den Unternehmenserfolg unterschätzt oder nicht ausreichend gewürdigt. Die nutzenbasierte Argumentation ermöglicht ihnen, ihre Leistungen und den Mehrwert, den sie für das Unternehmen bieten, klar und überzeugend zu kommunizieren.

Durch die Fokussierung auf konkrete Nutzenpunkte wie die Entlastung der Führungskräfte, die effiziente Organisation von Terminen und Meetings sowie die exzellente Kommunikation und Kundenbetreuung können Büro- und Teamassistenzen ihre Bedeutung für das Unternehmen verdeutlichen. Eine solche Argumentation ermöglicht es ihnen, nicht nur nachvollziehbar zu machen, wie sie zur Erreichung der Unternehmensziele beitragen, sondern auch ihre Leistungen angemessen zu würdigen. Sie können auf dieser Grundlage argumentieren, warum eine angemessene Entlohnung ihrer Leistungen gerecht wäre und wie diese zur langfristigen Stabilität und Effizienz des Unternehmens beiträgt.

Insgesamt ist die Anwendung einer nutzenbasierten Argumentation in Gehaltsverhandlungen für Assistenten und Sekretärinnen ein wichtiger Schritt, um ihre professionelle Wertschätzung und Anerkennung zu fördern und ihre berufliche Entwicklung voranzutreiben.

> **Beispiele**
>
> **Zeitmanagement und Entlastung des Vorgesetzten:** „Durch meine exzellenten Zeitmanagement-Fähigkeiten und meine Fähigkeit, administrative Aufgaben effizient zu erledigen, habe ich unseren Vorgesetzten in hohem Maße entlastet. Dies ermöglicht ihm, sich auf strategische Aufgaben zu konzentrieren und die Produktivität zu steigern."
> **Organisation und Terminplanung:** „Meine Organisationsfähigkeiten und meine Terminkoordination haben dazu beigetragen, dass unsere Meetings und Geschäftsreisen reibungslos verlaufen. Dies hat zur Zeitersparnis und zur Verbesserung unserer Geschäftsbeziehungen beigetragen."
> **Kommunikation und Kundenservice:** „Durch meine professionelle Kommunikation und meinen erstklassigen Kundenservice konnte ich Kundenanfragen effektiv bearbeiten und die Kundenzufriedenheit erhöhen. Zufriedene Kunden sind das Aushängeschild unseres Unternehmens."

Buchhalter

Mitarbeiter aus der Buchhaltung, die die nutzenbasierte Argumentation beherrschen, sind in Gehaltsverhandlungen deutlich erfolgreicher. Durch eine nutzenbasierte Argumentation können Mitarbeiter aus der Buchhaltung konkret aufzeigen, wie ihre Arbeit zur Kostenkontrolle, zur Optimierung von Finanzprozessen, zur Einhaltung von Vorschriften und zur Sicherstellung der finanziellen Gesundheit des Unternehmens beigetragen hat. Sie können Erfolge bei der Verbesserung der Buchhaltungseffizienz, der Minimierung von Fehlern, der rechtzeitigen Bereitstellung von Finanzinformationen und der Reduzierung von finanziellen Risiken nachweisen.

Diese Argumente stärken ihre Verhandlungsposition, indem sie ihre Fähigkeit zur Generierung von Einsparungen, zur Risikominderung und zur Schaffung von Transparenz betonen.

Auch Mitarbeiter aus der Buchhaltung arbeiten oft im Hintergrund. Auch ihre Leistungen sind möglicherweise nicht immer offensichtlich. Deshalb ist hier eine nutzenbasierte Argumentation entscheidend, um die Wertschätzung im Unternehmen zu steigern und eine angemessene Vergütung für ihre Arbeit zu erhalten.

> **Beispiele**
>
> **Genauigkeit und Finanzkontrolle:** „Meine Fähigkeiten zur akkuraten Buchführung und Finanzkontrolle haben dazu beigetragen, dass unser Unternehmen stets über eine klare finanzielle Übersicht verfügt. Dies hat die finanzielle Stabilität und das Wachstum unseres Unternehmens unterstützt."
>
> **Budgetplanung/Kosteneinsparung:** „Durch meine sorgfältige Budgetplanung und die Identifikation von Kosteneinsparungsmöglichkeiten konnten wir unsere Ausgaben effektiv steuern. Dies führte zu erheblichen Kosteneinsparungen und verbesserte die Rentabilität unseres Unternehmens."
>
> **Compliance/Gesetzestreue:** „Meine Beachtung von Gesetzen und Vorschriften sowie meine sorgfältige Dokumentation haben dazu beigetragen, dass unser Unternehmen in allen finanziellen Angelegenheiten stets gesetzeskonform agiert. Dies minimiert rechtliche Risiken und schützt unser Ansehen."

Kaufmännische Angestellte

Durch eine nutzenbasierte Argumentation können kaufmännische Angestellte konkrete Beispiele für ihre Leistungen vorlegen, wie z. B. die Optimierung von Prozessen, die Steigerung der Effizienz, die Senkung von Kosten oder die Verbesserung der Kundenbetreuung. Sie können messbare Ergebnisse präsentieren, die ihren Einfluss auf das Unternehmen deutlich machen.

Diese Argumentationsform ermöglicht es kaufmännischen Angestellten, ihre Leistungen objektiv zu bewerten und ihre Gehaltsforderungen auf einer soliden Grundlage zu begründen. Sie schafft Transparenz darüber, wie ihre Arbeit zur Wertschöpfung des Unternehmens beiträgt und warum eine angemessene Vergütung gerechtfertigt ist.

In einem Umfeld, in dem kaufmännische Angestellte oft um begrenzte Ressourcen konkurrieren, ist eine überzeugende Argumentation, die den geschaffenen Nutzen betont, unerlässlich. Sie unterstützt auch kaufmännische Angestellte dabei, ihre Verhandlungsposition zu stärken und eine faire Vergütung für ihre herausragende Arbeit zu erzielen.

Daher ist die Nutzung einer nutzenbasierten Argumentation für Gehaltsverhandlungen für kaufmännische Angestellte nicht nur wichtig, sondern auch strategisch klug und hilfreich, um ihre beruflichen Ziele zu erreichen und ihre Wertschätzung im Unternehmen zu steigern.

> **Beispiele**
>
> **Beschaffung/Lieferantenbeziehung:** „Meine Fähigkeiten in der Beschaffung und die Pflege von Lieferantenbeziehungen haben dazu beigetragen, qualitativ hochwertige Materialien rechtzeitig zu wettbewerbsfähigen Preisen zu beschaffen. Dies sichert die Qualität unserer Produkte und maximiert den Gewinn."
>
> **Datenanalyse/Berichterstattung:** „Durch meine Fähigkeiten in der Datenanalyse und Berichterstattung habe ich dazu beigetragen, bessere Entscheidungen auf Grundlage von Daten zu treffen. Dies ermöglicht eine effektivere Ressourcenallokation und steigert die Geschäftseffizienz."
>
> **Projektmanagement/Prozessoptimierung:** „Meine Erfahrung im Projektmanagement und meine Fähigkeiten zur Prozessoptimierung haben dazu beigetragen, unsere Geschäftsabläufe effizienter zu gestalten und unsere Projekte pünktlich und innerhalb des Budgets abzuschließen. Dies steigert die Wettbewerbsfähigkeit unseres Unternehmens."

9.6 Der Nutzen dieser Argumentationsform

Alle hier exemplarisch aufgeführten Beispiele verdeutlichen, wie du den Fokus in Gehaltsverhandlungen auf den Mehrwert lenken kannst, den du für das Unternehmen bringst. Eine nutzenorientierte Argumentation zeigt, wie deine Leistungen zur finanziellen Gesundheit und zum Erfolg des Unternehmens beitragen. Gleichzeit zeigen sie Gründe auf, die eine Gehaltsanpassung rechtfertigen.

Indem du eine klare Verbindung zwischen der Gehaltsanpassung und den Unternehmenszielen herstellst, verdeutlichst du, dass deine Forderungen im Einklang mit den langfristigen Erfolgen des Unternehmens stehen. Dies macht deine Position relevant und verständlich.

Ebenso betonst du deinen Beitrag zum Unternehmenserfolg, indem du auf bereits erzielte Leistungen und Verantwortlichkeiten hinweist. Dies zeigt, dass du dich aktiv an den Erfolgen des Unternehmens beteiligst und eine höhere Entlohnung eine Anerkennung deiner Bemühungen ist.

Die Formulierung, dass eine Gehaltsanpassung deine Motivation und Produktivität steigern würde, verdeutlicht, wie finanzielle Anerkennung dich zu noch besseren Leistungen anspornt. Dein gesteigerter Einsatz kommt dem Unternehmen zugute.

Deine Argumente präsentierst du auf eine sachliche und nachvollziehbare Weise, indem du auf messbare Ergebnisse und klare Ziele hinweist. Dadurch wird es für deinen Arbeitgeber einfacher, deine Position zu verstehen und zu akzeptieren.

Die Betonung der Fairness in deinen Forderungen zeigt, dass du an einer ausgewogenen und fairen Arbeitsbeziehung interessiert bist. Dein Arbeitgeber wird dies als positives Zeichen für deine Absichten werten.

Abschließend verdeutlichst du, wie eine angemessene Entlohnung deine Bindung zur Firma stärken kann. Diese langfristige Perspektive zeigt, dass du nicht nur an kurzfristigen Vorteilen interessiert bist, sondern an einer langanhaltenden Beziehung mit dem Unternehmen.

Insgesamt trägt eine nutzenorientierte Argumentation dazu bei, deine Gehaltsanpassung in einen größeren unternehmerischen Kontext zu setzen. Sie zeigt, dass eine Gehaltsanpassung nicht nur deine persönliche finanzielle Situation verbessert, sondern auch dazu beiträgt, die Unternehmensziele zu erreichen. Dies kann die Chancen auf eine erfolgreiche Gehaltsverhandlung erhöhen.

9.7 Die zukunftsorientierte Argumentation – eine weitere Technik

In Gehaltsverhandlungen kommt es nicht nur auf vergangene Leistungen an, sondern auch darauf, wie du deine zukünftige Rolle im Unternehmen siehst. Hier kommen zukunftsorientierte Argumentationen ins Spiel. Sie sind von entscheidender Bedeutung, da sie nicht nur auf das hinweisen, was du bereits erreicht hast, sondern auch auf deine Bereitschaft, in der Zukunft einen Mehrwert für das Unternehmen zu schaffen. Eine solche Argumentation setzt den Fokus auf Wachstum, Fortschritt und die kontinuierliche Weiterentwicklung deiner Fähigkeiten.

Wenn du in deiner Gehaltsverhandlung zukunftsorientierte Argumentationen verwendest, zeigst du, dass du nicht nur an persönlicher Bereicherung interessiert bist, sondern auch daran, wie deine Arbeit das Unternehmen auf lange Sicht voranbringt. Du betonst, dass du bereit bist, zusätzliche Verantwortlichkeiten zu übernehmen und die Ziele des Unternehmens aktiv zu unterstützen. Deine Motivation und dein

Engagement werden deutlich hervorgehoben, was deinem Arbeitgeber zeigt, dass du langfristig ein wertvoller Mitarbeiter für das Unternehmen sein möchtest.

Insgesamt ist eine zukunftsorientierte Argumentation ein wirksames Mittel, um in Gehaltsverhandlungen erfolgreich zu sein. Sie zeigt, dass du nicht nur auf vergangenen Erfolgen ruhst, sondern auch darauf bedacht bist, langfristig einen Beitrag zum Unternehmen zu leisten. Dies kann dazu beitragen, eine solide Grundlage für eine erfüllende und lohnende berufliche Zukunft zu schaffen.

> **Beispiele zukunftsorientierte Argumentation**
>
> „Ich freue mich darauf, weiterhin meine Fähigkeiten und Qualifikationen in den Diensten des Unternehmens einzusetzen. In den kommenden Jahren sehe ich eine Vielzahl von Möglichkeiten, um unsere Geschäftsziele zu unterstützen. Mein Ziel ist es, mich kontinuierlich weiterzuentwickeln und dazu beizutragen, dass unser Unternehmen in einem sich ständig wandelnden Markt erfolgreich bleibt."
>
> „Ich bin bereit, neue Herausforderungen anzunehmen und mich in den kommenden Jahren an den strategischen Zielen des Unternehmens zu beteiligen. Dies umfasst die Bereitschaft, Verantwortung zu übernehmen und mein Wissen und meine Fähigkeiten weiter auszubauen, um zum Erfolg unseres Teams beizutragen."
>
> „Ich bin überzeugt, dass meine zukünftigen Beiträge noch stärker zur Erreichung unserer Unternehmensziele beitragen werden. Eine angemessene Gehaltsanpassung würde meine Motivation steigern und sicherstellen, dass ich weiterhin meine besten Anstrengungen für unser gemeinsames Wachstum einbringe."
>
> „Mit Blick auf die bevorstehenden Veränderungen ist es für mich wichtig, dass mein Gehalt meine zukünftigen Leistungen und meinen Beitrag zum Unternehmenserfolg angemessen widerspiegelt."

9.7.1 Der Nutzen dieser Argumentationsform

Diese Art der zukunftsorientierten Argumentation betont dein Engagement für die langfristige Zusammenarbeit und deine Bereitschaft, dich aktiv an den Zielen und der Entwicklung des Unternehmens zu beteiligen. Sie zeigt, dass du bestrebt bist, kontinuierlich zu lernen und dich den Herausforderungen der Zukunft zu stellen.

In Gehaltsverhandlungen ist es von entscheidender Bedeutung, eine Perspektive für die Zukunft zu vermitteln. Wenn du betonst, dass du langfristig in der Firma bleiben möchtest, schaffst du eine Atmosphäre des Vertrauens und der Kontinuität. Dies legt den Grundstein für ein konstruktives Gespräch.

Ebenso ist es wichtig, deine Bereitschaft zur Weiterentwicklung und deinem Engagement für das Wachstum des Unternehmens hervorzuheben. Die Formulierung „Ich bin hochmotiviert, meine Fähigkeiten weiterzuentwickeln, um das Unternehmen bei der Erreichung seiner langfristigen Ziele zu unterstützen" zeigt, dass du dich nicht nur auf vergangenen Erfolgen ausruhst, sondern auch an der zukünftigen Entwicklung der Firma interessiert bist.

Die Betonung, dass eine Gehaltsanpassung mit zusätzlicher Verantwortung einhergeht und wie sie dazu beiträgt, deine Motivation und dein Engagement aufrechtzuerhalten, verdeutlicht, dass du bereit bist, in der Zukunft mehr Verantwortung zu übernehmen. Dies stärkt deine Position.

Durch die Verweise auf die Entwicklungen in der Branche und auf dem Arbeitsmarkt zeigst du, dass deine Gehaltsanpassung auf aktuellen Informationen basiert. Das unterstreicht die Relevanz und Glaubwürdigkeit deiner Position. Zusätzlich betonst du, dass eine Gehaltsanpassung nicht nur deinem Lebensstandard zugutekommt, sondern auch dazu beiträgt, langfristige Ziele des Unternehmens zu erreichen. Dies zeigt deine Bereitschaft, aktiv zum Erfolg des Unternehmens beizutragen.

Insgesamt trägt die zukunftsorientierte Argumentationsform dazu bei, eine Perspektive der Kontinuität und des gemeinsamen Wachstums zu schaffen. Es zeigt, dass du langfristig in der Firma bleiben möchtest, motiviert bist, weiterhin einen Mehrwert für das Unternehmen zu schaffen und zukünftige berufliche Ziele verfolgst. Dies kann die Chancen auf eine erfolgreiche Gehaltsverhandlung erhöhen.

9.7.2 Die Macht selbstbewusster Aussagen

Selbstbewusste Aussagen spielen auch eine große Rolle in Gehaltsverhandlungen. Wenn du selbstbewusst auftrittst, sendest du ein starkes Signal an deinen Arbeitgeber, dass du von deinem Wert und deinen Fähigkeiten überzeugt bist.

Das hat mehrere Vorteile. Erstens stärkt es deine Verhandlungsposition erheblich. Selbstbewusstes Auftreten zeigt, dass du deine eigenen Interessen ernst nimmst und dass du nicht bereit bist, Abstriche zu machen, wenn es um deine Entlohnung geht. Dies kann deine Chancen auf eine höhere Gehaltseinstufung erhöhen.

Zweitens erhöht selbstbewusstes Auftreten deine Glaubwürdigkeit. Wenn du deine Forderungen selbstsicher und überzeugend präsentierst, wird deine Argumentation ernster genommen. Dein Arbeitgeber wird eher geneigt sein, deinen Argumenten zu folgen und sie positiv zu bewerten.

Drittens ermöglicht selbstbewusstes Auftreten eine klare und präzise Kommunikation. Du kannst deine Erwartungen und Anliegen klar und deutlich ausdrücken, was Missverständnissen vorbeugt. Dies trägt dazu bei, das Verhandlungsgespräch effizient und effektiv zu gestalten.

Darüber hinaus trägt selbstbewusstes Auftreten dazu bei, ein positives Verhandlungsklima aufrechtzuerhalten. Es signalisiert, dass du offen und konstruktiv über die Entlohnung sprechen möchtest, anstatt in die Defensive zu gehen oder unsicher zu wirken. Dies fördert eine produktive und kooperative Atmosphäre. Nicht zuletzt kann selbstbewusstes Auftreten deine berufliche Reputation stärken. Es zeigt, dass du in der Lage bist, für deine Interessen einzutreten und deine beruflichen Ziele zu verfolgen. Dies wird in der Arbeitswelt oft geschätzt und kann langfristig dazu beitragen, deine berufliche Entwicklung zu fördern.

Insgesamt sind selbstbewusste Aussagen in Gehaltsverhandlungen ein wichtiger Schlüssel zum Erfolg. Sie unterstreichen deine Selbstsicherheit und Entschlossenheit, was dazu beiträgt, deine Verhandlungsziele zu erreichen und gleichzeitig eine respektvolle und professionelle Kommunikation aufrechtzuerhalten.

> **Beispiele selbstbewusster Aussagen**
>
> „Ich habe meine Leistungen in den letzten Jahren konsequent gesteigert und bin überzeugt, dass mein Beitrag zum Erfolg des Unternehmens signifikant war."
>
> „Meine Fachkenntnisse und Erfahrung in diesem Bereich sind stark gewachsen und ich glaube, dass sie meine Beiträge zum Unternehmen noch wertvoller machen."
>
> „Die Ergebnisse meiner Arbeit sind messbar. Zum Beispiel konnte ich die Effizienz in meiner Abteilung um [prozentualer Wert] steigern, was zu messbaren Kosteneinsparungen führte."
>
> „Ich sehe die Anforderungen und Verantwortlichkeiten meiner Position realistisch und glaube, dass eine Anpassung meines Gehalts angemessen ist, um meine Motivation aufrechtzuerhalten."
>
> „Ich schätze die Zusammenarbeit im Team und habe dazu beigetragen, unsere Ziele zu erreichen. Meine Leistungen und mein Engagement spiegeln sich in den erreichten Ergebnissen wider."
>
> „Die Marktdaten und Vergleichsdaten bestätigen, dass meine derzeitige Entlohnung unter dem Durchschnitt für diese Position und Erfahrung liegt."
>
> „Ich bin mir meiner Qualifikationen und meiner Fähigkeiten bewusst und glaube, dass sie eine höhere Entlohnung rechtfertigen."
>
> „Ich sehe Gehaltsverhandlungen als Chance, unsere Zusammenarbeit weiter zu stärken und sicherzustellen, dass meine Leistungen und unser Erfolg in Einklang stehen."
>
> „Ich habe stets meine berufliche Entwicklung im Auge behalten und bin überzeugt, dass eine angemessene Entlohnung mir ermöglichen würde, meine Fähigkeiten weiterzuentwickeln."
>
> „Ich bin bereit, Verantwortung zu übernehmen und mich weiterhin für den Erfolg unseres Unternehmens einzusetzen. Eine angemessene Entlohnung wäre eine Bestätigung meiner Einsatzbereitschaft."

Es ist wichtig, diese Aussagen höflich und respektvoll zu präsentieren, um eine positive Gesprächsatmosphäre zu bewahren.

9.7.3 Der Nutzen selbstbewusster Aussagen

Selbstbewusste Aussagen sind in Gehaltsverhandlungen von unschätzbarem Wert. Sie verleihen deinen Forderungen Gewicht und tragen dazu bei, deine Verhandlungsziele effektiv zu erreichen.

Durch selbstbewusstes Auftreten signalisierst du, dass du von deinem Wert und deinen Fähigkeiten überzeugt bist. Dies sendet eine klare Botschaft an deinen Arbeitgeber, dass du deine eigenen Interessen ernst nimmst und nicht bereit bist, Kompromisse einzugehen, wenn es um deine Entlohnung geht. Dies stärkt deine Verhandlungsposition erheblich und erhöht die Wahrscheinlichkeit, dass deine Forderungen erfüllt werden.

Selbstbewusstes Auftreten steigert auch deine Glaubwürdigkeit in den Verhandlungen. Wenn du deine Argumente selbstsicher und überzeugend vorträgst, werden sie ernster genommen und positiver bewertet. Dein Arbeitgeber wird eher geneigt sein, auf deine Anliegen einzugehen und deinen Argumenten zu folgen.

Darüber hinaus ermöglicht selbstbewusstes Auftreten eine klare und präzise Kommunikation. Du kannst deine Erwartungen und Anliegen klar und verständlich artikulieren, was Missverständnissen vorbeugt und die Verhandlungen effizienter gestaltet. Dies erleichtert es, zu den gewünschten Ergebnissen zu gelangen. Es trägt auch dazu bei, ein positives Verhandlungsklima zu schaffen und signalisiert, dass du offen und konstruktiv über die Entlohnung sprechen möchtest, anstatt in die Defensive zu gehen oder unsicher zu wirken. Dies fördert eine produktive und kooperative Atmosphäre, die es einfacher macht, eine für beide Seiten akzeptable Vereinbarung zu erzielen.

Nicht zuletzt kann selbstbewusstes Auftreten deine berufliche Reputation stärken. Es zeigt, dass du in der Lage bist, für deine Interessen einzutreten und deine beruflichen Ziele zu verfolgen. Dies wird oft in der Arbeitswelt geschätzt und kann langfristig dazu beitragen, deine berufliche Entwicklung zu fördern.

Insgesamt sind selbstbewusste Aussagen in Gehaltsverhandlungen ein mächtiges Werkzeug. Sie unterstreichen deine Selbstsicherheit und Entschlossenheit, was dazu beiträgt, deine Verhandlungsziele zu erreichen und gleichzeitig eine respektvolle und professionelle Kommunikation aufrechtzuerhalten.

Zusammenfassung

In Gehaltsverhandlungen spielen die unterschiedlichen Kommunikationsmuster eine entscheidende Rolle. Jedes Muster bietet jeweils Vor- und Nachteile, die du berücksichtigen solltest. Deine Wahl des Sprachmusters kann den Ausgang deiner Verhandlung erheblich beeinflussen.

Wenn du dich für ein direkte Kommunikation entscheidest, betonst du dein Selbstvertrauen und deine Entschlossenheit. Das kann Eindruck schinden, da es zeigt, dass du fest an deinen Standpunkt glaubst. Jedoch solltest du aufpassen, dass dein Selbstbewusstsein nicht in Arroganz umschlägt, da dies die Verhandlungsatmosphäre negativ beeinflussen kann.

Die kooperative Kommunikation hingegen unterstreicht die Zusammenarbeit und den Aufbau einer positiven Beziehung zu deinem Verhandlungspartner. Es fördert Respekt und ein gutes Verhandlungsklima. Allerdings könnte eine zu große Betonung der Kooperation dazu führen, dass du Zugeständnisse machst, die nicht unbedingt in deinem Interesse liegen.

Wenn du dich auf datenbasierte Kommunikation konzentrierst, kannst du deine Position mit harten Fakten und Zahlen unterstützen. Dies verleiht deiner Argumentation Objektivität und Glaubwürdigkeit. Doch denke daran, dass die andere Seite ebenfalls Daten präsentieren kann, die deinen Argumenten widersprechen, was zu einer komplexen Debatte führen kann.

Die emotionale Kommunikation hingegen setzt auf das Einbringen von Emotionen, um Empathie und Verständnis bei deinem Verhandlungspartner zu wecken. Eine persönliche Bindung kann aufgebaut werden, aber zu viel Emotionalität könnte die Professionalität der Verhandlung in Frage stellen und zu einem Kontrollverlust führen.

Schließlich bietet die alternative lösungsorientierte Kommunikation den Ansatz, nach kreativen Lösungen zu suchen, die für beide Seiten akzeptabel sind. Diese Methode kann zu Win-win-Situationen führen. Allerdings erfordert die Suche nach alternativen Lösungen Zeit und Energie und es besteht die Gefahr, dass keine akzeptable Einigung erzielt wird.

In der Praxis kann eine ausgewogene Herangehensweise, die die Vorteile der verschiedenen Muster berücksichtigt und gleichzeitig deren potenzielle Nachteile im Auge behält, zu erfolgreichen Gehaltsverhandlungen führen. Deine Wahl des richtigen Sprachmusters hängt von der jeweiligen Situation und deinem Verhandlungspartner ab. Damit kannst du deine Chancen auf eine erfolgreiche Gehaltsverhandlung erheblich verbessern.

10

Damit musst du immer rechnen – Gründe, dir eine Gehaltsanpassung zu verweigern

Die Frage nach einer Gehaltsanpassung wird immer ein heikles Thema sein, das sowohl für deinen Arbeitgeber als auch für dich als Arbeitnehmer herausfordernd ist. Es gibt verschiedene Gründe, warum eine Gehaltsanpassung möglicherweise verweigert wird und es ist wichtig, diese Gründe zu verstehen, um eine fundierte Entscheidung treffen zu können.

Zunächst einmal können finanzielle Zwänge und Budgetbeschränkungen des Unternehmens eine Rolle spielen. In wirtschaftlich unsicheren Zeiten oder bei begrenzten Ressourcen kann es für das Unternehmen schwierig sein, Gehaltsanpassungen durchzuführen, ohne die finanzielle Stabilität oder andere wichtige Unternehmensziele zu gefährden. Zudem müssen Arbeitgeber die Gesamtstrategie und die langfristigen Ziele des Unternehmens berücksichtigen. Manchmal stehen Gehaltsanpassungen nicht im Einklang mit den strategischen Zielen des Unternehmens oder passen nicht zu den langfristigen Plänen, die es verfolgt.

Ein weiterer Grund könnte deine individuelle Leistung sein. Wenn du deine Leistungsziele nicht erreicht hast oder wenn deine Leistung nicht den Erwartungen entspricht, kann dies ein Hindernis für deine

Gehaltsanpassung darstellen. Außerdem müssen Unternehmen möglicherweise auch auf dem Markt wettbewerbsfähig bleiben. Wenn die Branchenstandards oder die durchschnittlichen Gehälter in einem bestimmten Bereich niedriger sind als deine gewünschte Gehaltsanpassung, kann dies für das Unternehmen unangemessen sein.

Es ist auch wichtig zu beachten, dass eine Gehaltsanpassung manchmal nicht der beste Weg ist, um deine Bedürfnisse und Erwartungen zu erfüllen. Es kann andere Möglichkeiten geben, wie z. B. zusätzliche Leistungen, flexible Arbeitszeiten, Weiterbildungsmöglichkeiten oder Karriereentwicklungsprogramme, die für dich von größerem Nutzen sein können.

Insgesamt ist es wichtig, die verschiedenen Faktoren zu berücksichtigen, die eine Rolle bei der Entscheidung über eine Gehaltsanpassung spielen. Sowohl Arbeitgeber als auch Arbeitnehmer müssen offen kommunizieren und die jeweiligen Perspektiven und Bedürfnisse verstehen, um zu einer für beide Seiten akzeptablen Lösung zu gelangen.

Beispiele

Budgetbeschränkungen: Das Unternehmen hat möglicherweise begrenzte finanzielle Ressourcen und kann Gehaltserhöhungen nur begrenzt gewähren, um das Budget einzuhalten.

Leistungsbedenken: Wenn der Vorgesetzte Bedenken hinsichtlich deiner Leistung oder Produktivität hat, könnte dies ein Hindernis für eine Gehaltserhöhung sein. In solchen Fällen ist es wichtig, deine Leistungen zu verbessern und gegebenenfalls Feedback zu erhalten, um die Chancen auf eine zukünftige Erhöhung zu vergrößern.

Marktvergleich: Der Arbeitgeber vergleicht möglicherweise deine aktuelle Vergütung mit dem Branchenstandard und ist der Meinung, dass sie bereits wettbewerbsfähig ist. In diesem Fall könntest du argumentieren, dass deine Qualifikationen und Leistungen eine überdurchschnittliche Vergütung rechtfertigen.

Fehlende Fortschritte oder Entwicklung: Wenn du in deinem Job keine bedeutenden Fortschritte gemacht hast oder dich nicht in deiner Position weiterentwickelt hast, könnte dies ein Grund sein, dir eine Gehaltserhöhung zu verweigern. Du könntest dies nutzen, um auf deine Bemühungen zur beruflichen Weiterentwicklung wie z. B. selbst finanzierte Bildungsmaßnahmen, Kauf von Fachbüchern etc. hinzuweisen.

Unternehmensleistung: Die allgemeine finanzielle Gesundheit des Unternehmens kann eine Rolle spielen. Wenn das Unternehmen in wirt-

schaftlichen Schwierigkeiten steckt oder nicht so erfolgreich ist, könnte dies die Bereitschaft zur Gehaltserhöhung beeinflussen.
Gleichbehandlung: Der Arbeitgeber könnte sicherstellen wollen, dass Gehaltserhöhungen fair und konsistent vergeben werden, um mögliche Unzufriedenheit im Team zu vermeiden.
Inflation: In Zeiten niedriger Inflation oder wirtschaftlicher Stagnation könnten Unternehmen zögern, Gehaltserhöhungen zu gewähren, da die Kaufkraft des Geldes stabil bleibt.

Es ist wichtig, in Gehaltsverhandlungen zu berücksichtigen, dass die Interessen des Arbeitgebers vielfältig sein können und deine Argumentation sollte darauf abzielen, wie eine Gehaltserhöhung im Interesse des Unternehmens oder der Organisation sein kann. Dies kann beinhalten, wie deine Leistungen zum Unternehmenserfolg beitragen und wie eine bessere Vergütung langfristig die Mitarbeitermotivation und Bindung verbessern kann.

Diese Übersicht hat keinen Anspruch auf Vollständigkeit. Es ist wichtig, in Gehaltsverhandlungen zu berücksichtigen, dass die Interessen des Arbeitgebers vielfältig sein können und deine Argumentation sollte immer darauf abzielen, wie eine Gehaltsanpassung im Interesse des Unternehmens oder der Organisation sein kann.

10.1 So kannst du dich auf die Ablehnung vorbereiten

Budgetbeschränkungen
Wenn dein Arbeitgeber Budgetbeschränkungen als Grund für die Verweigerung einer Gehaltsanpassung anführt, gibt es mehrere Möglichkeiten, wie du darauf reagieren kannst.
Mögliche Vorgehensweisen:

- Beginne das Gespräch, indem du Verständnis für die finanzielle Situation des Unternehmens zeigst. Erkenne die Bedeutung von Budgetdisziplin an und zeige Bereitschaft zur Zusammenarbeit.

- Betone, wie deine Leistungen und Beiträge zum Erfolg des Unternehmens beigetragen haben. Zeige, wie eine Gehaltsanpassung nicht nur für dich persönlich, sondern auch für das Unternehmen von Vorteil sein kann, indem sie hochqualifizierte Mitarbeiter bindet und motiviert.
- Du könntest vorschlagen, alternative Wege zur Anerkennung deiner Leistungen zu finden, die keine großen finanziellen Belastungen für das Unternehmen bedeuten. Dies könnten Boni, zusätzliche Urlaubstage, flexible Arbeitszeiten oder andere Leistungen sein. Schau auf deine Liste der Alternativen.
- Biete an, zusätzliche Verantwortlichkeiten zu übernehmen oder neue Ziele zu setzen, die einen klaren Beitrag zur Unternehmensleistung leisten, um die Chancen auf eine Gehaltsanpassung zu erhöhen.
- Schlag eine schrittweise Erhöhung deines Gehalts vor, die im Einklang mit den finanziellen Möglichkeiten des Unternehmens liegt. Dies könnte bedeuten, dass du in Zukunft, wenn die finanzielle Lage des Unternehmens besser ist, eine weitere Überprüfung und Erhöhung erhältst.
- Bringe Daten über den Branchenstandard für Gehälter in deiner Position ein. Zeige, dass du fair und wettbewerbsfähig vergütet werden möchtest.
- Zeige deine Bereitschaft, das Thema Gehalt in zukünftigen Gesprächen erneut zu besprechen, wenn sich die finanzielle Lage des Unternehmens verbessert. Dies zeigt, dass du langfristig an einer Lösung interessiert bist.

Es ist wichtig, Geduld und Flexibilität zu zeigen, wenn das Unternehmen echte finanzielle Herausforderungen hat. Wenn du deine Anfrage auf eine faire und konstruktive Weise präsentierst, erhöhst du bei Verbesserung der finanziellen Situation die Chancen auf eine positive Antwort.

Leistungsbedenken

Wenn dein Arbeitgeber Leistungsbedenken als Grund für die Ablehnung deiner Gehaltsanpassung anführt, ist es wichtig, diese Bedenken anzugehen und möglicherweise zu widerlegen.

Mögliche Vorgehensweisen:

- Bitte deinen Vorgesetzten oder einen Mitarbeiter aus der Personalabteilung um konkrete Beispiele und Daten, die die Bedenken bezüglich deiner Leistungen im letzten Quartal unterstützen. Dies ermöglicht es dir, die genauen Bereiche zu identifizieren, in denen Verbesserungen notwendig sind.
- Biete eine ehrliche Selbsteinschätzung deiner Leistungen an und zeige Verständnis für die Anliegen deines Arbeitgebers. Dies zeigt, dass du gewillt bist, an deinen Schwächen zu arbeiten.
- Zeige, welche Schritte du unternimmst oder bereits unternommen hast, um deine Leistungen zu steigern. Dies könnte die Teilnahme an Schulungen, zusätzliche Anstrengungen oder Änderungen in deiner Arbeitsweise einschließen.
- Verweise auf frühere Erfolge und positive Leistungsdaten, um zu zeigen, dass du in der Vergangenheit einen wertvollen Beitrag geleistet hast und das Potenzial hast, wieder in Bestform zu sein.
- Formuliere klare Ziele und Pläne, wie du in Zukunft deine Leistungen steigern wirst. Dies könnte auch die Einbeziehung von Schulungen oder Fortbildungen zur Verbesserung deiner Fähigkeiten umfassen.
- Falls die Leistungsbedenken berechtigt sind, könntest du eine schrittweise Erhöhung deines Gehalts in Betracht ziehen, die an das Erreichen bestimmter Leistungsziele gekoppelt ist. Dies zeigt deine Bereitschaft zur Verbesserung und zur Verantwortung für deine Leistungen.
- Du kannst auch fragen, wie du konkret unterstützt werden kannst, um die erwarteten Leistungen zu erreichen und ob es Empfehlungen oder Ressourcen gibt, die dir bei der Verbesserung helfen könnten.

Es ist wichtig, in einem solchen Gespräch professionell und lösungsorientiert aufzutreten. Wenn du aktiv Schritte zur Verbesserung deiner Leistungen zeigst und bereit bist, an den festgestellten Mängeln zu arbeiten, könntest du deine Chancen auf eine Gehaltsanpassung in der Zukunft erhöhen.

Marktvergleich

Wenn dein Arbeitgeber dein Gehalt mit dem Branchenstandard vergleicht und der Ansicht ist, dass er bereits wettbewerbsfähig ist, du jedoch glaubst, dass deine Qualifikationen und Leistungen eine überdurchschnittliche Vergütung rechtfertigen, kannst du dies auf eine sachliche und überzeugende Weise kommunizieren. Wenn du gut vorbereitet bist, hast du bereits eine Marktwertanalyse durchgeführt und kannst auf diese Informationen zurückgreifen.

Ist das nicht der Fall unternimm die folgenden Schritte:

- Bereite eine Liste deiner beruflichen Qualifikationen, Leistungen und Erfolge vor. Belege sie mit nachvollziehbaren Daten und Fakten, um zu zeigen, dass du überdurchschnittliche Beiträge zum Unternehmen leistest.
- Führe deine eigenen Recherchen durch, um den Branchenstandard für dein Berufsfeld und deine Position zu ermitteln. Stelle sicher, dass du genaue und aktuelle Vergleichsdaten verwendest, um zu zeigen, dass deine derzeitige Vergütung unterdurchschnittlich ist.
- Zeige, wie deine Qualifikationen, Erfahrungen und Leistungen das Unternehmen voranbringen und Mehrwert schaffen. Wenn möglich, quantifiziere die Einsparungen, Umsatzsteigerungen oder Effizienzgewinne, die du durch deine Arbeit erzielt hast.
- Falls du in deiner aktuellen Rolle zusätzliche Aufgaben oder Verantwortlichkeiten übernommen hast, die nicht in deiner ursprünglichen Jobbeschreibung enthalten waren, betone diese Tatsache. Dies könnte als Argument für eine erhöhte Vergütung dienen.
- Wenn du Angebote von anderen Arbeitgebern oder Kenntnis von vergleichbaren Gehältern in deiner Branche erhalten hast, kannst du diese Informationen als Beleg für deine Marktwert nutzen.
- Zeige, dass du langfristig an einer positiven Zusammenarbeit interessiert und bereit bist, zur weiteren Verbesserung des Unternehmens beizutragen. Du zeigst deinen guten Willen und deine Bereitschaft zur Verhandlung.
- Du kannst deinem Arbeitgeber signalisieren, dass du offen für Verhandlungen und bereit bist, einen Kompromiss zu finden, der für beide Seiten akzeptabel ist. Damit zeigst du deine Flexibilität und signalisierst Kompromissbereitschaft.

- Schlage vor, regelmäßige Überprüfungen der Vergütung zu vereinbaren, um sicherzustellen, dass sie mit deinen Qualifikationen und Leistungen im Einklang stehen. Dies wird dazu beitragen, zukünftige Unstimmigkeiten zu vermeiden.

Während du deine Argumente präsentierst, sei sachlich, höflich und respektvoll. Zeige Verständnis für die Sichtweise deines Arbeitgebers, aber betone gleichzeitig die Gründe, warum du glaubst, dass eine überdurchschnittliche Vergütung angemessen ist. Das Ziel ist, eine offene Diskussion zu führen und eine für beide Seiten akzeptable Lösung zu finden.

Gleichbehandlung
Wenn dein Arbeitgeber Bedenken hinsichtlich der Gleichbehandlung und der Auswirkungen von Gehaltsanpassungen auf die interne Lohngerechtigkeit äußert, ist es wichtig, diese Bedenken zu verstehen und gleichzeitig deine Argumente für eine Gehaltsanpassung respektvoll vorzubringen.
Mögliche Vorgehensweisen:

- Zeige Verständnis dafür, dass nicht alle Mitarbeiter dieselben Qualifikationen, Erfahrungen und Leistungen haben. Deine Gehaltsanpassung basiert auf deinen individuellen Beiträgen und Verdiensten.
- Beteuere, dass du für Transparenz und offene Kommunikation bezüglich Gehaltsanpassungen und Vergütungsstrukturen innerhalb des Unternehmens eintrittst. Das kann dazu beitragen, Bedenken hinsichtlich der Gleichbehandlung zu mindern.
- Stelle sicher, dass deine Gehaltsanpassung auf nachvollziehbaren Kriterien wie Qualifikationen, Leistungen und zusätzlichen Verantwortlichkeiten basiert. Dies zeigt, dass du eine leistungsbezogene Gehaltsanpassung suchst.
- Du kannst anbieten, in Verhandlungen einzutreten, um eine Gehaltsanpassung zu finden, die deinen Leistungen und Qualifikationen entspricht, gleichzeitig aber innerhalb der unternehmensweiten Vergütungsrichtlinien liegt.
- Schlage vor, klare Ziele oder Leistungsindikatoren festzulegen, die du erreichen musst, um die gewünschte Gehaltsanpassung zu erhalten.

Damit schaffst du Transparenz und eine klare Grundlage für die Erhöhung.

- Zeige, wie eine angemessene Gehaltsanpassung deiner Leistung und Motivation zugutekommen wird, was wiederum zur Steigerung des Unternehmenserfolgs beitragen kann.
- Du kannst anbieten, in Verhandlungen einzutreten und deine Gehaltsanpassung schrittweise zu gestalten, um die Auswirkungen auf die interne Lohngerechtigkeit zu mildern. Dies könnte bedeuten, dass die Erhöhung über einen festgelegten Zeitraum verteilt wird.
- Falls sich der Arbeitsmarkt für dein Berufsfeld geändert hat und höhere Vergütungen für vergleichbare Positionen üblich sind, könntest du dies als Argument für eine Anpassung deiner Vergütung nutzen.

Denke daran, dass das Ziel darin besteht, eine Win-win-Situation zu schaffen, in der deine Gehaltsanpassung angemessen ist und gleichzeitig die internen Gleichbehandlungsrichtlinien des Unternehmens respektiert werden. Sei bereit zur Diskussion und zur Suche nach einer fairen Lösung.

Unternehmensleistung
Wenn dein Arbeitgeber wirtschaftliche Schwierigkeiten oder Branchenumstände als Grund für die Ablehnung von Gehaltsanpassungen anführt, ist es wichtig, dies zu verstehen, aber gleichzeitig deine Argumente für eine Gehaltsanpassung respektvoll und überzeugend zu präsentieren.

Mögliche Vorgehensweisen:

- Beginne das Gespräch, indem du Verständnis für die wirtschaftlichen Herausforderungen oder die Branchenumstände zeigst, mit denen das Unternehmen konfrontiert ist. Zeige deine Sensibilität gegenüber der Gesamtsituation.
- Erinnere deinen Arbeitgeber an deine Leistungen, Erfolge und Beiträge zum Unternehmen, die dazu beigetragen haben, es in schwierigen Zeiten erfolgreich zu halten. Zeige, wie du aktiv zur Lösung der wirtschaftlichen Herausforderungen beigetragen hast.

- Biete eine Perspektive auf die Zukunft an, in der du aufzeigst, wie eine Gehaltsanpassung deine Motivation und dein Engagement steigern würde, um zur Überwindung der Herausforderungen beizutragen und das Unternehmen auf lange Sicht wettbewerbsfähiger zu machen.
- Zeige, wie eine Gehaltsanpassung auf deinen nachweislichen Qualifikationen und Leistungen basiert. Wenn du besondere Fähigkeiten oder Verantwortlichkeiten übernommen hast, die einen Beitrag zur Verbesserung der Geschäftssituation leisten, betone dies.
- Signalisiere, dass du bereit bist, in Verhandlungen einzutreten und eine Lösung zu finden, die für beide Seiten akzeptabel ist. Dies könnte eine gestaffelte Gehaltsanpassung, Leistungsanreize oder andere Vergünstigungen umfassen.
- Biete alternative Lösungen an, die den finanziellen Belastungen des Unternehmens gerecht werden. Dies könnte bedeuten, dass du in Zeiten schwieriger wirtschaftlicher Bedingungen vorübergehend auf eine Gehaltsanpassung verzichtest, aber in Zukunft eine Überprüfung und Anpassung in Betracht ziehst.
- Zeige, wie wettbewerbsfähige Gehälter dazu beitragen, hochqualifizierte Mitarbeiter anzuziehen und zu halten, was langfristig für das Unternehmen von Vorteil ist.
- Wenn sich der Arbeitsmarkt in deiner Branche geändert hat und höhere Gehälter für vergleichbare Positionen üblich sind, kannst du dies als Argument für eine Anpassung deiner Vergütung nutzen.

Denke daran, dass in schwierigen wirtschaftlichen Zeiten die Bereitschaft zur Zusammenarbeit und zur Suche nach Lösungen von entscheidender Bedeutung ist. Dein Ziel sollte darin bestehen, eine Win-win-Situation zu schaffen, die sowohl deine Gehaltsinteressen als auch die finanziellen Bedürfnisse des Unternehmens berücksichtigt.

Fehlende Fortschritte oder Entwicklung
Wenn Vorgesetzte den Wert oder die Leistung eines Mitarbeiters anders bewerten und die vorgeschlagene Gehaltsanpassung für nicht angemessen halten, ist es wichtig, respektvoll und sachlich auf diese Bedenken

zu reagieren. Hier sind einige Schritte, die du in einer solchen Situation unternehmen könntest:

- Bitte deinen Vorgesetzten um detailliertes Feedback zu seiner Einschätzung deiner Leistungen und Beiträge. Versuche zu verstehen, welche spezifischen Bedenken oder Gründe hinter seiner Meinung stehen.
- Biete eine ehrliche Selbsteinschätzung deiner Leistungen und Qualifikationen an. Zeige, dass du bereit bist, konstruktive Kritik anzunehmen und an deinen Schwächen zu arbeiten.
- Belege deine Argumente mit konkreten Beispielen und Daten, die zeigen, wie deine Leistungen und Qualifikationen das Unternehmen vorangebracht haben. Quantifiziere, wenn möglich, die Ergebnisse deiner Arbeit.
- Frage nach klaren Leistungsindikatoren oder Zielen, die du erreichen sollst, um die gewünschte Gehaltsanpassung zu rechtfertigen. Dies schafft eine klare Grundlage für die Bewertung deiner Leistungen.
- Betone, wie eine angemessene Gehaltsanpassung deine Motivation und dein Engagement steigern würde, um langfristig wertvolle Beiträge zu leisten.
- Zeige deine Bereitschaft zur Zusammenarbeit und zur Suche nach einer gemeinsamen Lösung. Sei offen für Vorschläge deines Vorgesetzten und signalisiere deine Flexibilität in Bezug auf die Gehaltsverhandlung.

Es ist wichtig, ruhig und professionell in solchen Gesprächen aufzutreten, ohne defensiv zu sein. Das Ziel sollte darin bestehen, eine offene und respektvolle Diskussion zu führen, um Missverständnisse zu klären und eine Lösung zu finden, die sowohl für dich als auch für das Unternehmen akzeptabel ist.

Beispiel eines Gesprächsskripts für den Ablehnungsgrund „Fehlende Fortschritte oder Entwicklung"

Mitarbeiter: Guten Tag [Vorgesetzter]. Ich möchte die Gelegenheit nutzen, um mit Ihnen über meine Gehaltsanpassung zu sprechen.

Vorgesetzter: Guten Tag [Mitarbeiter]. Natürlich, ich bin bereit zuzuhören.

Mitarbeiter: Ich habe meine Leistungen und Beiträge zum Unternehmen in Betracht gezogen und bin davon überzeugt, dass eine Gehaltsanpassung angemessen ist. Sie basiert auf [hier zählst du die Kriterien für die Gehaltsanpassung auf].

Vorgesetzter: Verstehe. Ich habe Ihre Vorschläge geprüft, aber ich habe Bedenken hinsichtlich ihrer Angemessenheit.

Mitarbeiter: Ich verstehe Ihre Sichtweise. Es ist mir wichtig, zu verstehen, welche Bedenken Sie genau haben. Bitte erläutern Sie mir genau, was Ihnen an dieser Anpassung nicht angemessen erscheint.

Vorgesetzter: Einer der Punkte ist...

Mitarbeiter: Vielen Dank für diese Rückmeldung. Ich nehme diese Bedenken ernst und werde daran arbeiten, die genannten Bereiche zu verbessern. Gleichzeitig möchte ich auf einige meiner Erfolge hinweisen, wie [Jetzt weißt du, warum ein Erfolgstagebuch wichtig ist. Führe Beispiele und Daten an, um deine Leistungen zu belegen].

Vorgesetzter: Das ist zwar lobenswert, aber ich bin mir immer noch nicht sicher, ob die vorgeschlagene Gehaltsanpassung gerechtfertigt ist.

Mitarbeiter: Ich kann nachvollziehen, dass es unterschiedliche Sichtweisen geben kann. Ich möchte betonen, dass meine Forderung auf meinen individuellen Qualifikationen und Leistungen basiert und ich sicher bin, dass sie angemessen ist, wenn man diese Faktoren berücksichtigt. Es ist auch wichtig für mich, langfristig ein zukunftsfähiges Gehalt zu haben, um motiviert und engagiert zu bleiben.

Vorgesetzter: Das ist nachvollziehbar, aber wir müssen auch die finanzielle Lage des Unternehmens und den Markt berücksichtigen.

Mitarbeiter: Selbstverständlich verstehe ich das. Es ist mir bewusst, dass wir uns in einer herausfordernden wirtschaftlichen Zeit befinden. Deshalb bin ich auch bereit, in Verhandlungen einzutreten und alternative Lösungen zu suchen. Ob es schrittweise Erhöhungen, Leistungsziele oder andere Möglichkeiten gibt, die sowohl meine Interessen als auch die des Unternehmens berücksichtigen. Ich bin bereit, darüber zu sprechen.

Vorgesetzter: Das ist ein interessanter Ansatz. Wir sollten vielleicht über verschiedene Möglichkeiten nachdenken.

Mitarbeiter: Ich würde das sehr begrüßen und freue mich auf eine offene Diskussion, um eine Lösung zu finden, die für uns beide akzeptabel ist.

Dieser Rahmen ist ein Beispiel. Er dient als Ausgangspunkt für Gehaltsverhandlungen und kann an die spezifische Situation und die Gründe für die Ablehnung angepasst werden. Er betont eine offene Kommunikation und Verhandlungsbereitschaft, um eine Lösung zu finden, die sowohl für dich als Mitarbeiter als auch für das Unternehmen akzeptabel ist.

Dieses Beispiel eines Gesprächsskript für Gehaltsverhandlungen bietet dir einen strukturierten Leitfaden. Es dient dazu, die Kommunikation zu erleichtern und ein gegenseitiges Verständnis für die Gehaltsanpassung zu fördern.

Der Nutzen dieses Gesprächsskriptbeispiels liegt in seiner Fähigkeit, eine professionelle und strukturierte Herangehensweise an Gehaltsverhandlungen zu bieten. Es ermöglicht dir, deine Argumente und Leistungen klar und überlegt zu präsentieren, während es deinem Vorgesetzten den Raum gibt, seine Bedenken zu äußern und alternative Lösungen zu diskutieren.

Durch den offenen Dialog und die Berücksichtigung beider Perspektiven schafft das Skript eine Atmosphäre des Vertrauens und der Zusammenarbeit. Es ermutigt dazu, nach Win-win-Lösungen zu suchen, bei denen sowohl deine Interessen als auch die deines Vorgesetzten berücksichtigt werden.

Ein weiterer wichtiger Aspekt ist die professionelle Verhandlungsführung, die durch das Skript gefördert wird. Es hilft dabei, das Gespräch auf einer respektvollen und konstruktiven Ebene zu halten, selbst wenn es Meinungsverschiedenheiten gibt.

Insgesamt trägt so eine Vorgehensweise dazu bei, Konflikte zu minimieren und eine positive Beziehung zwischen dir und deinem Vorgesetzten aufrechtzuerhalten. Es bietet eine strukturierte Methode, um Gehaltsanpassungen zu diskutieren und letztendlich zu einer für beide Seiten akzeptablen Lösung beizutragen.

10.2 Ein erster Rahmen für deine Gesprächsstruktur

Eine strukturierte Herangehensweise an ein Gehaltsgespräch ist wichtig, um deine Ziele klar zu kommunizieren, effektiv zu verhandeln und letztendlich die bestmöglichen Ergebnisse zu erzielen. Jeder Schritt dieses Prozesses trägt dazu bei, eine positive Atmosphäre zu schaffen, deine Argumente überzeugend zu präsentieren, auf Feedback zu reagieren, Verhandlungen zu führen, die nächsten Schritte zu klären und das Gespräch ordnungsgemäß abzuschließen.

1. **Begrüßung und Small Talk**
Ein freundlicher Start mit einer herzlichen Begrüßung und etwas Small Talk ist der erste Schritt, um eine positive Atmosphäre zu schaffen. Ein angenehmes Gesprächsumfeld trägt dazu bei, eine offene und kooperative Stimmung für die Diskussion zu schaffen. Zudem helfen Small Talk Themen dabei, Spannungen abzubauen und den Übergang zu formelleren Gesprächsthemen, wie Gehaltsvorstellungen, zu erleichtern. Letztendlich tragen sie dazu bei, eine angenehme Gesprächsumgebung zu schaffen, die die Chancen auf eine erfolgreiche Gehaltsverhandlung erhöht.

2. **Einleitung**
Eine klare Einleitung ist wichtig, um von Anfang an die Richtung des Gesprächs zu bestimmen und ein angemessenes Gesprächsumfeld zu schaffen. Indem du dein Interesse an einer Gehaltsdiskussion klar und deutlich äußerst, signalisierst du auch deinem Vorgesetzten, dass du dich aktiv mit diesem Thema auseinandergesetzt hast und bereit bist, konstruktiv darüber zu sprechen.

Dadurch wird die Erwartungshaltung beider Seiten geklärt und die Wahrscheinlichkeit von Missverständnissen verringert. Eine klare Einleitung trägt auch dazu bei, dass das Gespräch strukturiert verläuft und ermöglicht es dir und deinem Vorgesetzten, sich auf die bevorstehende Diskussion vorzubereiten. Somit legt eine klare Einleitung den Grundstein für ein effektives und produktives Gespräch.

3. Präsentation deiner Argumente

Die Präsentation deiner Argumente für eine Gehaltsanpassung ist von entscheidender Bedeutung. Argumente untermauern deine Forderungen fundiert und überzeugend. Indem du konkrete Leistungen, Projekte oder Erfolge präsentierst, die einen nachweisbaren Mehrwert für das Unternehmen geschaffen haben, werden deine Argumente glaubhaft und stärken deine Verhandlungsposition. Dies zeigt deinem Vorgesetzten deutlich, welchen Beitrag du geleistet hast und warum du eine Gehaltsanpassung verdienst. Durch die Präsentation deiner Leistungen und Erfolge kannst du deinem Vorgesetzten auch verdeutlichen, dass du deine Rolle ernst nimmst und aktiv zum Erfolg des Unternehmens beiträgst. Das stärkt dein berufliches Profil und macht deutlich, dass du eine wertvolle Ressource für das Unternehmen bist. Insgesamt ist die Präsentation deiner Argumente ein wichtiger Schritt, um deine Verhandlungsposition zu stärken und deine Gehaltsziele erfolgreich zu verfolgen

4. Aktives Zuhören

Aktives Zuhören spielt eine zentrale Rolle in der Kommunikation und ist entscheidend für den Aufbau erfolgreicher zwischenmenschlicher Beziehungen. Durch aktives Zuhören zeigst du deinem Vorgesetzen, dass du sein Anliegen ernst nimmst und verstehen willst, was er dir mitteilt. Das geschieht durch verbale (z. B. mmh, aha, ok etc.) und nonverbale Signale wie Blickkontakt, Nicken und eine aufmerksame Körperhaltung. Ein wichtiger Aspekt des aktiven Zuhörens ist die Fähigkeit, den Standpunkt deines Vorgesetzten zu erfassen und sein Anliegen zu verstehen, anstatt vorschnelle Schlüsse zu ziehen oder vorschnell zu urteilen. Indem du Rückfragen stellst und das Gesagte mit deinen Worten zusammenfasst, kannst du sicherstellen, dass du den Inhalt und die Bedeutung der Aussagen deines Vorgesetzten richtig interpretierst. Durch aktives Zuhören kannst du potenzielle Missverständnisse frühzeitig erkennen und klären, was dazu beiträgt, die Kommunikation klarer und präziser zu gestalten. Dies ist besonders wichtig in Situationen, in denen es um sensible Angelegenheiten, wie z. B. deine Gehaltsverhandlung, geht.

5. Verhandlung

Es ist der Zeitpunkt, in dem du deine Argumente präsentierst, deine Gehaltsanpassung äußerst und potenzielle Kompromisse auslotest. Dieser Schritt erfordert nicht nur Standhaftigkeit in Bezug auf deine Hauptziele, sondern auch die Fähigkeit, flexibel und bereit zu sein, Kompromisse einzugehen, um eine für beide Seiten akzeptable Lösung zu finden. Indem du deine Hauptziele klar definierst und deine Argumente logisch und fundiert präsentierst, stärkst du deine Verhandlungsposition und erhöhst die Wahrscheinlichkeit eines positiven Ergebnisses. Insgesamt ist der Verhandlungsschritt entscheidend, um deine Gehaltsziele effektiv zu erreichen und eine Win-win-Lösung zu erzielen, die sowohl für dich als auch für das Unternehmen akzeptabel ist.

6. Klärung der nächsten Schritte

Die Klärung der nächsten Schritte am Ende des Gesprächs ist wichtig, um sicherzustellen, dass sowohl du als auch ein Vorgesetzter klar definierte Erwartungen habt und ihr auf dem gleichen Stand seid. Durch die gemeinsame Festlegung der nächsten Schritte wird eine klare Richtung für die weitere Vorgehensweise festgelegt, was Verwirrung oder Missverständnisse vermeidet. Darüber hinaus bietet die Klärung der nächsten Schritte die Möglichkeit, offene Fragen oder Bedenken anzusprechen und gegebenenfalls weitere Verhandlungen oder Diskussionen zu planen. Insgesamt ist die Klärung der nächsten Schritte ein wichtiger Abschluss des Gesprächs, der dazu beiträgt, die Kommunikation und Zusammenarbeit zwischen dir und deinem Vorgesetzten zu stärken. Sie schafft Klarheit, fördert Transparenz und legt den Grundstein für eine erfolgreiche Umsetzung der vereinbarten Maßnahmen.

7. Abschluss

Durch eine Zusammenfassung der besprochenen Punkte wird sichergestellt, dass beide Parteien ein gemeinsames Verständnis über die diskutierten Themen haben und keine wichtigen Punkte übersehen wurden. Dies trägt zur Klarheit und Transparenz bei und verhindert mögliche Missverständnisse. Ein professioneller Abschluss stärkt die Beziehung zwischen dir und deinem Vorgesetzten und hinterlässt einen positiven Eindruck, unabhängig vom Ausgang des Gesprächs. Darüber hinaus ermöglicht der Abschluss auch die Klärung von offenen Fragen oder die Festlegung weiterer Schritte für die Zukunft. Dies bietet eine klare Richtung für die weitere Vorgehensweise und zeigt Engagement und Entschlossenheit, die diskutierten Themen voranzutreiben.

8. Nachbereitung
Die Nachbereitung ist ein wichtiger Schritt, um sicherzustellen, dass alle besprochenen Punkte dokumentiert und die vereinbarten nächsten Schritte festgehalten werden. Durch das Festhalten der wichtigsten Punkte kannst du mögliche Missverständnisse vermeiden. Du schaffst eine solide Grundlage für die weitere Zusammenarbeit und ermöglichst dir eine effektive Vorbereitung auf mögliche Folgegespräche oder weitere Verhandlungen.

Darüber hinaus ermöglicht die Nachbereitung eine Reflexion über das Gespräch und die eigenen Leistungen während des Gesprächs. Durch die Überprüfung der besprochenen Themen und der eigenen Leistungen kannst du mögliche Verbesserungspotenziale identifizieren und zukünftige Gespräche besser vorbereiten.

Insgesamt ist die Nachbereitung eines Gesprächs ein unverzichtbarer Schritt, um sicherzustellen, dass alle Vereinbarungen dokumentiert werden und die weitere Kommunikation und Zusammenarbeit effektiv gestaltet werden kann.

10.3 So vermittelst du deine Forderung

In der heutigen Arbeitswelt sind zweistellige Prozentzahlen für Gehaltserhöhungen keine Seltenheit mehr. Dieser Trend ist durch verschiedene Faktoren begründet, die sowohl auf wirtschaftliche Entwicklungen als auch auf die Dynamik des Arbeitsmarktes zurückzuführen sind. Zunächst spielt das Wirtschaftswachstum eine entscheidende Rolle. In Zeiten des Aufschwungs und steigender Produktivität sind Unternehmen eher bereit, einen größeren Anteil ihrer Gewinne an ihre Mitarbeiter weiterzugeben. Produktivitätsgewinne führen dazu, dass Unternehmen die Leistungen ihrer Mitarbeiter stärker honorieren können.

Des Weiteren herrscht in vielen Branchen ein spürbarer Fachkräftemangel, was zu einem intensiven Wettbewerb um Talente führt. Unternehmen, die qualifizierte Mitarbeiter gewinnen und halten wollen, bieten attraktivere Gehaltsangebote, die oft zweistellige Gehaltserhöhungen umfassen. Insbesondere in innovationsstarken Branchen ist der Wettbewerb um Fachkräfte hoch, was zu großzügigeren Gehaltsstrukturen führt.

Tarifverhandlungen und Gewerkschaftsarbeit sind ebenfalls wichtige Treiber für zweistellige Gehaltserhöhungen. In einigen Branchen werden in Tarifverhandlungen deutliche Erhöhungen ausgehandelt, die die Kaufkraft der Arbeitnehmer erhalten sollen. Gewerkschaften setzen sich dabei für gerechtere Löhne und bessere Arbeitsbedingungen ein.

Auch die Inflation und steigende Lebenshaltungskosten spielen eine Rolle. Arbeitnehmer fordern häufig höhere Gehälter, um ihren Reallohnverlust auszugleichen und ihre Kaufkraft zu erhalten. Arbeitgeber müssen diesem Bedarf gerecht werden, um qualifiziertes Personal langfristig binden zu können. Schließlich spielen die individuellen Leistungen und Erfahrungen der Mitarbeiter eine wichtige Rolle. Mitarbeiter mit herausragenden Leistungen und langjähriger Erfahrung haben oft bessere Chancen auf zweistellige Gehaltserhöhungen. Unternehmen erkennen den Wert solcher Mitarbeiter an und sind bereit, sie entsprechend zu entlohnen, um ihre Motivation und Loyalität zu erhalten.

Insgesamt zeigen diese Faktoren, dass zweistellige Gehaltserhöhungen heute möglich sind und in vielen Branchen und Unternehmen realisiert werden. Sie sind ein Spiegelbild der aktuellen Arbeitsmarktsituation und der Bemühungen der Unternehmen, talentierte Mitarbeiter zu gewinnen und zu halten.

Also: keine falsche Bescheidenheit. Gehe mutig in die Gehaltsverhandlung. In diesem Zusammenhang sind zwei häufig angewendete Methoden zur Gehaltsverhandlung besonders relevant – die klare Nennung einer Wunschzahl und die Verwendung einer Gehaltsspanne Die Wahl zwischen diesen beiden Strategien hängt oft von der individuellen Situation und den jeweiligen Umständen ab. Beide Ansätze haben ihre

Vor- und Nachteile, die es sorgfältig abzuwägen gilt, um das bestmögliche Ergebnis zu erzielen.

10.3.1 Die Wunschzahl

Die Nennung einer Wunschzahl in einer Gehaltsverhandlung ist sinnvoll und bietet eine Reihe von Vorteilen für den Verhandlungsprozess. Zunächst einmal ermöglicht die klare Kommunikation einer Wunschzahl eine effiziente und zielgerichtete Diskussion über die Vergütung. Indem du eine konkrete Gehaltssumme nennst, zeigst du dem Arbeitgeber deutlich deine Erwartungen und Wünsche bezüglich der Entlohnung.

Ein weiterer Vorteil der Nennung deiner Wunschzahl ist die Schaffung von Klarheit und Transparenz im Verhandlungsprozess. Durch die klare Kommunikation deiner Gehaltsvorstellungen vermeidest du Missverständnisse und Unsicherheiten seitens des Arbeitgebers. Dies trägt dazu bei, potenzielle Missverständnisse zu minimieren und das Vertrauen zwischen dir und deinem Vorgesetzten zu stärken.

Darüber hinaus signalisiert die Nennung einer Wunschzahl Selbstbewusstsein und Selbstkenntnis. Indem du deine Gehaltsvorstellungen klar kommunizierst, zeigst du, dass du den Wert deiner Arbeit und deiner Qualifikationen realistisch einschätzen kannst. Dies kann dazu beitragen, dass dein Selbstvertrauen während der Verhandlung gestärkt wird und deine Verhandlungsposition gefestigt wird.

Ein weiterer wichtiger Aspekt ist, dass die Nennung deiner Wunschzahl dem Arbeitgeber klare Verhandlungspunkte bietet. Dadurch könnt ihr beide gezielt über die Konditionen der Vergütung diskutieren und potenzielle Kompromisse ausloten. Dies trägt dazu bei, dass die Verhandlungen strukturiert und zielorientiert verlaufen und die Chancen auf eine erfolgreiche Einigung erhöht werden.

Zusammenfassend lässt sich sagen, dass die Nennung einer Wunschzahl in einer Gehaltsverhandlung eine sinnvolle Strategie ist, die dir zahlreiche Vorteile bietet. Sie schafft Klarheit, stärkt dein Selbstbewusstsein und erleichtert eine effektive Verhandlung über die Vergütungskonditionen. Daher ist es ratsam, sich vor einer Gehaltsverhandlung gut vorzubereiten und eine realistische, aber ambitionierte Wunschzahl festzulegen.

> **Beispiel**
> Wenn du eine genaue Gehaltssumme im Kopf hast und überzeugt bist, dass diese Zahl angemessen ist, kannst du diese klar und selbstbewusst äußern. Zum Beispiel könntest du sagen: „Ich erwarte ein Jahresgehalt von 60.000 Euro", oder etwas weicher „ich würde gerne ein Jahresgehalt von 60.000 € erhalten."

Der Vorteil dieser Methode ist, dass sie deine Erwartungen klar kommuniziert und keine Unsicherheiten hinterlässt. Sie zeigt, dass du deine Bedürfnisse und Vorstellungen in Bezug auf die Vergütung deutlich machst.

Als Sicherung für deine Wunschzahl bist du für mögliche Ablehnungen vorbereitet: du hast Zugriff auf deine diversen Fragebögen, deine BATNA („Best Alternative To a Negotiated Agreement"), die Ergebnisse deiner Marktwertanalyse, deines Erfolgstagebuches und deines Erfolgsportfolios.

10.3.2 Die Gehaltsspanne

Durch die Angabe einer Gehaltsspanne von – bis werden deine finanziellen Erwartungen auf eine transparente Weise dargestellt, wodurch ein klares Verständnis für deine Vorstellungen entsteht. Dies schafft einen Spielraum für Flexibilität und Verhandlungen, der es ermöglicht, gemeinsam mit deinem Vorgesetzten eine Lösung zu finden, die für beide Seiten akzeptabel ist.

Die Nennung einer Gehaltsspanne in deiner Gehaltsverhandlung bietet den Vorteil, Flexibilität zu demonstrieren und gleichzeitig eine Verhandlungsbasis zu setzen. Indem du eine Spanne von – bis nennst, zeigst du, dass du bereit bist, einen Kompromiss einzugehen, während du dennoch deine Gehaltserwartungen klar kommunizierst. Dies schafft ein offenes Verhandlungsklima und kann dazu führen, dass sich der Arbeitgeber innerhalb der von dir gesetzten Grenzen bewegt.

Beispielsweise könntest du sagen: „Ich stelle mir ein Gehalt zwischen 60.000 und 66.000 € vor." Dies zeigt, dass du flexibel bist und bereit, über verschiedene Szenarien zu sprechen.

Gleichzeitig setzt es eine Untergrenze, unter der du nicht gehen möchtest, und eine Obergrenze, die dein Ziel darstellt. Der Arbeitgeber wird sich in der Regel innerhalb dieser Spanne bewegen, was die Chancen erhöht, dass du ein zufriedenstellendes Gehalt erhältst.

Die Nennung einer Gehaltsspanne fördert Flexibilität, klare Kommunikation und ein positives Verhandlungsklima, während sie gleichzeitig eine realistische Basis für die Verhandlung schafft.

10.3.3 Die Ankertechnik

Die Ankertechnik ist eine Verhandlungsmethode, bei der die erste angebotene Zahl immer als Bezugsrahmen für die restliche Verhandlung dient. Im Kontext von Gehaltsverhandlungen kann das Setzen eines "Ankers" eine entscheidende Rolle spielen.

Die Ankertechnik basiert auf dem psychologischen Phänomen des „Ankereffekts". Dieser besagt, dass Menschen dazu neigen, sich stark an der ersten Information (dem Anker) zu orientieren, die sie erhalten, und alle folgenden Überlegungen davon beeinflussen zu lassen.

Die Ankertechnik bietet eine Vielzahl von Vorteilen, die sie zu einer effektiven Strategie in Verhandlungen, insbesondere bei Gehaltsverhandlungen, machen. Ein wesentlicher Vorteil der Ankertechnik ist die Möglichkeit, den Rahmen der Diskussion festzulegen. Indem du die erste Zahl nennst, setzt du den Referenzpunkt für die gesamte Verhandlung. Dieser Referenzpunkt, oder „Anker", beeinflusst maßgeblich die folgenden Angebote und Gegenangebote. Wer den Anker setzt, nimmt somit die Kontrolle über die Verhandlungsrichtung und die Erwartungen der Gegenseite ein.

Der Ankereffekt ist ein gut dokumentiertes psychologisches Phänomen, das besagt, dass Menschen sich stark an der ersten präsentierten Information orientieren. Studien, wie die von Tversky und Kahneman

(1974), haben gezeigt, dass Menschen in ihren Entscheidungen und Einschätzungen stark durch den Anker beeinflusst werden. Dies bedeutet, dass selbst eine unrealistisch hohe Gehaltsforderung die nachfolgenden Verhandlungen auf einem höheren Niveau hält, als es ohne einen solchen Anker der Fall wäre.

Da der Anker als Ausgangspunkt dient, tendiert das endgültige Verhandlungsergebnis dazu, näher an diesem Anker zu liegen. Wenn du einen höheren Anker setzt, kannst du dadurch das Endergebnis positiv beeinflussen und möglicherweise ein höheres Gehalt erzielen, als wenn du den Anker nicht gesetzt hättest. Ein hoher Anker kann auch ein Signal für deinen Wert und dein Selbstbewusstsein sein. Es zeigt, dass du deine Fähigkeiten und Erfahrungen zu schätzen weißt und bereit bist, für eine angemessene Vergütung zu kämpfen. Dies kann wiederum den Respekt und die Wahrnehmung deiner Verhandlungspartner beeinflussen, die dich als wertvoller für die Organisation wahrnehmen könnten.

Wenn der Verhandlungspartner den Anker als Ausgangspunkt akzeptiert, wird seine Bereitschaft, sich drastisch von diesem Punkt zu entfernen, reduziert. Dies verringert die Wahrscheinlichkeit, dass du deutlich unter deinen Erwartungen bleibst, da sich die Verhandlung meist in einem moderaten Rahmen um den Anker bewegt. Der Anker bietet auch taktische Vorteile, indem er dir Spielraum für Zugeständnisse lässt. Indem du einen höheren Anker setzt, kannst du im Verlauf der Verhandlung scheinbar großzügige Zugeständnisse machen, die immer noch innerhalb deines akzeptablen Bereichs liegen. Dies stärkt die Position der Gegenseite, sich ebenfalls kompromissbereit zu zeigen, und fördert ein positiveres Verhandlungsklima.

Zusammenfassend bietet die Ankertechnik bedeutende Vorteile durch die Setzung eines Referenzpunktes, der die Verhandlung beeinflusst und oft zu einem besseren Ergebnis führt. Sie nutzt psychologische Mechanismen, um die Wahrnehmung und Erwartungen zu steuern, und kann sowohl die Verhandlungsposition stärken als auch das Endergebnis verbessern.

> **Beispiel zur Anwendung in Gehaltsverhandlungen**
> Anker setzen: Beginne die Verhandlung, indem du als erster eine konkrete Gehaltsvorstellung nennst. Diese Zahl dient dann als Anker für die weiteren Verhandlungen.
> Höher ansetzen als die Wunschzahl: Es wird empfohlen, eine etwas höhere Zahl als dein eigentliches Ziel zu nennen, da der Verhandlungspartner immer versuchen wird, diesen Betrag nach unten zu korrigieren. z. B. statt 60.000 € Wunschgehalt setzt du den Anker mit 66.000 €.
>
> **Deine Vorteile bei dieser Vorgehensweise:**
> Du setzt den Rahmen: Der erste genannte Betrag setzt den Rahmen für die Verhandlung. Studien haben gezeigt, dass der Endbetrag tendenziell näher an der Ankerzahl liegt.
> Du hast die Kontrolle über die Verhandlung: Indem du den Anker setzt, übernimmst du die Initiative und bestimmst die Ausgangsbasis der Diskussion.
>
> **Darauf solltest du achten:**
> Bleibe realistisch: Der genannte Anker sollte gut durchdacht und realistisch sein, um nicht als unvernünftig abgetan zu werden.
> Beziehe dich auf deine Marktrecherche: Eine gründliche Recherche über branchenübliche Gehälter und Unternehmensstandards ist essenziell, um einen überzeugenden Anker zu setzen.
> Die Verwendung einer Gehaltsrange bietet Flexibilität und Spielraum für Verhandlungen. Sie legt einen Rahmen fest, innerhalb dessen Verhandlungen stattfinden können, und ermöglicht es, verschiedene Szenarien zu diskutieren, ohne sich auf eine bestimmte Summe festzulegen.
> Die Verwendung einer Gehaltsspanne und der Ankertechnik fördert eine offene Diskussion über die Vergütung, was zu einem transparenten und konstruktiven Gesprächsverlauf beiträgt. Durch diese Herangehensweise signalisierst du deinem Vorgesetzten, dass du gut informiert und bereit bist, über die Vergütung zu verhandeln und schaffst somit eine positive Verhandlungsatmosphäre.

Beide Ansätze haben ihre Berechtigung und können je nach Situation wirksam sein. Die Wahl zwischen einer klaren Wunschzahl und einer Gehaltsrange sollte daher sorgfältig und unter Berücksichtigung aller relevanten Faktoren getroffen werden.

10.3.4 Unsere Empfehlung: die Methode Gehaltsspanne – Ankertechnik

Das ist auch eine klare Empfehlung von uns. Anstatt eine feste Zahl zu nennen, gibst du eine Spanne an, die deinen Gehaltserwartungen entspricht. Zum Beispiel könntest du sagen:
„Ich stelle mir eine Vergütung in der Bandbreite von 55.000 bis 62.000 € vor."

Die Ankertechnik ist eine kraftvolle Methode, um in Gehaltsverhandlungen einen starken Ausgangspunkt zu setzen und den Verhandlungsbereich zu beeinflussen.

> **Anleitung zur Verwendung der Ankertechnik mithilfe einer Gehaltsrange**
>
> **Schritt 1:** Vorbereitung – Bevor du die Gehaltsverhandlung beginnst, führe gründliche Recherchen durch. Nutze die Informationen aus deiner Marktwertanalyse über branchenübliche Gehälter, insbesondere für die Position, die du ausübst. Nutze auch Informationen über deinen Arbeitgeber, die Unternehmenskultur und die Erwartungen an die Rolle. Je besser deine Vorbereitung ist, desto überzeugender wird dein Ansatz sein.
>
> **Schritt 2:** Die Ankertechnik einführen – Wenn es an der Zeit ist, über das Gehalt zu sprechen, kannst du die Ankertechnik verwenden, um den Ausgangspunkt für die Verhandlungen zu setzen.
> Erwähne zuerst, dass du gut vorbereitet bist und eine fundierte Vorstellung von branchenüblichen Gehältern und deinem eigenen Wert hast. Dann gib eine Gehaltsrange an, die deinen Gehaltserwartungen entspricht, aber dabei die Obergrenze deiner Erwartungen leicht überschreitet.
> Zum Beispiel: „Basierend auf meinen Recherchen und meinen Qualifikationen stelle ich mir eine Vergütung in der Bandbreite von 55.000 bis 62.000 € vor."
> Betone, dass diese Range flexibel ist und dass du bereit bist, über die genaue Höhe innerhalb dieser Spanne zu verhandeln. Verweise auf deine Recherche über branchenübliche Gehälter und statistische Daten, die deine Gehaltsrange stützen.
>
> **Schritt 3:** Begründung und Argumentation – Es ist wichtig, deine Gehaltsvorstellung mit soliden Argumenten zu untermauern. Jetzt spielen die Informationen, die du in deinen Analysebögen findest, eine große Rolle. Verweise auf deine Qualifikationen, Erfahrungen und Leistungen, die dich zu einem wertvollen Kandidaten für die Position machen. Diese und andere Punkte unterstützen deine Argumentation. Betone, wie deine

> Fähigkeiten und Beiträge das Unternehmen voranbringen und den Mehrwert deiner Arbeit für den Arbeitgeber verdeutlichen.
> **Schritt 4:** Offenheit für Diskussionen zeigen – Während du deine Gehaltsrange präsentierst, betone, dass du offen für Diskussionen und Verhandlungen bist. Du könntest sagen: „Ich bin bereit, über die genaue Vergütung zu sprechen, abhängig von den Gesamtleistungen und den Erwartungen, die das Unternehmen hat. Ich bin hier, um eine für beide Seiten vorteilhafte Lösung zu finden."
> **Schritt 5:** Verhandlungen führen – Nachdem du die Ankertechnik eingeführt hast, wird die Verhandlung in der Regel in Bewegung gesetzt. Sei vorbereitet, auf Ablehnungen, Gegenangebote und Fragen des Vorgesetzten zu reagieren. Sei flexibel und zeige Verhandlungsbereitschaft, während du deine Argumente weiterhin klar und überzeugend präsentierst.

Die Anwendung der Ankertechnik kann äußerst effektiv sein, wenn sie geschickt angewendet wird. Sie erlaubt es dir, den Verhandlungsschwerpunkt auf eine von dir festgelegte Spanne zu lenken, die deinen Interessen zugutekommt und gleichzeitig offen für Verhandlungen zu bleiben.

Der Vorteil dieser Methode ist, dass sie Flexibilität signalisiert und Raum für Verhandlungen bietet. Sie zeigt, dass du offen für Diskussionen bist und bereit bist, dich auf verschiedene Lösungen einzulassen.

Die Wahl zwischen einer klaren Wunschzahl und einer Gehaltsrange hängt von verschiedenen Faktoren ab. Wenn du dich in einer starken Verhandlungsposition befindest und von der Angemessenheit deiner Forderung überzeugt bist, kann eine klare Wunschzahl wirksam sein. Andererseits kann eine Gehaltsrange in Situationen sinnvoll sein, in denen Flexibilität und Verhandlungsbereitschaft gefragt sind.

Unabhängig von der Methode, die du wählst, ist es wichtig, deine Argumente und Begründungen für die gewünschte Vergütung klar zu präsentieren, um deine Position zu untermauern.

Teil IV

Tipps und Anregungen zur praktischen Umsetzung

11
Begründungen für eine Gehaltsanpassung, die du unbedingt vermeiden solltest

In einer Gehaltsverhandlung ist es wichtig, sich auf relevante und angemessene Gründe für eine Gehaltsanpassung zu konzentrieren und bestimmte Themen zu vermeiden, da sie unprofessionell oder ungeeignet wirken können.

Dazu gehören:

Persönliche finanzielle Schwierigkeiten
Es ist nicht angebracht, persönliche finanzielle Probleme oder Schulden als Grund für eine Gehaltsanpassung anzuführen. Die Erwähnung persönlicher finanzieller Schwierigkeiten in einer Gehaltsverhandlung sollte aus nachfolgenden Gründen vermieden werden:

- Gehaltsverhandlungen sind in erster Linie berufliche Gespräche. Die Einbeziehung persönlicher finanzieller Probleme kann als unprofessionell angesehen werden und die Verhandlung ist nicht der richtige Rahmen, um private Angelegenheiten zu besprechen.
- Gehaltsverhandlungen sollten sich auf den Mehrwert konzentrieren, den du für das Unternehmen bringst. Die Verwendung persönlicher finanzieller Schwierigkeiten lenkt vom Kern der Verhandlung ab und

kann deine beruflichen Stärken und Erfolge in den Hintergrund drängen.
- Das Hervorheben persönlicher finanzieller Schwierigkeiten kann unbeabsichtigt Mitleid erregen. Die Zielsetzung einer Gehaltsverhandlung sollte jedoch darin bestehen, deine Gehaltsanpassung auf Verdienst und Qualifikationen zu stützen, nicht auf Mitleid.
- Die Erwähnung finanzieller Schwierigkeiten kann von Vorgesetzten oder HR-Mitarbeitern als Zeichen von Geldnot oder schlechter finanzieller Planung interpretiert werden. Dies könnte deine Verhandlungsposition schwächen, da es Zweifel an deinem finanziellen Management und deiner Stabilität aufkommen lassen könnte.
- Persönliche finanzielle Informationen sollten vertraulich behandelt werden. Das Teilen solcher Details in einer Gehaltsverhandlung kann unangemessen sein und deine Privatsphäre verletzen.

Es ist ratsam, sich auf objektive und berufsbezogene Argumente zu konzentrieren, die deine Gehaltsanpassung stützen, wie zum Beispiel deinen Beitrag zum Unternehmen, deine berufliche Entwicklung und die Bedeutung deiner Rolle innerhalb des Unternehmens. Die Gewichtung von professionellen Faktoren in einer Gehaltsverhandlung führt normalerweise zu besseren Ergebnissen und trägt dazu bei, die Gespräche auf einem professionellen und respektvollen Niveau zu halten.

Vergleich mit Kollegen
Das Heranziehen von Vergleichen mit Kollegen in einer Gehaltsverhandlung ist eine heikle Angelegenheit und kann das Arbeitsklima belasten. Konzentriere dich auf deine eigenen Erfolge und Stärken.

Gehälter sind oft vertrauliche Informationen, und nicht alle Kollegen sind bereit, ihre Gehälter offenzulegen. Das Heranziehen von Gehaltsvergleichen kann daher als Verletzung der Privatsphäre angesehen werden und möglicherweise zu Unruhe im Team führen. Die Gehaltsstrukturen in Unternehmen können auf verschiedenen Faktoren beruhen, darunter Qualifikationen, Erfahrung, Leistungen und Verhandlungsgeschick. Das bloße Vergleichen von Gehältern berücksichtigt möglicherweise nicht diese wichtigen Unterschiede.

Das Hervorheben von Gehaltsunterschieden zwischen Kollegen kann zu Konflikten und Unruhe führen. Dies kann die Teamdynamik und die Zusammenarbeit beeinträchtigen. Viele Gehaltsvergleiche basieren oft auf Annahmen und Gerüchten, da die genauen Gehaltsinformationen normalerweise nicht öffentlich zugänglich sind. Wenn du dich auf diese Gehaltsvergleiche stützt, könntest du falsche Vorstellungen über die tatsächlichen Verdienste deiner Kollegen haben. Dies könnte dazu führen, dass du deine eigene Gehaltsanpassung auf ungültigen oder ungenauen Informationen aufbaust.

In einer Gehaltsverhandlung ist es effektiver, sich auf deinen eigenen Beitrag und die Bedeutung deiner Rolle im Unternehmen zu konzentrieren. Stelle klar dar, warum du eine Gehaltsanpassung verdienst, basierend auf objektiven Kriterien wie deiner Rolle, deinen Aufgaben und deinen individuellen Erfolgen. Dies ermöglicht eine sachliche und professionelle Diskussion über dein Gehalt und vermeidet potenzielle Differenzen oder Konflikte im Team.

Persönliche Probleme oder Konflikte
Persönliche Probleme oder Konflikte mit Kollegen oder Vorgesetzten sollten in Gehaltsverhandlungen keine Rolle spielen.

Dies kann als Versuch wahrgenommen werden, Mitleid zu erregen, denn Gehaltsverhandlungen sollten sich auf berufliche Angelegenheiten konzentrieren, da das Gehalt in erster Linie auf deinem Beitrag und deinen Fähigkeiten basiert.

Die Einbeziehung persönlicher Probleme oder Konflikte lenkt vom eigentlichen Verhandlungsziel ab.

Das Hervorheben persönlicher Probleme oder Konflikte kann auch als unprofessionell angesehen werden. Es ist wichtig, die Professionalität in Gehaltsverhandlungen aufrechtzuerhalten und den Fokus deine Stärken zu legen.

Das Einbringen persönlicher Probleme oder Konflikte kann dazu führen, dass die Verhandlungen in persönliche Auseinandersetzungen abgleiten. Dies ist nicht konstruktiv und kann das Gesprächsklima belasten.

Persönliche Probleme oder Konflikte als Druckmittel in Gehaltsverhandlungen einzusetzen, ist normalerweise keine effektive Strategie.

Vorgesetzte oder Human Resources -Mitarbeiter werden wahrscheinlich auf berufliche und objektive Kriterien achten, um eine Entscheidung zu treffen.

Persönliche Probleme und Konflikte sind oft vertrauliche Angelegenheiten und sollten nicht öffentlich diskutiert werden. Das Teilen solcher Informationen kann die Privatsphäre verletzen und unangemessen sein.

Es ist ratsam, in Gehaltsverhandlungen auf objektive und berufsbezogene Argumente zu setzen, um eine Gehaltsanpassung zu rechtfertigen. Konzentriere dich auf deine Stärken und den Mehrwert, den du für das Unternehmen bringst. Auf diese Weise bleibst du professionell und zielorientiert, was die Wahrscheinlichkeit erhöht, dass deine Gehaltsanpassung erfolgreich ist. Persönliche Angelegenheiten sollten in separaten Gesprächen oder in einem vertraulichen Rahmen behandelt werden, wenn dies erforderlich ist.

Unbegründetes Eigenlob
Übertreibungen deiner Leistungen oder Qualifikationen können unprofessionell wirken. Beteilige dich stattdessen an einer ausgewogenen Diskussion über deine Erfolge.

Unbegründetes Eigenlob, bei dem du deine Leistungen oder Qualifikationen übermäßig positiv darstellst, können deine Glaubwürdigkeit untergraben. Vorgesetzte und HR-Mitarbeiter schätzen Ehrlichkeit und Realismus in Gehaltsverhandlungen.

Vertrauen ist in beruflichen Beziehungen von entscheidender Bedeutung. Wenn du unbegründetes Eigenlob nutzt, um deine Gehaltsanpassung zu unterstützen, kann dies das Vertrauen deiner Vorgesetzten oder Kollegen in Frage stellen.

Eigenlob ist oft subjektiv und emotional gefärbt und kann daher in Gehaltsverhandlungen wenig überzeugend sein.

Statt dich auf unbegründetes Eigenlob zu verlassen, ist es effektiver, konkrete Beispiele für deine Leistungen und Qualifikationen anzuführen. Diese Beispiele sind überzeugender und veranschaulichen, warum du eine Gehaltsanpassung verdienst.

Unbegründetes Eigenlob kann als arrogant oder egoistisch wahrgenommen werden, was die Kommunikation in der Verhandlung erschwert. Eine kooperative und respektvolle Gesprächsführung ist in Gehaltsverhandlungen oft effektiver.

Es ist wichtig, in Gehaltsverhandlungen bescheiden, aber selbstbewusst und sachlich aufzutreten. Stütze deine Gehaltsanpassung auf nachweisbare Erfolge und Beispiele deiner Leistungen. Dies wird von Vorgesetzten und HR-Mitarbeitern in der Regel besser akzeptiert und führt zu besseren Ergebnissen in der Verhandlung.

Kurzfristige Bedürfnisse
Gehaltsverhandlungen sollten langfristig orientiert sein. Vermeide es, kurzfristige Bedürfnisse als Hauptgrund für eine Erhöhung anzugeben.

Kurzfristige persönliche Bedürfnisse wie geplante Urlaube, Anschaffungen oder finanzielle Engpässe sind in Gehaltsverhandlungen in der Regel nicht relevant.

Das Hervorheben kurzfristiger persönlicher Bedürfnisse kann den Eindruck erwecken, dass diese wichtiger sind als berufliche Leistungen und Beiträge. Dies kann deine Verhandlungsposition schwächen.

Kurzfristige persönliche Bedürfnisse sind oft subjektiv und emotional geprägt, was in einer Verhandlung wenig überzeugend ist.

Arbeitgeber erwarten, dass Gehaltsverhandlungen auf eine Win-win-Situation abzielen, bei der sowohl die Interessen des Mitarbeiters als auch des Unternehmens berücksichtigt werden. Das Hervorheben kurzfristiger persönlicher Bedürfnisse kann den Eindruck erwecken, dass deine eigenen Interessen über den Interessen des Unternehmens stehen.

Gehaltsverhandlungen sollten eine langfristige Perspektive berücksichtigen. Das Einbringen kurzfristiger Bedürfnisse kann den Eindruck erwecken, dass du nur kurzfristig denkst und nicht langfristig zum Erfolg des Unternehmens beitragen möchtest.

In einer Gehaltsverhandlung ist es ratsam, sich auf objektive und berufliche Argumente zu konzentrieren, die deine Gehaltsanpassung rechtfertigen. Der Fokus auf berufliche Faktoren und langfristige Ziele führt normalerweise zu besseren Ergebnissen und trägt dazu bei, die Verhandlung auf einem professionellen Niveau zu halten. Kurzfristige persönliche Bedürfnisse sollten in der Regel in separaten Gesprächen oder in einem angemessenen Rahmen behandelt werden.

Persönliche Angelegenheiten
Themen wie Gesundheitsprobleme, Familienangelegenheiten oder persönliche Krisen sollten in einer Gehaltsverhandlung vermieden werden. Das Gespräch sollte sich auf deinen Beitrag und deine Rolle im Unternehmen konzentrieren.

Gehaltsverhandlungen sollten sich auf die berufliche Sphäre konzentrieren, da das Gehalt in erster Linie auf deinem Beitrag und deiner Bedeutung für das Unternehmen basiert. Persönliche Angelegenheiten haben in diesem Kontext normalerweise wenig Relevanz.

Persönliche Angelegenheiten sind oft subjektiv und emotional geprägt. Die Einbeziehung persönlicher Angelegenheiten kann daher in der Verhandlung wenig überzeugend sein.

Das Hervorheben persönlicher Angelegenheiten in einer Gehaltsverhandlung kann als unprofessionell angesehen werden und den Eindruck erwecken, dass die Verhandlung nicht ernsthaft geführt wird.

Persönliche Angelegenheiten sind oft vertrauliche und private Angelegenheiten. Das Teilen solcher Informationen in einer Gehaltsverhandlung kann unangemessen sein und die Privatsphäre verletzen.

Die meisten persönlichen Angelegenheiten haben keine direkte Verbindung zur beruflichen Leistung oder Qualifikation. In Gehaltsverhandlungen sollten Argumente vorgebracht werden, die auf nachweisbaren beruflichen Erfolgen und Qualifikationen beruhen.

Es ist ratsam, sich auf erfolgreiche Umsetzungen in deiner Rolle im Unternehmen und auf Erfolgsgeschichten zu konzentrieren, um eine Gehaltsanpassung zu rechtfertigen.

Der Fokus auf berufliche Faktoren führt normalerweise zu besseren Ergebnissen und trägt dazu bei, die Verhandlung auf einem professionellen und respektvollen Niveau zu halten. Persönliche Angelegenheiten sollten in separaten Gesprächen oder in einem angemessenen Rahmen behandelt werden, wenn dies erforderlich ist.

Allgemeine Unzufriedenheit
Die bloße Aussage, dass du unzufrieden mit deinem aktuellen Gehalt oder deiner beruflichen Situation bist, ist zu vage. Konzentriere dich stattdessen auf deine beruflichen Ziele.

„Allgemeine Unzufriedenheit" ist eine vage und subjektive Aussage. Ohne konkrete Beispiele oder nachvollziehbare Gründe wird es schwierig, die Ursachen der Unzufriedenheit zu verstehen und angemessen darauf zu reagieren.

Das Hervorheben von Unzufriedenheit, ohne klare Gründe oder Belege vorzulegen, kann als unprofessionell wahrgenommen werden. In Gehaltsverhandlungen ist es wichtig, objektiv und sachlich aufzutreten.

Unzufriedenheit allein ist keine ausreichende Grundlage für eine Gehaltsanpassung.

Allgemeine Unzufriedenheit kann zu Verwirrung und Missverständnissen führen. Es ist wichtig, klar und präzise zu kommunizieren, um sicherzustellen, dass die Gründe für eine Gehaltsanpassung gut verstanden werden.

Die bloße Erwähnung von Unzufriedenheit ohne klare Begründung kann die Arbeitsatmosphäre negativ beeinflussen und zu Spannungen führen.

In Gehaltsverhandlungen ist es wichtig, konkrete, nachvollziehbare Argumente und erfolgreiche Umsetzungen in deiner Rolle vorzubringen, um eine Gehaltsanpassung zu rechtfertigen. Klare und professionelle Kommunikation ist entscheidend, um eine erfolgreiche Verhandlung zu führen und sicherzustellen, dass deine Anliegen angemessen berücksichtigt werden.

Arbeitsplatzwechsel ohne konkrete Angebote
Andeutungen über einen Arbeitsplatzwechsel, ohne konkrete Angebote oder schriftliche Bestätigungen von anderen Unternehmen, können nach hinten losgehen und deine Glaubwürdigkeit untergraben.

In einer Gehaltsverhandlung sollte man einen möglichen Arbeitsplatzwechsel nur dann erwähnen, wenn ein konkretes und schriftliches Angebot vorliegt.

Ein Wechsel ohne tatsächliches Angebot ist nicht konkret und basiert auf Spekulationen. Es fehlt an Substanz, um eine Gehaltsanpassung zu rechtfertigen und es kann schwer nachvollziehbar sein, wie ernsthaft der Wechsel in Betracht gezogen wird. In Gehaltsverhandlungen ist es wichtig, über eine solide Verhandlungsbasis zu verfügen. Ein vages Angebot eines Arbeitsplatzwechsels bietet keine solide Grundlage, um ernsthaft über eine Gehaltsanpassung zu verhandeln. Das Erwähnen eines Arbeitsplatzwechsels ohne konkrete Offerte kann wie eine leere Drohung wirken. Arbeitgeber könnten skeptisch sein und erwarten, dass du in Wirklichkeit nicht wechseln wirst. Dies könnte sich negativ auf die Beziehung und die Arbeitsatmosphäre auswirken.

Eine Drohung ohne eine solide Grundlage kann als unprofessionell angesehen werden. Es ist wichtig, in Gehaltsverhandlungen professionell und ehrlich aufzutreten.

Wenn du ernsthaft in Betracht ziehst, deinen Arbeitsplatz zu wechseln, ist es ratsam, zuerst ein tatsächliches schriftliches Angebot von einem anderen Arbeitgeber einzuholen. Auf dieser Grundlage kannst du dann eine Gehaltsverhandlung führen, bei der du auf das konkrete Angebot und seine Bedingungen Bezug nehmen kannst. Das bietet eine solide Grundlage für die Verhandlung und erhöht die Wahrscheinlichkeit eines erfolgreichen Ergebnisses.

Forderndes oder aggressives Verhalten
Eine aggressive Verhandlungstaktik, die Drohungen, Schuldzuweisungen oder unangemessene Forderungen beinhaltet, ist selten erfolgreich und kann zu einem negativen Ergebnis führen.

Stattdessen sollte eine Gehaltsverhandlung auf fundierten Argumenten und belegbaren Leistungen basieren. Es ist wichtig, den Fokus auf die berufliche Seite der Dinge zu legen und den Prozess respektvoll und professionell zu gestalten, denn ein aggressives Verhalten kann das Verhandlungsklima vergiften und zu Konflikten führen. In einer Gehaltsverhandlung ist eine kooperative und respektvolle Kommunikation entscheidend, um zu guten Ergebnissen zu gelangen.

Dieses Verhaltensmuster wird einen negativen Eindruck hinterlassen und die Beziehung zu deinem Vorgesetzten oder HR-Mitarbeitern belasten. Dies könnte sich langfristig auf deine berufliche Situation auswirken.

In Gehaltsverhandlungen ist professionelles Verhalten von größter Bedeutung. Konfrontatives Verhalten wird oft als unprofessionell angesehen und kann den Eindruck erwecken, dass du nicht in der Lage bist, in geschäftlichen Angelegenheiten angemessen zu handeln.

Zudem kann diese Verhaltensmuster als Versuch der Einschüchterung wahrgenommen werden. Dies kann dazu führen, dass dein Gegenüber defensiv reagiert und weniger geneigt ist, deinem Anliegen nachzukommen.

Eine aggressive Verhandlungsstrategie ist in der Regel nicht effektiv, da sie oft zu Gegenaggressivität führt und die Wahrscheinlichkeit eines für beide Seiten akzeptablen Ergebnisses verringert.

In Gehaltsverhandlungen ist es ratsam, einen respektvollen und sachlichen Ansatz zu wählen. Konzentriere dich auf klare und nachvollziehbare Argumente, die deine Gehaltsanpassung rechtfertigen, wie beispielsweise deine Fähigkeiten und den Mehrwert, den du für das Unternehmen bringst. Eine kooperative und professionelle Kommunikation ist in der Regel effektiver und führt zu besseren Ergebnissen.

12
Auch auf deinen Gesprächspartner solltest du dich vorbereiten

In Gehaltsverhandlungen sind verschiedene Sprachmuster im Spiel und diese Muster spiegeln oft unterschiedliche Persönlichkeitstypen wider. Es ist interessant zu sehen, wie verschiedene Menschen je nach ihrer Natur und Präferenz bestimmte Kommunikationsstile bevorzugen. Dein Kommunikationsstil in einer Gehaltsverhandlung kann viel über deine Persönlichkeit aussagen. Lass uns einen genaueren Blick darauf werfen, wie diese Sprachmuster mit verschiedenen Persönlichkeitstypen in Verbindung stehen können.

Es ist äußerst wichtig, Kenntnisse über unterschiedliche Persönlichkeiten in Gehaltsverhandlungen zu haben. Jeder Verhandlungspartner hat eine einzigartige Persönlichkeit, die sein Verhalten, seine Präferenzen und seine Reaktionen auf Verhandlungen beeinflusst.

Du musst diese Unterschiede verstehen.

Indem du die Persönlichkeit deines Verhandlungspartners verstehst, kannst du deine Verhandlungsstrategie anpassen. Einige Menschen bevorzugen klare, sachliche Argumente, während andere auf emotionale Ansprachen reagieren. Ein Verständnis der Persönlichkeit hilft dir, die richtige Herangehensweise zu wählen.

Unterschiedliche Persönlichkeitstypen haben auch unterschiedliche Kommunikationsvorlieben. Einige sind sehr direkt, während andere subtilere Hinweise bevorzugen. Wenn du die Persönlichkeit deines Verhandlungspartners kennst, kannst du effektiver kommunizieren.

Auch die Bedürfnisse und Interessen sind sehr unterschiedlich. Indem du diese verstehst, kannst du Verhandlungsangebote entwickeln, die für deinen Verhandlungspartner attraktiv sind.

Es ist auch nicht ungewöhnlich, dass Konflikte während Verhandlungen auftreten. Ein Verständnis für die Persönlichkeit deines Verhandlungspartners kann dabei helfen, Konflikte auf eine Art und Weise zu lösen, die für beide Seiten akzeptabel ist.

Insgesamt ermöglicht ein Verständnis unterschiedlicher Persönlichkeiten in Gehaltsverhandlungen eine effektivere und harmonischere Kommunikation. Es kann dazu beitragen, Konflikte zu minimieren und die Chancen auf eine erfolgreiche Verhandlung zu erhöhen.

12.1 Eine Einführung in das Thema Persönlichkeitsmerkmale

An dieser Stelle möchten wir einen kurzen Blick auf einige Kommunikationsnuancen, die mit verschiedenen Persönlichkeitstypen in Verbindung stehen können, werfen. Du musst wissen, dass die menschliche Persönlichkeit äußerst vielschichtig ist, unsere Kommunikation von vielen Faktoren beeinflusst wird und diese Muster nur eine oberflächliche Einführung in das Thema bietet.

Beziehungsorientierte Menschen betonen oft zwischenmenschliche Beziehungen und zeigen Empathie in ihrer Kommunikation. Initiative Persönlichkeiten verwenden aktive Verben und fokussieren auf Ergebnisse und Lösungen. Gewissenhafte Personen legen Wert auf Genauigkeit und Details und verwenden präzise Sprache. Dominante Persönlichkeiten bevorzugen direkte Aussagen und betonen Autorität.

Das Erkennen der Typologie deines Gesprächspartners in einer Gehaltsverhandlung ist von entscheidender Bedeutung, da es viele Aspekte des Verhandlungsprozesses positiv beeinflusst. Eine individuell angepasste Kommunikation ist der Schlüssel, um sicherzustellen, dass deine Botschaft klar und überzeugend übermittelt wird. Menschen haben unterschiedliche Kommunikationspräferenzen und -stile und indem du diese berücksichtigst, kannst du Missverständnisse minimieren und die Effektivität deiner Kommunikation steigern.

12.2 Unterschiedliche Persönlichkeitsmodelle

Es gibt eine Vielzahl von Persönlichkeitsmodellen, die dazu dienen, die unterschiedlichen Aspekte der menschlichen Persönlichkeit zu analysieren und zu verstehen.

Jedes dieser Modelle bietet eine einzigartige Perspektive und Herangehensweise zur Untersuchung der menschlichen Persönlichkeit. Sie finden Anwendung in verschiedenen Kontexten wie persönlicher Entwicklung, Coaching, Karriereplanung und psychologischer Forschung und tragen dazu bei, die Vielfalt und Komplexität der menschlichen Persönlichkeit besser zu verstehen.

In unseren Verhandlungstrainings arbeiten wir mit dem DISG-Modell (Dauth, 2019). Das DISG-Modell ist ein Persönlichkeitsbewertungssystem, das Individuen in vier grundlegende Persönlichkeitstypen oder Verhaltensstile einteilt. Die Buchstaben „DISG" repräsentieren die vier Hauptdimensionen dieses Modells:

- Dominanz (D): Personen, die in diese Kategorie fallen, sind oft dominant, durchsetzungsstark und entscheidungsfreudig. Sie neigen dazu, sich auf Ergebnisse und Effizienz zu fokussieren und sind bereit, Konflikte anzugehen.
- Initiativ (I): Diese Personen sind oft extrovertiert, enthusiastisch und sozial. Sie bevorzugen Zusammenarbeit, sind begeisterungsfähig und haben oft das Bedürfnis, soziale Beziehungen zu pflegen.
- Stetigkeit (S): Menschen mit diesem Verhaltensstil sind oft ruhig, geduldig und zuverlässig. Sie suchen nach Stabilität, sind gute Zuhörer und bevorzugen eine ruhige und konsistente Umgebung.
- Gewissenhaftigkeit (G): Gewissenhafte Personen sind oft akribisch, analytisch und detailorientiert. Sie bevorzugen eine präzise und gut

durchdachte Vorgehensweise und sind perfektionistisch in ihrer Arbeit.

Durch die Anwendung des DISG-Modells in Verhandlungen kannst du bessere Ergebnisse erzielen, da du deine Verhandlungsstrategie und -taktik an die spezifischen Bedürfnisse und Erwartungen der Beteiligten anpasst.

Insgesamt ermöglicht das DISG-Modell eine gezielte und individuelle Herangehensweise an Verhandlungen, die die Wahrscheinlichkeit für erfolgreiche Ergebnisse erhöht. Es ist eine nützliche Methode, um die zwischenmenschliche Kommunikation und Interaktion zu optimieren.

> **Wichtige Anmerkung** Im DISG-Modell sind die vier Hauptfarben – Dominanz (Rot), Initiative (Gelb), Stetigkeit (Grün) und Gewissenhaftigkeit (Blau) – tatsächlich bei jeder Person vorhanden, jedoch in unterschiedlicher Ausprägung und Kombination. Jeder Mensch vereint alle vier dieser Persönlichkeitsmerkmale in sich, in individuell einzigartigen Mischungen und Proportionen.

Diese Vielfalt an Persönlichkeitsausprägungen ist es, die unsere Interaktionen mit anderen so reichhaltig und facettenreich macht. Das DISG-Modell hilft uns, diese Vielfalt zu verstehen und ermöglicht es uns, besser auf die Bedürfnisse und Präferenzen anderer Menschen einzugehen, indem wir ihre individuellen Persönlichkeitsmerkmale erkennen und respektieren.

12.2.1 Der dominante Typ

Dominante Menschen sind durch ihr selbstbewusstes, entschlossenes und zielorientiertes Verhalten erkennbar, oft mit einer starken Präsenz und hoher Durchsetzungskraft. In Konflikten vertreten sie laut und bestimmt ihre Meinung. Ihr Verhaltensmuster zeichnet sich durch Leadership, schnelle Entscheidungen und Fokus auf Ergebnisse aus. Die dominante Persönlichkeit ist in Verhandlungen selbstsicher, kommunikativ und energisch. Jedoch können Schwierigkeiten in langfristigen

Beziehungen und eine gelegentliche Tendenz zu Aggressivität auftreten. In Verhandlungen ist es wichtig, kooperative Lösungen zu bieten, standhaft zu bleiben und klare Kommunikation sowie aktives Zuhören zu praktizieren. Handlungsempfehlungen betonen Vorbereitung, Selbstsicherheit, das Finden gemeinsamer Interessen und das Setzen klarer Grenzen. Alternativen sollten erwogen werden, um eine faire Vereinbarung zu sichern.

Die Vorbereitung auf diesen Typ
Wenn du dich auf Verhandlungen mit einem dominanten Typen vorbereitest, ist eine strategische Herangehensweise entscheidend. Beginne mit einer eingehenden Selbstreflexion, analysiere deine Ziele, Interessen und Prioritäten. Kenne deine Position und identifiziere klare Argumente, die deine Forderungen unterstützen. Dabei ist es wichtig, realistische Erwartungen zu setzen, um Enttäuschungen zu vermeiden.

Informationsbeschaffung spielt eine Schlüsselrolle. Stelle sicher, dass du alle relevanten Informationen über deine Leistungen, Qualifikationen und den aktuellen Marktwert deiner Fähigkeiten kennst. Je besser du vorbereitet bist, desto selbstbewusster kannst du auftreten.

Definiere klare Ziele für die Verhandlung und überlege, was für dich akzeptabel ist. Setze Prioritäten und bereite klare, präzise Botschaften vor, um deine Forderungen und Gründe deutlich zu kommunizieren. Dominante Menschen schätzen Selbstvertrauen, also trainiere deine Selbstsicherheit in Körpersprache und Stimme.

Entwickle eine kluge Argumentationsstrategie, die nicht nur finanzielle Aspekte, sondern auch deinen Beitrag zum Unternehmenserfolg betont. Sei standhaft bei deinen Positionen, bleibe jedoch respektvoll. Dominante Menschen testen oft die Standhaftigkeit ihrer Verhandlungspartner.

Denke im Voraus über alternative Optionen und Lösungen nach, falls Kompromisse notwendig sind. Das zeigt Flexibilität und den Willen zur Zusammenarbeit. Erwäge, einen unabhängigen Dritten, wie einen Personalvermittler oder Anwalt, einzubeziehen, um die Verhandlung auszubalancieren.

Bewahre während der Verhandlung Selbstkontrolle und Ruhe. Lass dich nicht von der Dominanz deines Verhandlungspartners einschüchtern und bleibe fokussiert auf deine Ziele. Mit einer gründlichen Vorbereitung und einer klugen Verhandlungsstrategie kannst du effektiv mit einem dominanten Verhandlungspartner umgehen und erfolgreich deine Ziele in Gehaltsverhandlungen erreichen.

> **10 Tipps für deine Kommunikation mit dominanten Persönlichkeiten**
> 1. **Nutze die direkte Kommunikation** – Dominante Personen schätzen klare und prägnante Kommunikation. Vermeide Umschweife und komme schnell zum Punkt.
> 2. **Trete selbstbewusst und durchsetzungsfähig auf** – Dominante Persönlichkeiten sind oft selbstbewusst und durchsetzungsfähig. Stimmen seiner Energie zu, indem du deine Gedanken und Meinungen selbstbewusst äußerst.
> 3. **Spreche mit klarer und starker Stimme** – Dominante Personen neigen dazu, entschlossen und handlungsorientiert zu sein. Spreche mit klarer und starker Stimme, um deine Botschaft effektiv zu vermitteln.
> 4. **Halte Augenkontakt** – Augenkontakt zeigt Respekt und Engagement. Halte Augenkontakt mit der dominanten Person, um zu zeigen, dass du aufmerksam bist und du dich für das interessierst, was er zu sagen hat.
> 5. **Höre aktive zu** – Während dominante Personen gerne reden, schätzen sie es auch, gehört zu werden. Höre seinen Ideen und Perspektiven aktiv zu, ohne ihn zu unterbrechen.
> 6. **Erkenne die Leistungen an** – Dominante Persönlichkeiten sind oft zielstrebig und ehrgeizig. Erkenne seine Leistungen und Erfolge an, um zu zeigen, dass du ihren Wert schätzt.
> 7. **Sie bereit deine Behauptungen zu untermauern** – Dominante Personen respektieren logische Argumente und Beweise. Sei immer bereit, deine Aussagen mit Fakten und Daten zu untermauern.
> 8. **Sei offen für das Feedback** – Dominante Persönlichkeiten haben keine Angst vor Feedback, auch wenn es direkt oder kritisch ist. Sei offen für ihr Feedback und nutze es, um deine Leistung zu verbessern.
> 9. **Vermeide persönliche Angriffe oder emotionale Ausbrüche** – Dominante Personen neigen dazu, rational und objektiv zu sein. Vermeide es, persönlich oder emotional zu werden, da dies die Situation verschärfen könnte.
> 10. **Achte auf dein professionelles Auftreten** – Auch wenn du mit einer dominanten Person nicht einverstanden bist, bleibe bei einem professionellen und respektvollen Auftreten. Vermeide es, defensiv oder streitsüchtig zu werden.

Mögliche Stolperfallen
Bei Gehaltsverhandlungen mit dominanten Verhandlungspartnern ist eine gezielte Vorbereitung entscheidend, um erfolgreich zu agieren. Es gilt jedoch auch, bestimmte Vorgehensweisen zu vermeiden, um eine positive und respektvolle Verhandlungsumgebung zu schaffen.

Dominante Menschen schätzen Kontrolle und Entscheidungsfreude. Übermäßiger Widerstand oder konfrontatives Verhalten können zu unnötigen Konflikten führen. Stattdessen ist es ratsam, kooperative Lösungen anzubieten, um eine positive Atmosphäre zu schaffen.

Die Standhaftigkeit des Verhandlungspartners wird oft getestet. Zu nachgiebiges Verhalten kann als Schwäche interpretiert werden. Daher ist es wichtig, bei den eigenen Positionen und Argumenten zu bleiben, um Respekt und Glaubwürdigkeit zu wahren.

Konfrontative Kommunikation sollte vermieden werden. Statt in einen Machtkampf zu geraten, sollte die Kommunikation sachlich und respektvoll sein. Klare und präzise Informationen werden von dominanten Menschen geschätzt.

Es ist entscheidend, nicht nur auf die eigenen Ziele zu fokussieren, sondern auch die Bedürfnisse des Verhandlungspartners zu berücksichtigen. Unerwartete Wendungen oder Forderungen sollten vermieden werden, um eine stabile Verhandlungsumgebung zu gewährleisten.

Selbstsicherheit und Vertrauen sind in der Kommunikation mit dominanten Persönlichkeiten von Bedeutung. Unsicheres Auftreten könnte als Schwäche interpretiert werden, daher ist Selbstsicherheit angebracht.

Dominante Menschen bevorzugen einen zügigen Verhandlungsprozess. Übermäßige Verzögerungen oder ineffiziente Verhandlungsführung sollten vermieden werden. Eine klare und effiziente Kommunikation ist entscheidend.

Vage oder unklare Kommunikation kann zu Missverständnissen führen. Dominante Menschen schätzen klare und präzise Informationen, daher sollte die Botschaft deutlich und gut strukturiert sein.

Gründlichkeit und Vorbereitung werden geschätzt. Mangelnde Vorbereitung sollte vermieden werden, um einen kompetenten Eindruck zu hinterlassen.

Indem du diese Vorgehensweisen vermeidest und stattdessen auf eine kluge, respektvolle und gut vorbereitete Kommunikation setzt, kannst du erfolgreich mit einem dominanten Verhandlungspartner interagieren und deine Ziele in Gehaltsverhandlungen wirksam vertreten.

12.2.2 Der initiative Typ

Die initiative Persönlichkeit zeichnet sich durch hohe Energie, Risikobereitschaft und Kreativität aus. Diese Menschen übernehmen gerne Verantwortung und treffen schnell Entscheidungen, sind jedoch manchmal impulsiv. Ihr zentrales Interesse gilt neuen Möglichkeiten und der Sinnhaftigkeit von Handlungen. Typische Stärken sind Kreativität, Überzeugungskraft und Flexibilität, während Ungeduld und Risikofreude als Schwächen gelten.

In Verhandlungen bevorzugen initiative Menschen Effizienz und klare Entscheidungen. Zu vermeidende Verhaltensweisen sind unklare Kommunikation, übermäßige Komplexität, fehlende Entschlossenheit oder Dominanz. Eine erfolgreiche Verhandlung erfordert klare Ziele, strukturierte Kommunikation und Respekt für die Zeit des Verhandlungspartners. Empfehlungen für den Umgang umfassen die Wertschätzung ihres Initiationsgeistes, Offenheit für kreative Vorschläge und die Betonung langfristiger Erfolge.

Die Vorbereitung auf diesen Typ
Die Vorbereitung auf die Zusammenarbeit mit einer initiativen Persönlichkeit ist entscheidend für eine erfolgreiche und produktive Interaktion. Initiativ Menschen zeichnen sich durch ihre Energie, Entscheidungsfreude und Kreativität aus. Um optimal mit ihnen zusammenzuarbeiten, ist es wichtig, einige Schlüsselaspekte zu berücksichtigen.

Ein zentraler Punkt ist die Schätzung von Energie und Schnelligkeit. Initiative Menschen bevorzugen einen effizienten Arbeitsstil, daher ist es ratsam, sich auf ein gewisses Tempo bei der Umsetzung von Aufgaben einzustellen und aktiv am Arbeitstempo teilzunehmen.

Die Kommunikation spielt ebenfalls eine entscheidende Rolle. Klarheit und Präzision sind für initiative Persönlichkeiten von großer

Bedeutung. Daher sollte die Kommunikation deutlich strukturiert und auf den Punkt gebracht sein, um Missverständnisse zu vermeiden und effektiv Informationen auszutauschen.

Entscheidungsfreude ist ein weiteres charakteristisches Merkmal. Unsicherheit oder zögerliches Verhalten werden nicht geschätzt. Bereite dich darauf vor, klare Entscheidungen zu treffen und zeige Entschlossenheit in deinem Handeln, um den Erwartungen gerecht zu werden.

Initiative Menschen sind oft auf der Suche nach neuen Möglichkeiten und Ideen. Hier ist es hilfreich, offen für kreative Ansätze zu sein und selbst innovative Lösungen vorzuschlagen. Dies zeigt nicht nur Wertschätzung für ihren Antrieb zur Verbesserung, sondern fördert auch die Zusammenarbeit.

Flexibilität ist ein Schlüsselaspekt, da diese Persönlichkeiten sich schnell an Veränderungen anpassen. Sei bereit, flexibel zu arbeiten und dich auf neue Herausforderungen einzulassen, um ihre Anpassungsfähigkeit zu unterstützen.

Bei der Zusammenarbeit sollte die Betonung auf Effizienz liegen. Initiative Menschen schätzen es, wenn Projekte effizient vorangehen. Vermeide übermäßige Detailverliebtheit und halte den Fokus auf den Hauptzielen, um eine reibungslose Zusammenarbeit zu gewährleisten.

Die Definition klarer Ziele und Prioritäten ist ein weiterer Erfolgsfaktor. Initiative Menschen schätzen Projekte mit klarem Fahrplan und ausgerichteten Zielen. Daher ist es wichtig, vor der Zusammenarbeit klare Ziele und Prioritäten festzulegen.

Schließlich ist ein selbstbewusstes Auftreten von Bedeutung, da initiative Persönlichkeiten oft selbstbewusst agieren. Zeige Selbstvertrauen in deinen Überzeugungen und zeige, dass du in der Lage bist, deinen Standpunkt klar und überzeugend zu vertreten.

Die Vorbereitung auf die Zusammenarbeit mit initiativen Menschen erfordert somit eine offene Einstellung, Flexibilität und das Streben nach klaren Zielen und Effizienz. Durch die Berücksichtigung ihrer charakteristischen Merkmale kannst du eine produktive und harmonische Arbeitsbeziehung aufbauen.

10 Tipps für deine Kommunikation mit initiativen Persönlichkeiten

1. **Sei enthusiastisch und energiegeladen:** Begegne ihnen mit positiver Ausstrahlung und Optimismus, um ihre Energie zu spiegeln. Initiative Personen sind oft voller Energie und Enthusiasmus. Zeige ihnen deine eigene Begeisterung und deinen Optimismus, um auf einer Wellenlänge mit ihnen zu sein.
2. **Sei offen und gesprächig:** Bleibe offen für Gespräche und teile deine Gedanken und Erfahrungen frei mit. Initiative Personen genießen Gesellschaft und den Austausch von Ideen. Scheue dich nicht davor, deine Gedanken und Erfahrungen offen mit ihnen zu teilen, um ein Gespräch in Gang zu bringen.
3. **Sei ein guter Zuhörer:** Während Initiative Personen gerne reden, schätzen sie es auch, gehört zu werden. Schenke ihnen deine volle Aufmerksamkeit und höre aktiv zu, ohne sie zu unterbrechen, um ihnen zu zeigen, dass du ihre Perspektive wertschätzt.
4. **Bleibe flexibel und anpassungsfähig:** Initiative Personen sind oft spontan und anpassungsfähig. Sei flexibel und bereit, deine Pläne anzupassen, um mit ihrem spontanen Naturell umzugehen.
5. **Konzentriere dich auf den gegenwärtigen Moment:** Initiative Personen interessieren sich mehr für die Gegenwart als für die Vergangenheit oder Zukunft. Konzentriere dich voll und ganz auf das aktuelle Gespräch und vermeide es, Themen aus der Vergangenheit oder Zukunft anzusprechen, die sie ablenken könnten.
6. **Bleibe positiv und lösungsorientiert:** Initiative Personen sind optimistisch und darauf fokussiert, Lösungen zu finden. Begegne Herausforderungen mit einer positiven Einstellung und arbeite aktiv mit ihnen zusammen, um kreative Lösungen zu finden, die für alle Beteiligten vorteilhaft sind.
7. **Vermeide es, übermäßig kritisch oder analytisch zu sein:** Initiative Personen bevorzugen Handeln statt Analyse. Vermeide es, ihre Ideen zu früh zu kritisieren oder dich in Details zu verlieren, bevor sie ihre Gedanken vollständig dargelegt haben.
8. **Sei unterstützend und ermutigend:** Initiative Personen leben von Ermutigung. Sei unterstützend und ermutigend und lass sie wissen, dass du an ihre Fähigkeiten und ihr Potenzial glaubst, um sie zu motivieren und ihnen Selbstvertrauen zu geben.

9. **Sei bereit, Risiken einzugehen:** Initiative Personen haben keine Angst vor Risiken. Zeige deine eigene Risikobereitschaft und sei offen dafür, neue Dinge auszuprobieren, um ihnen zu zeigen, dass du ihre Einstellung teilst.
10. **Bewahre deinen Sinn für Humor:** Initiative Personen schätzen einen guten Sinn für Humor. Bewahre deinen Sinn für Humor und nimm dich selbst nicht zu ernst, um eine lockere und angenehme Atmosphäre zu schaffen.

Mögliche Stolperfallen
In Verhandlungen mit initiativen Persönlichkeiten ist es entscheidend, bestimmte Vorgehensweisen zu vermeiden, um eine konstruktive und effektive Gesprächsatmosphäre zu gewährleisten. Eine klare und präzise Kommunikation steht dabei im Vordergrund. Vermeide daher langwierige Erklärungen und halte deine Informationen kurz und auf den Punkt gebracht, da initiative Menschen Effizienz schätzen.

Des Weiteren ist es wichtig, nicht unentschlossen oder zögerlich zu wirken. Initiative Persönlichkeiten treffen gerne schnell Entscheidungen und erwarten ein ähnliches Maß an Entschlussfreudigkeit von ihren Verhandlungspartnern. Klare Entscheidungen und eine deutliche Ausdrucksweise sind hier von Vorteil.

Initiative Menschen bevorzugen klare und präzise Informationen, daher solltest du vage Formulierungen vermeiden und sicherstellen, dass deine Botschaften deutlich strukturiert sind. Komplexe Vorschläge oder übermäßig detaillierte Informationen können sie überfordern, also halte die Verhandlung so einfach wie möglich.

Verlässlichkeit und Konsistenz sind ebenfalls entscheidend, da initiative Persönlichkeiten klare Erwartungen an ihre Verhandlungspartner haben. Unerwartete Verhaltensweisen sollten vermieden werden, um Verwirrung zu vermeiden. Selbstsicherheit und ein positives Auftreten sind gefragt, da Zweifel an deiner Haltung das Vertrauen beeinträchtigen könnten.

Aggressives oder dominantes Verhalten ist bei Verhandlungen mit initiativen Persönlichkeiten kontraproduktiv. Stattdessen ist eine respektvolle Kommunikation gefragt, um eine positive Atmosphäre aufrechtzuerhalten. Ebenso wichtig ist volles Engagement, um Desinteresse zu vermeiden und die Aufmerksamkeit auf die Verhandlung zu lenken.

Die Zeit deines Verhandlungspartners sollte respektiert werden, um Zeitverschwendung zu vermeiden. Halte dich an vereinbarte Zeitpläne und zeige, dass du ihre Zeit schätzt. Schließlich sollte eine gewisse Bereitschaft zur Innovation und Kreativität gezeigt werden, da initiative Menschen diese Eigenschaften schätzen. Durch die Vermeidung dieser Vorgehensweisen kannst du eine positive Verhandlungsumgebung schaffen und die Chancen auf eine erfolgreiche Einigung verbessern.

12.2.3 Der stetige Typ

Die stetige Persönlichkeit zeichnet sich durch Geduld, hohe Frustrationstoleranz und freundliches Auftreten aus. Konflikte werden vermieden, indem Kompromisse eingegangen werden. Stetige Menschen sind beständig sowie zuverlässig in ihrer Arbeit. Mit einem Bedürfnis nach Sicherheit und Stabilität bevorzugen sie Routinen und ein harmonisches Umfeld. In Verhandlungen legen sie Wert auf eine ruhige und bedachte Vorgehensweise.

Die stetige Person stellt die Frage „Wie?" in den Mittelpunkt ihrer Denkweise und Kommunikation, da sie harmonische Beziehungen und die Zusammenarbeit mit anderen betont. Geduld, Kooperation und Mitgefühl sind ihre charakteristischen Eigenschaften. Ihre Stärken liegen in Ehrlichkeit, Integrität und Serviceorientierung. Allerdings können Schwierigkeiten bei schnellen Anpassungen an Veränderungen und in der Durchsetzungsfähigkeit auftreten.

In Verhandlungen ist eine gründliche Vorbereitung essenziell, um realistische Ziele zu formulieren und klare Argumente vorzubringen. Die Kommunikation sollte klar und präzise sein, wobei auf eine freundliche Atmosphäre geachtet werden sollte. Vermeiden sollte man hektisches Vorgehen, Überlastung mit Details, ungeduldiges Verhalten und konfrontatives Auftreten. Respekt für persönliche Grenzen und das Einbeziehen persönlicher Bedürfnisse sind ebenfalls entscheidend.

Empfehlungen für den Umgang mit stetigen Menschen in Gehaltsverhandlungen umfassen den Aufbau einer persönlichen Beziehung, die Betonung von langfristigen Arbeitsbeziehungen, die Bereitschaft zu Kompromissen und das Präsentieren von Argumenten mit Empathie. Respekt und Anerkennung sowie die Betonung gemeinsamer Interessen sind ebenfalls wichtige Aspekte, um eine positive Atmosphäre zu schaffen und die Zusammenarbeit zu stärken.

Die Vorbereitung auf diesen Typ
Die Vorbereitung auf den stetigen Persönlichkeitstyp in beruflichen Situationen erfordert eine gezielte Herangehensweise, um eine effektive Kommunikation und Zusammenarbeit sicherzustellen. Stetige Menschen bevorzugen Stabilität, Harmonie und eine ruhige Arbeitsumgebung. Daher ist es ratsam, sich auf freundliche und kooperative Interaktionen vorzubereiten, indem hektische oder konfrontative Ansätze vermieden werden.

Geduld spielt eine entscheidende Rolle, da stetige Personen Zeit benötigen, um Entscheidungen zu treffen und Informationen zu verarbeiten. Deine Kommunikation sollte klar, einfach und frei von überflüssigen Details sein, um eine klare Verständigung zu gewährleisten. Betone wichtige Punkte, um Missverständnisse zu vermeiden.

In Verhandlungen oder Diskussionen mit stetigen Menschen ist es hilfreich, Gemeinsamkeiten und gemeinsame Ziele zu betonen. Demonstriere, wie deine Interessen mit ihren in Einklang stehen und zeige Verständnis für ihre Bedürfnisse nach Zusammenarbeit und Harmonie.

Stetige Menschen können Schwierigkeiten haben, sich schnell an Veränderungen anzupassen. Wenn du als Arbeitnehmer Veränderungen einführen möchtest, präsentiere sie mit Bedacht und erkläre die langfristigen Vorteile. Berücksichtige dabei die Werte der Stetigen, wie Sicherheit und Stabilität.

Eine einfühlsame Herangehensweise ist entscheidend, da stetige Menschen auf persönliche Beziehungen und zwischenmenschliche Bindungen Wert legen. Zeige Interesse an ihren Standpunkten und Bedenken. Demonstriere Respekt und Anerkennung für die bestehende Zusammenarbeit, um eine positive Atmosphäre zu schaffen.

In Verhandlungen oder Diskussionen solltest du bereit sein, Kompromisse einzugehen, da stetige Menschen die Suche nach gemeinsamen Lösungen schätzen. Betone die langfristige positive Auswirkung einer Vereinbarung auf die Zusammenarbeit.

Der stetige Persönlichkeitstyp legt großen Wert auf langfristige Beziehungen. Betone daher, wie eine positive Zusammenarbeit langfristig zu einer erfolgreichen Partnerschaft beitragen kann. Zeige auf, wie deine Interessen mit einer stabilen und harmonischen Beziehung im Unternehmen korrelieren.

Durch eine gezielte Vorbereitung und ein Verständnis für die Bedürfnisse des stetigen Persönlichkeitstyps kannst du effektiv mit ihnen interagieren und eine positive Arbeitsbeziehung aufbauen.

10 Tipps für deine Kommunikation mit stetigen Persönlichkeiten

1. **Sei klar und direkt in deiner Kommunikation:** Vermeide vage Aussagen und bringe deine Punkte direkt und prägnant auf den Punkt. Stetige Personen schätzen klare und unmissverständliche Kommunikation.
2. **Sei geduldig und verständnisvoll:** Gib ihnen genügend Zeit, um deine Gedanken zu sammeln und zu artikulieren. Stetige Personen brauchen Zeit, um Informationen zu verarbeiten und Entscheidungen zu treffen.
3. **Sei zuverlässig und pünktlich:** Halte deine Versprechen und Termine ein und zeige ihnen, dass man sich auf dich verlassen kann. Stetige Personen legen großen Wert auf Zuverlässigkeit und Pünktlichkeit.
4. **Sei detailorientiert und gründlich:** Achte darauf, dass deine Informationen korrekt und vollständig sind, und vermeide es, Fehler zu machen. Stetige Personen schätzen Genauigkeit und Sorgfalt.
5. **Sei strukturiert und organisiert:** Halte deine Kommunikation klar gegliedert und verwende visuelle Hilfsmittel wie Listen oder Tabellen, um komplexe Informationen zu verdeutlichen. Stetige Personen bevorzugen einen strukturierten und organisierten Ansatz.
6. **Sei respektvoll und höflich:** Behandele sie mit Respekt und vermeide aggressive oder konfrontative Verhaltensweisen. Stetige Personen schätzen Respekt und Höflichkeit.
7. **Sei bereit, dich zu wiederholen:** Sei bereit, deine Erklärungen zu wiederholen und verschiedene Perspektiven anzubieten, um sicherzustellen, dass sie deine Botschaft verstehen. Stetige Personen benötigen möglicherweise wiederholte Informationen, um sie vollständig zu verstehen.

8. **Vermeide plötzliche Veränderungen oder Überraschungen:** Gib ihnen genügend Zeit, sich auf neue Situationen oder Entwicklungen einzustellen. Stetige Personen bevorzugen Stabilität und Vorhersehbarkeit.
9. **Sei ein guter Zuhörer:** Höre ihnen aufmerksam zu und zeige ihnen, dass du ihre Gedanken und Gefühle ernst nimmst. Stetige Personen schätzen es, gehört zu werden.
10. **Sei geduldig mit ihrem Tempo:** Vermeide es, sie zu drängen oder unter Druck zu setzen. Stetige Personen neigen dazu, methodisch und bedächtig vorzugehen.

Mögliche Stolperfallen
Bei der Interaktion mit dem stetigen Persönlichkeitstyp ist es wichtig, sich auf mögliche Stolperfallen vorzubereiten, um eine reibungslose Kommunikation und Zusammenarbeit zu gewährleisten.

Eine der Herausforderungen besteht in der Geduld, die stetige Personen benötigen, um Entscheidungen zu treffen und Informationen zu verarbeiten. Ungeduldiges Verhalten kann sie überfordern und zu Frustration führen, daher ist es entscheidend, geduldig zu sein und sie nicht zu drängen.

Ein weiteres Hindernis ist die mangelnde Flexibilität gegenüber Veränderungen. Stetige Menschen haben oft Schwierigkeiten, sich schnell anzupassen, daher ist es wichtig, Veränderungen behutsam vorzuschlagen und ihre Bedenken ernst zu nehmen, um Widerstand zu vermeiden.

Darüber hinaus ziehen es stetige Personen oft vor, Konflikten aus dem Weg zu gehen, was zu Konfliktvermeidung führen kann. Es ist wichtig, sicherzustellen, dass ihre Bedürfnisse gehört werden, ohne dabei ihre Harmonie zu stören.

Die Skepsis gegenüber Veränderungen kann ebenfalls eine Hürde darstellen. Neue Ideen könnten auf Widerstand stoßen, daher ist es wichtig, Veränderungen sorgfältig zu präsentieren und die langfristigen Vorteile zu betonen, um ihre Akzeptanz zu fördern.

Schließlich legen stetige Personen oft großen Wert auf Harmonie und könnten ihre eigenen Bedürfnisse zurückstellen, um Konflikte zu vermeiden. Es ist wichtig, sicherzustellen, dass beide Parteien gleichermaßen berücksichtigt werden, um eine ausgewogene Lösung zu finden.

Indem man sich auf diese potenziellen Stolperfallen vorbereitet und einfühlsam auf die Bedürfnisse des stetigen Persönlichkeitstyps eingeht, kann man eine positive und produktive Zusammenarbeit sicherstellen.

12.2.4 Der gewissenhafte Typ

Gewissenhafte Menschen zeichnen sich durch ihre detailorientierte, strukturierte und verantwortungsbewusste Natur aus. In Verhandlungen sind sie sorgfältig vorbereitet, schätzen klare Kommunikation und legen Wert auf Qualität. Um erfolgreich mit ihnen zu verhandeln, sollte man Gründlichkeit und Vorbereitung zeigen, klare Argumente vorbringen, Geduld und Bereitschaft zur Diskussion demonstrieren sowie langfristige Verpflichtung betonen. Es gilt, vage Aussagen zu vermeiden, Pünktlichkeit zu wahren und auf unrealistische Versprechungen zu verzichten. Respekt und Transparenz fördern das Vertrauen und eine effektive Zusammenarbeit. Beachtet man diese Punkte, kann eine erfolgreiche Gehaltsverhandlung mit gewissenhaften Persönlichkeiten erreicht werden.

Die Vorbereitung auf diesen Typ
Die Zusammenarbeit mit gewissenhaften Menschen erfordert eine gezielte Vorbereitung, um eine effektive und respektvolle Arbeitsbeziehung zu gewährleisten. Da diese Persönlichkeiten hohe Ansprüche an Genauigkeit und Struktur stellen, ist es entscheidend, selbst gut vorbereitet zu sein.

Zunächst einmal ist es wichtig, sich auf gründliche Recherche und detaillierte Planung zu konzentrieren. Gewissenhafte Personen schätzen fundierte Informationen, daher sollte man alle relevanten Daten sammeln, die für die gemeinsame Arbeit von Bedeutung sind. Dies kann die Qualität der Zusammenarbeit erheblich verbessern.

Des Weiteren ist eine klare und präzise Kommunikation von großer Bedeutung. Gewissenhafte Menschen legen Wert auf eine gut strukturierte Arbeitsweise und klare Anweisungen. Daher ist es ratsam, in der Kommunikation deutlich und transparent zu sein, um Missverständnisse zu vermeiden.

Ein weiterer wichtiger Aspekt ist die Einhaltung von Zeitplänen und Pünktlichkeit. Gewissenhafte Personen schätzen Zuverlässigkeit und planvolles Arbeiten. Um das Vertrauen zu stärken, ist es notwendig, Termine einzuhalten und den Arbeitsprozess effizient zu gestalten.

Bei der Vorbereitung auf die Zusammenarbeit mit gewissenhaften Persönlichkeiten ist es auch hilfreich, die eigenen Ziele und Prioritäten klar zu definieren. Diese Klarheit ermöglicht eine bessere Abstimmung der gemeinsamen Ziele und erleichtert die Planung von Aufgaben.

Insgesamt ist eine respektvolle Haltung gegenüber der sorgfältigen und verantwortungsbewussten Arbeitsweise der gewissenhaften Menschen von großer Bedeutung. Durch eine strukturierte Vorbereitung und klare Kommunikation kann eine erfolgreiche Zusammenarbeit gefördert werden, die den hohen Standards und Erwartungen dieser Persönlichkeiten gerecht wird.

10 Tipps für deine Kommunikation mit gewissenhaften Persönlichkeiten

1. **Sei in deiner Kommunikation klar, direkt und prägnant:** Stelle sicher, dass deine Botschaft klar und eindeutig ist. Gewissenhafte Personen schätzen klare und unmissverständliche Kommunikation.
2. **Sei gründlich und detailorientiert:** Achte darauf, dass deine Informationen korrekt und vollständig sind, und untermauere deine Aussagen mit Beweisen und Daten, wenn möglich. Gewissenhafte Personen legen großen Wert auf Genauigkeit und Sorgfalt.
3. **Sei logisch und strukturiert in deiner Argumentation:** Präsentiere deine Ideen klar und geordnet und verwende Beispiele und Vergleiche, um deine Punkte zu verdeutlichen. Gewissenhafte Personen schätzen logisches Denken und eine strukturierte Argumentation.
4. **Sei geduldig und verständnisvoll:** Gib ihnen genügend Zeit, um deine Gedanken zu sammeln und zu artikulieren. Gewissenhafte Personen benötigen Zeit, um Informationen zu verarbeiten und Entscheidungen zu treffen.
5. **Sei offen für Feedback und Kritik:** Zeige ihnen, dass du ihre Kritik ernst nimmst und sie nutzen möchtest, um deine Leistung zu verbessern. Gewissenhafte Personen schätzen konstruktives Feedback und sind offen für Verbesserungsvorschläge.

6. **Sei zuverlässig und pünktlich:** Halte deine Versprechen und Termine ein und zeige ihnen, dass Sie sich auf dich verlassen können. Gewissenhafte Personen legen großen Wert auf Zuverlässigkeit und Pünktlichkeit.
7. **Sei respektvoll und höflich:** Behandle sie mit Respekt und vermeide aggressive oder konfrontative Verhaltensweisen. Gewissenhafte Personen schätzen Respekt und Höflichkeit.
8. **Vermeide Ablenkungen und Unterbrechungen:** Vermeide Ablenkungen und Unterbrechungen, während sie sprechen oder arbeiten. Gewissenhafte Personen konzentrieren sich gerne auf eine Aufgabe.
9. **Sei ein guter Zuhörer:** Höre ihnen aufmerksam zu und zeige ihnen, dass du ihre Gedanken und Gefühle ernst nimmst. Gewissenhafte Personen schätzen es, gehört zu werden.
10. **Sei flexibel und kompromissbereit:** Sei immer bereit, deine Position anzupassen und gemeinsam mit ihnen nach Lösungen zu suchen, die für alle Seiten akzeptabel sind. Gewissenhafte Personen sind zwar prinzipientreu, aber auch kompromissbereit.

Mögliche Stolperfallen

Um erfolgreich mit gewissenhaften Persönlichkeiten zu interagieren, ist es wichtig, bestimmte Verhaltensweisen zu vermeiden. Gewissenhafte Menschen zeichnen sich durch Sorgfalt, Struktur und Detailorientierung aus.

Ein entscheidender Aspekt ist die Vorbereitung. Betreten Sie Gespräche nicht unvorbereitet, sondern stellen Sie sicher, alle relevanten Informationen zu haben. Das zeigt Wertschätzung für sorgfältige Planung und unterstreicht Ihr Engagement für gründliches Arbeiten.

Klare und präzise Kommunikation ist ebenso von großer Bedeutung. Vermeiden Sie vage oder unklare Aussagen und sorgen Sie dafür, dass Ihre Botschaften gut durchdacht und strukturiert sind. Gewissenhafte Persönlichkeiten schätzen deutliche Informationen und klare Kommunikation.

Pünktlichkeit und effizientes Zeitmanagement sind für gewissenhafte Menschen wichtig. Vermeiden Sie übermäßige Verzögerungen oder eine zu langsame Vorgehensweise. Halten Sie den Kommunikationsprozess effizient und zielgerichtet, um ihre Vorliebe für Struktur zu respektieren.

Unrealistische Versprechungen sollten vermieden werden, da gewissenhafte Menschen oft skeptisch gegenüber solchen stehen. Präsentieren Sie stattdessen realistische und erfüllbare Lösungen, um Vertrauen aufzubauen und die Glaubwürdigkeit zu stärken.

Klare schriftliche Vereinbarungen sind für gewissenhafte Persönlichkeiten wichtig. Vermeiden Sie es, wichtige Absprachen nicht schriftlich festzuhalten. Eine klare Dokumentation hilft, Missverständnisse zu verhindern und unterstreicht Ihre Zuverlässigkeit.

Eine aggressive oder konfrontative Herangehensweise sollte ebenfalls vermieden werden. Gewissenhafte Menschen schätzen eine kooperative Verhandlungsumgebung. Bemühen Sie sich um eine respektvolle und lösungsorientierte Kommunikation, um eine positive Interaktion zu fördern.

Die Qualität Ihrer Arbeit sollte keinerlei Unsicherheit aufkommen lassen. Gewissenhafte Persönlichkeiten legen großen Wert darauf. Vermeiden Sie es, unsicher oder nachlässig in Bezug auf die Qualität Ihrer Arbeit zu wirken. Betonen Sie Ihre Detailorientierung und Sorgfalt, um Vertrauen aufzubauen.

Ungeduld sollte vermieden werden, da gewissenhafte Menschen oft Zeit benötigen, um alle Aspekte zu überdenken. Seien Sie geduldig und zeigen Sie sich bereit, Fragen ausführlich zu beantworten. Geduld ist entscheidend für eine positive Interaktion und schafft eine angenehme Gesprächsatmosphäre.

Durch das bewusste Vermeiden dieser Vorgehensweisen können Sie eine Vertrauensbasis schaffen und die Zusammenarbeit mit gewissenhaften Persönlichkeiten fördern. Achten Sie darauf, ihre Bedürfnisse nach Struktur und Genauigkeit zu respektieren, um eine effektive und positive Kommunikation sicherzustellen.

Literatur

Dauth, G. (2019). *Professionell verhandeln mit DISG* (2. Aufl.). Weinheim: Wiley-VCH.

13
Noch drei wichtige Tipps

13.1 Achte auf den richtigen Zeitpunkt

Wähle den richtigen Zeitpunkt für die Verhandlung. Dies kann nach einem erfolgreichen Projektabschluss, einer Beförderung oder während der jährlichen Leistungsüberprüfung sein.

Die Wahl des richtigen Zeitpunkts für eine Gehaltsverhandlung ist von entscheidender Bedeutung, da sie maßgeblich den Erfolg dieser Verhandlung beeinflussen kann. Ein geschicktes Timing berücksichtigt verschiedene Faktoren, die sowohl auf Unternehmensebene als auch auf persönlicher Ebene relevant sind.

Zunächst einmal sollte der Zeitpunkt im Einklang mit dem Unternehmenszyklus stehen. Es ist ratsam, Gehaltsverhandlungen dann anzusetzen, wenn das Unternehmen finanziell gut dasteht. Nach profitablen Quartalen oder erfolgreichen Geschäftsjahren gibt es oft mehr Spielraum für Gehaltsanpassungen. Dieser Zusammenhang kann dazu beitragen, die Chancen auf eine positive Reaktion des Arbeitgebers zu erhöhen.

Auf der persönlichen Ebene ist es wichtig, den Zeitpunkt mit den eigenen Leistungen und Erfolgen zu synchronisieren. Wenn du kürzlich herausragende Ergebnisse erzielt oder wichtige Projekte abgeschlossen hast, die das Unternehmen voranbringen, ist dies der ideale Moment, um diese Leistungen hervorzuheben und für eine Gehaltsanpassung zu argumentieren.

Des Weiteren spielt die Budgetplanung eine Rolle. Unternehmen erstellen normalerweise Budgets für das kommende Geschäftsjahr. Wenn du deine Gehaltsverhandlung in diese Phase legst, erhöhst du die Wahrscheinlichkeit, dass deine Gehaltsanpassung bei der Budgetplanung berücksichtigt wird.

Der Zeitpunkt sollte auch mit deiner eigenen Karriereentwicklung in Verbindung stehen. Nutze Gehaltsverhandlungen als Gelegenheit, um wichtige Karrieremeilensteine zu markieren, wie eine Beförderung oder eine langjährige Betriebszugehörigkeit.

Neben den unternehmens- und karrierebezogenen Faktoren solltest du auch die allgemeinen Marktbedingungen berücksichtigen. In Zeiten hoher Nachfrage nach Fachkräften in deinem Bereich stehen die Chancen für eine Gehaltsanpassung möglicherweise besser.

Schließlich spielt auch deine persönliche Verfassung eine Rolle. Wenn du dich in einer Phase befindest, in der du besonders motiviert und selbstbewusst bist, kannst du dies nutzen, um deine Verhandlungsposition zu stärken.

Insgesamt ist das Timing ein entscheidender Faktor für den Erfolg einer Gehaltsverhandlung. Durch die sorgfältige Auswahl des richtigen Zeitpunkts und die gezielte Vorbereitung kannst du die Wahrscheinlichkeit erhöhen, dass deine Verhandlung zu positiven Ergebnissen führt.

13.2 Geduld und Ausdauer

Sei geduldig und behalte deine strategischen Karriereziele im Auge. Nicht jede Verhandlung führt sofort zu Ergebnissen, aber sie kann langfristig positive Auswirkungen haben.

Geduld und Ausdauer sind unverzichtbare Eigenschaften für eine erfolgreiche Gehaltsverhandlung. In Gehaltsverhandlungen geht es oft nicht nur darum, eine schnelle und kurzfristige Gehaltsanpassung zu erreichen, sondern auch darum, aussichtsreiche Ziele und eine langfristige Zufriedenheit im Beruf zu gewährleisten.

Diese Qualitäten ermöglichen es dir, komplexe Verhandlungen mit Ruhe und Bedacht anzugehen. Gehaltsverhandlungen können emotional sein, insbesondere wenn es um finanzielle Angelegenheiten geht. Hierbei ist es entscheidend, besonnen zu bleiben und keine überstürzten Entscheidungen zu treffen.

Geduld und Ausdauer spielen auch eine wichtige Rolle bei der kreativen Suche nach Lösungen und alternativen Ansätzen. Es erfordert Zeit, verschiedene Optionen zu prüfen und sicherzustellen, dass deine Gehaltsvorstellungen im Einklang mit den aktuellen Markttrends und branchenüblichen Vergütungsdaten stehen.

Darüber hinaus sind Geduld und Ausdauer hilfreich, um eine gute Beziehung zu deinem Arbeitgeber aufzubauen und zu pflegen. Selbst wenn es Meinungsverschiedenheiten gibt, können diese Qualitäten dazu beitragen, Konflikte zu minimieren und die Kommunikation aufrechtzuerhalten.

Die Beobachtung des Marktes und der Branche erfordert ebenfalls Geduld, um sicherzustellen, dass deine Gehaltsvorstellungen wettbewerbsfähig bleiben. Es ist wichtig, den Verhandlungsspielraum deines Arbeitgebers auszuloten und langfristige Ziele zu verfolgen.

Insgesamt tragen Geduld und Ausdauer dazu bei, dass deine Gehaltsverhandlung strategisch und effektiv verläuft. Sie sind nicht nur für kurzfristige Erfolge, sondern auch für langfristige berufliche Zufriedenheit und eine angemessene Vergütung von großer Bedeutung.

13.3 Schriftliche Vereinbarungen

Um jegliche Zweifel und spätere Streitigkeiten auszuschließen, sollten alle Vereinbarungen, insbesondere in sensiblen Bereichen wie Gehaltsverhandlungen, zwingend schriftlich festgehalten werden. Die Schriftform dient als verbindliche Grundlage für alle Beteiligten und minimiert das Risiko von Missverständnissen und Fehlinterpretationen.

Schriftliche Vereinbarungen schaffen Transparenz. Sie dokumentieren die Verhandlungsergebnisse und die getroffenen Vereinbarungen schwarz auf weiß. Dadurch entsteht ein hohes Maß an Vertrauen und Klarheit zwischen euch.

Außerdem bieten schriftliche Vereinbarungen rechtliche Sicherheit. Im Falle von Unstimmigkeiten oder Streitigkeiten können sie als rechtsgültige Dokumente dienen und als Beweismittel verwendet werden. Dies gewährleistet, dass die getroffenen Vereinbarungen eingehalten werden.

Darüber hinaus ermöglichen schriftliche Vereinbarungen eine langfristige Planung. Sie können Aspekte wie zukünftige Gehaltsanpassungen, Bonusstrukturen und Zusatzleistungen abdecken, was für die langfristige berufliche Entwicklung von großer Bedeutung ist.

Schriftliche Vereinbarungen dienen auch als Erinnerung an die getroffenen Absprachen und erhöhen die Verbindlichkeit der Vereinbarung. Sie sorgen dafür, dass beide Parteien ihre Verpflichtungen ernst nehmen und ihnen nachkommen.

Schließlich bieten schriftliche Vereinbarungen einen wirksamen Schutz für die eigenen Rechte und Interessen. Insbesondere in Zeiten von Veränderungen in der Unternehmensführung oder bei organisatorischen Umstrukturierungen können sie als Nachweis für die getroffenen Vereinbarungen dienen.

Insgesamt sind schriftliche Vereinbarungen ein wertvolles Instrument in Gehaltsverhandlungen, um Klarheit, Vertrauen, Rechtssicherheit und langfristige Planung zu fördern. Sie stärken die Position des Arbeitnehmers und gewährleisten, dass die getroffenen Absprachen eingehalten werden.

14
Sieben Regeln zum Abschluss

1. **Regel:** Vorbereitung ist der Schlüssel zum Erfolg. Eine erfolgreiche Gehaltsverhandlung beginnt lange bevor du dich tatsächlich mit deinem Vorgesetzten oder potenziellen Arbeitgeber an einen Tisch setzt. Die Vorbereitung ist der Schlüssel zum Erfolg. Du solltest gründlich recherchieren, was in deiner Branche und deiner Position übliche Gehälter sind, um realistische Erwartungen zu haben. Zusätzlich ist es wichtig, die spezifischen Gründe und Erfolge aufzulisten, die deine Gehaltsanpassung rechtfertigen. Dies könnte beispielsweise das Erreichen von bestimmten Zielen, eine gesteigerte Produktivität oder neue Qualifikationen sein. Ohne diese Informationen und Argumente wirst du in der Verhandlung leicht ins Hintertreffen geraten. Eine umfassende Vorbereitung verleiht dir das Selbstvertrauen, das du brauchst, um deine Gehaltsanpassung effektiv zu vertreten.
2. **Regel:** Verhandeln bedeutet nicht nur Argumentieren. Gehaltsverhandlungen sind nicht nur eine Frage der Argumentation. Es reicht nicht aus, einfach Gründe für eine Gehaltsanpassung anzuführen und zu hoffen, dass diese ausreichen, um das gewünschte Gehalt zu erhalten. Die erfolgreiche Verhandlung erfordert ein ganzheitliches Verständnis des Prozesses und der beteiligten Personen. Es ist

wichtig, auch die Interessen und Bedenken deines Vorgesetzten oder Verhandlungspartners zu berücksichtigen. Ein guter Ansatz besteht darin, auf Gemeinsamkeiten hinzuarbeiten und Kompromisse zu finden, die für beide Seiten akzeptabel sind. Die Verhandlung sollte nicht als Konfrontation, sondern als eine Gelegenheit zur Zusammenarbeit betrachtet werden.

3. **Regel:** Hinter jeder Forderung befinden sich Interessen. Die dritte Regel erinnert daran, dass es bei Gehaltsverhandlungen nicht nur um Geld geht. Hinter jeder Gehaltsanpassung stehen Interessen, die sowohl berufliche als auch persönliche Aspekte umfassen können. Vielleicht möchtest du nicht nur mehr Gehalt, sondern auch die Möglichkeit, von zu Hause aus zu arbeiten oder flexiblere Arbeitszeiten zu haben. Es ist wichtig, diese Interessen zu identifizieren und sie in die Verhandlung einzubeziehen. Wenn du zeigst, dass du bereit bist, flexibel und kreativ zu sein, um sowohl deine eigenen als auch die Interessen deines Arbeitgebers zu berücksichtigen, erhöhst du die Chancen auf eine erfolgreiche Vereinbarung.

4. **Regel:** Emotionen sollten nicht die Verhandlung leiten. Bauchgefühl ist in Gehaltsverhandlungen ein schlechter Ratgeber. Emotionen können in diesen Gesprächen eine große Rolle spielen und es ist wichtig, sie im Zaum zu halten. Vermeide impulsive Reaktionen oder überstürzte Entscheidungen. Stattdessen sollte deine Verhandlungsstrategie auf Fakten und klaren Zielen basieren. Halte deine Emotionen in Schach und konzentriere dich darauf, sachlich und professionell zu argumentieren. Dies erhöht deine Glaubwürdigkeit und stärkt deine Position in der Verhandlung.

5. **Regel:** Professionelle Kommunikation ist entscheidend. In Gehaltsverhandlungen ist es wichtig, Emotionen in Schach zu halten. Wut, Frustration oder Enttäuschung können die Verhandlungskonversation negativ beeinflussen und die Chancen auf eine Einigung verringern. Es ist ratsam, ruhig und sachlich zu bleiben, selbst wenn die Verhandlung hitzig wird. Wenn du auf professionelle und respektvolle Weise kommunizierst, wird es einfacher sein, eine Lösung zu finden, die für beide Seiten akzeptabel ist.

6. **Regel:** Stress in Verhandlungen hat immer einen Grund. Stress ist in Gehaltsverhandlungen nicht ungewöhnlich, aber es ist wichtig, den Grund dafür zu erkennen und anzugehen. Stress kann auf Unsicherheit, Angst vor Ablehnung oder mangelndes Selbstvertrauen zurückzuführen sein. Die beste Möglichkeit, mit Stress umzugehen, besteht darin, sich gut vorzubereiten, Selbstvertrauen aufzubauen und realistische Erwartungen zu haben. Wenn du deine Argumente und Forderungen gut kennst, wird dein Stressniveau deutlich reduziert und du kannst die Verhandlung mit mehr Selbstbewusstsein führen.
7. **Regel:** In fast jedem Gespräch gibt es die Chance, etwas zu deinen Gunsten zu gestalten oder zu verhandeln. Ob du mit Kollegen über Projektverantwortlichkeiten sprichst, berufliche Entwicklungsmöglichkeiten mit deinem Vorgesetzten diskutierst oder Vertragsbedingungen mit einem Kunden verhandelst, du befindest dich in einem ständigen Prozess des Austauschs und der Verhandlung. Diese Regel verdeutlicht die Wichtigkeit von Kommunikations- und Verhandlungsfähigkeiten in praktisch allen beruflichen Situationen. Sie erinnert uns daran, dass Verhandlungen nicht auf formelle Gespräche über Gehälter oder Verträge beschränkt sind, sondern einen integralen Bestandteil des Arbeitslebens darstellen.

15

Unsere Anmerkung zur geschlechterspezifischen Thematik im Verhandlungsumfeld

Verhandlungsführung ist eine Fähigkeit, die Frauen und Männer gleichermaßen beherrschen können. Verhandlungsführung ist eine Schlüsselkompetenz in vielen Bereichen des Lebens, sei es im Beruf, in persönlichen Beziehungen oder im Alltag. Es ist ein Mythos zu glauben, dass Verhandlungstalent angeboren ist oder dass Männer in dieser Hinsicht besser geeignet sind als Frauen. Frauen und Männer können gleichermaßen erfolgreiche Verhandlungspartner werden, indem sie bestimmte Fähigkeiten erlernen und praktizieren.

Die Möglichkeit für den beruflichen Erfolg und der Karriereentwicklung
Die Bedeutung von Verhandlungsführung für den beruflichen Erfolg und die Karriereentwicklung ist unbestreitbar. In einer Welt, in der Verhandlungen in verschiedenen Bereichen des Lebens allgegenwärtig sind – sei es im Geschäftsleben, bei Vertragsverhandlungen oder in persönlichen Angelegenheiten – ist die Fähigkeit, effektiv zu verhandeln, von unschätzbarem Wert.

Alte Denkmuster gehen immer noch davon aus, dass Frauen möglicherweise weniger Zugang zu formellen Verhandlungssituationen hatten und daher weniger selbstbewusst waren, ihre Interessen zu vertreten. Männer hingegen wurden aufgrund sozialer Erwartungen und kultureller Normen eher dazu ermutigt, sich in Verhandlungen durchzusetzen. Trotzdem ist es wichtig zu betonen, dass die Fähigkeit zur Verhandlung unabhängig vom Geschlecht ist und von beiden gleichermaßen entwickelt werden kann.

Das Bewusstsein für die Bedeutung der Verhandlungskunst sollte daher geschlechtsneutral sein. Frauen und Männer müssen gleichermaßen dazu ermutigt werden, ihre Fähigkeiten in diesem Bereich zu entwickeln. Eine solide Verhandlungskompetenz ermöglicht es beiden Geschlechtern, ihre Ziele zu erreichen, ihre beruflichen Ambitionen voranzutreiben und erfolgreich in einer zunehmend wettbewerbsorientierten Welt zu navigieren.

Darüber hinaus trägt die Entwicklung von Verhandlungsfähigkeiten zur Stärkung des Selbstvertrauens und der Selbstwirksamkeit bei. Frauen und Männer, die sich ihrer Fähigkeit bewusst sind, in Verhandlungen erfolgreich zu sein, sind eher bereit, Risiken einzugehen, neue Möglichkeiten zu erkunden und ihre Ambitionen zu verfolgen.

Insgesamt ist die Bedeutung der Verhandlungsführung für Frauen und Männer nicht zu unterschätzen. Es ist eine Fähigkeit, die nicht nur dazu beiträgt, individuelle Ziele zu erreichen, sondern auch die persönliche Entwicklung und das berufliche Wachstum fördert. Indem Frauen und Männer gleichermaßen ihre Verhandlungskompetenzen entwickeln, tragen sie dazu bei, eine gerechtere und ausgewogenere Gesellschaft zu schaffen, in der beide Geschlechter gleichermaßen in der Lage sind, ihre Interessen zu vertreten und erfolgreich zu sein.

Die Möglichkeit der Chancenmaximierung
Die Fähigkeit zu verhandeln ist eine Kompetenz, die es Frauen und Männern gleichermaßen ermöglicht, ihre Chancen zu maximieren und ihre eigenen Interessen zu vertreten. In einer Welt, die von einem hohen Maß an Wettbewerb und dynamischen Veränderungen geprägt ist, spielen Selbstvermarktung und Selbstvertretung eine immer wichtigere Rolle. In diesem Zusammenhang können Verhandlungskompetenzen den entscheidenden Unterschied zwischen Erfolg und Stagnation ausmachen.

Frauen und Männer sind aus unserer Sicht gleichermaßen aufgefordert, ihre Verhandlungsfähigkeiten zu entwickeln, um ihre Ziele effektiv zu erreichen und ihre beruflichen und persönlichen Ambitionen voranzutreiben. Durch geschickte Verhandlungsführung können sie ihre Möglichkeiten erweitern und sich für ihre Ziele mit Nachdruck einsetzen.

Die Bedeutung von Verhandlungskompetenzen erstreckt sich jedoch nicht nur auf den beruflichen Bereich, sondern ist auch im persönlichen Leben von großer Relevanz. Ob es um Gehaltsverhandlungen, Vertragsabschlüsse oder alltägliche Entscheidungen wie den Kauf eines Autos, eines Hauses oder die Planung einer Reise geht – Verhandlungsfähigkeiten sind überall gefragt.

Durch die Entwicklung solcher Fähigkeiten können beide Geschlechter selbstbewusster auftreten und ihre Interessen sowohl im Beruf, in der Politik als auch in persönlichen Beziehungen effektiv vertreten.

Angesichts der ständigen Veränderungen und Herausforderungen in unserer Welt sind Verhandlungsfähigkeiten zu einem entscheidenden Instrument für persönlichen und beruflichen Erfolg geworden. Die Menschen, die diese Fähigkeiten beherrschen, haben die Möglichkeit, ihre Chancen zu maximieren, ihre Ziele zu erreichen und positive Veränderungen sowohl in ihrem eigenen Leben als auch in der Gesellschaft herbeizuführen.

Die Möglichkeit zur Stärkung des Selbstbewusstseins und Vertrauens

Die Beherrschung von Verhandlungsfähigkeiten stellt einen weiteren Baustein zur Stärkung des Selbstbewusstseins und Selbstvertrauens von Frauen und Männern dar. Die Auseinandersetzung mit verschiedenen Verhandlungssituationen und die erfolgreiche Bewältigung von Herausforderungen in diesem Bereich führen zu einem nachhaltigen Anstieg des Selbstvertrauens und der Selbstwirksamkeit. Diese gestärkten inneren Ressourcen tragen maßgeblich dazu bei, dass Frauen und Männer sich in beruflichen und persönlichen Situationen besser behaupten können.

Verhandlungssituationen sind oft mit Unsicherheiten und potenziellen Konflikten verbunden. Frauen und Männer, die über solide Verhandlungsfähigkeiten verfügen, können solche Situationen mit größerer Zuversicht und Gelassenheit angehen. Indem sie sich aktiv mit den Herausforderungen auseinandersetzen und konstruktive Lösungen erarbeiten, gewinnen sie nicht nur an praktischer Erfahrung, sondern auch an mentalem Wachstum.

Die erfolgreiche Bewältigung von Verhandlungssituationen stellt eine Art von persönlichem Erfolg dar, der das Selbstbewusstsein stärkt. Jedes überwundene Hindernis und jede erreichte Vereinbarung ist eine Bestätigung der eigenen Fähigkeiten und Kompetenzen. Dies führt dazu, dass Frauen und Männer ihr Selbstbild positiver wahrnehmen und sich ihrer eigenen Stärken bewusster werden.

Zudem ermöglicht die Beherrschung von Verhandlungsfähigkeiten einen aktiven Einfluss auf die Gestaltung der eigenen Lebensumstände. Indem beide Geschlechter in der Lage sind, ihre Interessen und Bedürfnisse in verschiedenen Situationen erfolgreich zu vertreten, nehmen sie eine proaktive Rolle in ihrem Leben ein. Sie erkennen, dass sie nicht passiv den äußeren Umständen ausgeliefert sind, sondern aktiv gestaltend eingreifen können.

Das gestärkte Selbstbewusstsein und Selbstvertrauen, das aus der Beherrschung von Verhandlungsfähigkeiten resultiert, wirkt sich positiv auf alle Bereiche des Lebens aus. Sowohl im beruflichen Kontext als auch in persönlichen Beziehungen sind Frauen und Männer, die sich ihrer Verhandlungsfähigkeiten bewusst sind und diese gezielt einsetzen können, besser in der Lage, ihre Ziele zu erreichen und ihre Interessen zu vertreten.

Die Möglichkeit zur Entwicklung effektiver Kommunikationsskills und des Beziehungsmanagements

Verhandlungsführung ist weit mehr als nur die Fähigkeit, in Verhandlungssituationen erfolgreich zu agieren. Sie umfasst auch effektives Kommunikations- und Beziehungsmanagement. Frauen und Männer, die aktiv an der Entwicklung ihrer Verhandlungsfähigkeiten arbeiten, verbessern nicht nur ihre Fähigkeit, in Verhandlungen erfolgreich zu sein, sondern auch ihre generelle Kommunikationskompetenz und ihr Beziehungsmanagement.

Klare und präzise Kommunikation ist ein entscheidender Faktor in praktisch allen Lebensbereichen. Durch die Entwicklung ihrer Verhandlungsfähigkeiten lernen Frauen und Männer, ihre Gedanken und Bedürfnisse klar und verständlich auszudrücken. Sie lernen, wie sie ihre Botschaften so formulieren können, dass sie von anderen leicht verstanden werden, was zu effektiveren Interaktionen führt.

Ein weiterer wichtiger Aspekt der Verhandlungskunst ist das Zuhören. Indem Frauen und Männer lernen, aktiv zuzuhören und die Perspektiven anderer zu verstehen, entwickeln sie ein tieferes Verständnis für die Bedürfnisse und Interessen ihrer Verhandlungspartner. Dies ermöglicht es ihnen, während der Verhandlung flexibel zu agieren und Lösungen zu finden, die für alle Beteiligten akzeptabel sind.

Zudem fördert die Entwicklung von Verhandlungsfähigkeiten das Beziehungsmanagement. Frauen und Männer, die ihre Verhandlungskompetenzen weiterentwickeln, lernen, wie sie positive Beziehungen aufbauen und pflegen können. Sie erkennen die Bedeutung von Vertrauen, Respekt und Empathie in zwischenmenschlichen Beziehungen und setzen dieses Wissen aktiv ein, um konstruktive Arbeitsbeziehungen, harmonische Familienverhältnisse und starke soziale Netzwerke aufzubauen.

Die Fähigkeit zur effektiven Kommunikation und zum Beziehungsmanagement ist nicht nur im beruflichen Umfeld von Bedeutung, sondern beeinflusst auch das persönliche Wohlbefinden und die Lebensqualität. Frauen und Männer, die über starke Kommunikations- und Beziehungsmanagementfähigkeiten verfügen, sind in der Lage, Konflikte zu lösen, Missverständnisse zu klären und harmonische Beziehungen zu fördern.

Insgesamt trägt die Entwicklung der Verhandlungsfähigkeiten in diesem Bereich nicht nur dazu bei, den Erfolg in Verhandlungssituationen zu maximieren, sondern führt auch zu einer verbesserten Kommunikation und Beziehungsgestaltung in allen Lebensbereichen. Frauen und Männer, die ihre Verhandlungskompetenzen aktiv verbessern, schaffen eine Basis, die von positiven Beziehungen und erfolgreicher Interaktion geprägt ist.

Die Möglichkeit zur Erreichung persönlicher Ziele
Die Kompetenz zu verhandeln ist ebenfalls wichtig für Frauen und Männer, da sie ihnen ermöglicht, ihre persönlichen Ziele zu erreichen und ihre Lebensqualität zu verbessern. Ob es darum geht, ein faires Gehalt zu erhalten, flexible Arbeitsbedingungen auszuhandeln oder persönliche Konflikte zu lösen, Verhandlungskompetenzen sind ein wesentlicher Bestandteil eines erfüllten und erfolgreichen Lebens.

Eine der wichtigsten Anwendungen der Verhandlungsführung ist zweifellos im beruflichen Kontext anzusiedeln. Frauen und Männer verhandeln regelmäßig über ihr Gehalt, ihre Arbeitsbedingungen und ihre Karriereaussichten. Durch die Fähigkeit, geschickt zu verhandeln, können sie sicherstellen, dass ihre Arbeitsbedingungen fair sind und ihren beruflichen Zielen entsprechen. Ein gerechtes Gehalt und angemessene Arbeitsbedingungen tragen nicht nur zur finanziellen Stabilität bei, sondern auch zum allgemeinen Wohlbefinden und zur Zufriedenheit im Beruf.

Darüber hinaus ermöglicht die Fähigkeit zu verhandeln auch die Lösung persönlicher Konflikte und die Förderung harmonischer Beziehungen. In persönlichen Beziehungen, sei es in der Familie, in Freundschaften oder in Partnerschaften, können Verhandlungsfähigkeiten dazu beitragen, Missverständnisse zu klären, Kompromisse zu finden und langfristige Lösungen zur Aufhebung von Konflikten zu entwickeln.

Darüber hinaus können Verhandlungskompetenzen auch dazu beitragen, persönliche Ziele außerhalb des beruflichen und zwischenmenschlichen Bereichs zu erreichen. Menschen verhandeln über Wohnbedingungen, Finanzen, Freizeitaktivitäten und vieles mehr. Durch die Fähigkeit, effektiv zu verhandeln, können Frauen und Männer sicherstellen, dass ihre Bedürfnisse und Wünsche in allen Lebensbereichen angemessen berücksichtigt werden.

Die Beherrschung von Verhandlungskompetenzen ist daher ein wesentlicher Bestandteil eines erfüllten und erfolgreichen Lebens. Frauen und Männer, die über diese Fähigkeiten verfügen, sind in der Lage, ihre persönlichen Ziele zu verfolgen, ihre Lebensqualität zu verbessern und eine ausgewogene Balance zwischen verschiedenen Lebensbereichen zu erreichen. Insgesamt tragen Verhandlungskompetenzen dazu bei, das individuelle Wohlbefinden und die Zufriedenheit zu steigern und ein erfülltes Leben zu führen.

> **Zusammenfassung**
>
> Verhandeln kann man lernen. Die Fähigkeit zu verhandeln ist ein unverzichtbarer Bestandteil sowohl des beruflichen als auch des persönlichen Lebens von Frauen und Männern. Klare und präzise Kommunikation ist in nahezu allen Lebensbereichen von entscheidender Bedeutung und bildet die Grundlage für erfolgreiche Verhandlungen. Durch die Entwicklung von Verhandlungskompetenzen können Frauen und Männer ihre persönlichen Ziele erreichen und ihre Lebensqualität verbessern. Verhandeln erfordert Geschicklichkeit, Know-how und die Fähigkeit, auf die Bedürfnisse anderer einzugehen. Die Beherrschung von Verhandlungsfähigkeiten trägt nicht nur dazu bei, berufliche Ziele zu verwirklichen, sondern auch persönliche Konflikte zu lösen und harmonische Beziehungen aufzubauen. Insgesamt ist Verhandeln keine angeborene Eigenschaft, sondern eine Fertigkeit, die erlernt und verbessert werden kann. Mit Engagement, Übung und dem richtigen Wissen können Frauen und Männer lernen, erfolgreiche Verhandler zu werden und ein erfülltes Leben zu führen.
>
> *Verhandlungsführung kennt kein Geschlecht.*
> *Deine Persönlichkeit ist der größte Erfolgsfaktor.*
>
> Wir wünschen dir viel Erfolg bei der Umsetzung
> Marion und Peter Troczynski

16

Anleitungen zur Umsetzung

16.1 Anleitung zur Umsetzung des ersten Teils

Dein Mindset – Wie deine Einstellung deine Gehaltsverhandlungen beeinflusst
- **Verständnis der Einleitung:** Lies die Einleitung sorgfältig durch, um zu verstehen, warum dein Mindset eine entscheidende Rolle bei Gehaltsverhandlungen spielt und wie deine Einstellung den Verlauf der Verhandlungen beeinflussen kann.
- **Die Macht der Gedanken:** Setze dich mit der Bedeutung deiner Gedanken auseinander und wie sie deine Wahrnehmung und Handlungen beeinflussen können. Erkenne die Kraft positiver und negativer Gedanken.
- **Die Gedankenspirale und der Einfluss auf unsere Denkmuster:** Vertiefe dein Verständnis für die Gedankenspirale und wie sie unsere Denkmuster formt. Erkenne, wie negative Denkmuster deine Handlungen und Ergebnisse beeinflussen können.
- **Beispiele positiver und negativer Gedankenspiralen:** Studiere die Beispiele positiver und negativer Gedankenspiralen, um die Unterschiede zu erkennen und Möglichkeiten zu finden, negative Gedankenmuster zu durchbrechen.
- **Worauf du in deiner Gehaltsverhandlung achten musst:** Achte auf wichtige Aspekte während deiner Gehaltsverhandlung. Verstehe, wie

deine Gedanken und Einstellungen die Verhandlung beeinflussen können und welche Punkte du besonders beachten solltest.
- **Ein positives Mindset ist der erste Schlüssel zum Erfolg:** Erlange ein Verständnis dafür, warum ein positives Mindset entscheidend ist, um erfolgreiche Gehaltsverhandlungen zu führen. Erkenne die Bedeutung einer positiven Einstellung für deinen Verhandlungserfolg.
- **Reflektion und Selbstbewusstsein:** Reflektiere über deine eigenen Gedanken und Denkmuster in Bezug auf Gehaltsverhandlungen. Erkenne, welche Denkmuster dich möglicherweise einschränken und entwickle Strategien, um sie zu überwinden.
- **Affirmationen und Visualisierung:** Nutze Affirmationen und Visualisierungstechniken, um ein positives Mindset zu fördern. Stelle dir erfolgreiche Verhandlungsszenarien vor und wiederhole positive Affirmationen, um dein Selbstbewusstsein zu stärken.
- **Bewusste Lenkung deiner Gedanken:** Übe dich darin, deine Gedanken bewusst zu lenken und negative Gedankenspiralen frühzeitig zu erkennen und zu durchbrechen. Setze positive Gedanken aktiv ein, um deine Einstellung zu stärken.
- **Praxis und Anwendung:** Wende die erlernten Strategien und Techniken in realen Gehaltsverhandlungssituationen an. Sei achtsam gegenüber deinen Gedanken und beobachte, wie sie sich auf deine Verhandlungsergebnisse auswirken. Indem du diese Schritte befolgst und aktiv an der Gestaltung deines Mindsets für Gehaltsverhandlungen arbeitest, kannst du deine Verhandlungsfähigkeiten verbessern und erfolgreichere Ergebnisse erzielen.

16.2 Anleitung zur Umsetzung des zweiten Teils

Die Verhandlungsvorbereitung

- **Verständnis der Bedeutung der Vorbereitung:** Beginne mit dem Verständnis, warum eine gründliche Vorbereitung für Gehaltsverhandlungen entscheidend ist. Erkenne die Bedeutung, um deine Verhandlungschancen zu maximieren.
- **Identifikation wichtiger Vorbereitungsaspekte:** Untersuche die verschiedenen Aspekte der Vorbereitung, darunter die Recherche zum Marktwert, die Berücksichtigung von Branchenveränderungen, Gehaltsvergleiche, Netzwerkkontakte, Arbeitgeberinformationen, Zusatzleistungen und wirtschaftliche Faktoren.

- **Zusammenfassung und Wert der Fragebögen:** Fasse die wichtigsten Punkte der Vorbereitung zusammen und erkenne die Bedeutung der Fragebögen, die verschiedene Aspekte wie Marktwertanalyse, Selbstwertanalyse, berufliche Qualifikationen, Zielbestimmung und Definition von Alternativen und Optionen abdecken.
- **Nutzung der Fragebögen:** Nutze die verschiedenen Fragebögen, um deine Gedanken zu strukturieren und wichtige Fragen für deine Gehaltsverhandlung zu beantworten. Gehe sorgfältig auf jeden Fragebogen ein und reflektiere über deine Antworten.
- **Erfolgstagebuch und Erfolgsportfolio:** Verstehe die Bedeutung eines Erfolgstagebuchs und eines Erfolgsportfolios für deine Verhandlung. Lerne, wie du deine Erfolge dokumentieren und präsentieren kannst, um deine Verhandlungsposition zu stärken.
- **Berücksichtigung des Zeitpunkts:** Beachte den optimalen Zeitpunkt für deine Gehaltsverhandlung und vermeide ungünstige Zeitpunkte. Lerne, wann der richtige Zeitpunkt für eine erfolgreiche Verhandlung ist und wie du ihn identifizieren kannst.
- **Anpassung an deine Bedürfnisse:** Passe die Inhalte und Methoden der Vorbereitung an deine individuellen Bedürfnisse und Ziele an. Berücksichtige deine persönlichen Stärken, Schwächen und Verhandlungsziele.
- **Aktive Umsetzung der Vorbereitung:** Setze die Erkenntnisse und Strategien aus der Vorbereitung aktiv in deine Gehaltsverhandlung um. Nutze deine Vorbereitung, um selbstbewusst und fundiert in die Verhandlung zu gehen.
- **Kontinuierliche Verbesserung:** Reflektiere nach jeder Verhandlung über deine Erfahrungen und lerne aus ihnen. Kontinuierliche Verbesserung ist entscheidend für langfristigen Verhandlungserfolg.
- **Weiterentwicklung der Verhandlungskompetenz:** Suche kontinuierlich nach Möglichkeiten, deine Verhandlungskompetenz zu verbessern, sei es durch Fortbildungen, Literatur oder Erfahrungsaustausch mit anderen Verhandlungsexperten.

Indem du diese Schritte befolgst und die Vorbereitung auf deine Gehaltsverhandlung aktiv angehst, kannst du deine Verhandlungsfähigkeiten stärken und erfolgreichere Verhandlungsergebnisse erzielen.

16.3 Anleitung zur Umsetzung des dritten Teils

Kommunikation und die Macht der Worte – Wie Sprachmuster Gehaltsverhandlungen beeinflussen

- **Gründliches Studium der Inhalte:** Beginne damit, den Text sorgfältig durchzulesen und die Konzepte sowie Techniken der Kommunikation in Gehaltsverhandlungen zu verstehen.
- **Identifikation relevanter Techniken:** Identifiziere die Kommunikationstechniken, die am besten zu deiner Persönlichkeit, deinem Kommunikationsstil und deinen Verhandlungszielen passen.
- **Überlegung zur Anwendbarkeit:** Denke darüber nach, wie du die erlernten Techniken in deine persönlichen Gehaltsverhandlungen einbringen kannst. Berücksichtige dabei sowohl deine eigenen Stärken als auch die spezifischen Herausforderungen deiner Verhandlungssituation.
- **Praktische Beispiele verstehen:** Studiere die praktischen Beispiele sorgfältig, um ein klares Verständnis dafür zu entwickeln, wie die Kommunikationstechniken in der Praxis angewendet werden können. Achte besonders darauf, wie sie auf verschiedene Verhandlungssituationen zugeschnitten sind.
- **Übung und Simulation:** Führe Übungen durch, um die Kommunikationstechniken in simulierten Verhandlungssituationen anzuwenden. Du kannst dies mit einem Partner, einem Mentor oder sogar vor dem Spiegel tun, um deine Fähigkeiten zu verbessern.
- **Feedback einholen:** Bitte um Feedback von vertrauenswürdigen Personen zu deiner Kommunikation und Verhandlungstechnik. Nutze dieses Feedback, um deine Fähigkeiten zu verbessern und mögliche Schwachstellen zu identifizieren.
- **Vorbereitung auf Ablehnungsszenarien:** Setze dich intensiv mit den Abschnitten auseinander, die sich mit möglichen Ablehnungsszenarien befassen. Entwickle Strategien, wie du auf solche Situationen reagieren kannst, um deine Verhandlungsposition zu stärken.
- **Reflexion und Anpassung:** Reflektiere regelmäßig über deine Erfahrungen und die Anwendung der Kommunikationstechniken in realen Verhandlungssituationen. Passe deine Strategien und Techniken kontinuierlich an, um noch erfolgreicher zu verhandeln.
- **Geduld und Ausdauer:** Sei geduldig mit dir selbst und erwarte nicht sofortige Ergebnisse. Die Verbesserung deiner Kommunikationsfähigkeiten erfordert Zeit und Übung. Bleibe motiviert und behalte deine Ziele im Blick.
- **Kontinuierliches Lernen:** Halte dich über neue Entwicklungen und Erkenntnisse im Bereich der Kommunikation und Verhandlungstechni-

ken auf dem Laufenden. Suche nach Möglichkeiten, dein Wissen zu erweitern und deine Fähigkeiten kontinuierlich zu verbessern. Indem du diese Schritte befolgst und die erlernten Kommunikationstechniken aktiv in deinen Gehaltsverhandlungen umsetzt, kannst du deine Verhandlungsfähigkeiten auf ein neues Niveau heben und erfolgreichere Verhandlungsergebnisse erzielen.

16.4 Anleitung zur Umsetzung des Kap. 11

Begründungen für eine Gehaltsanpassung, die du unbedingt vermeiden solltest

- **Einleitung:** Lies die Einleitung sorgfältig durch, um zu verstehen, warum bestimmte Begründungen für eine Gehaltsanpassung vermieden werden sollten und wie sie sich negativ auf deine Verhandlungsposition auswirken können.
- **Persönliche finanzielle Schwierigkeiten:** Achte darauf, dass du persönliche finanzielle Schwierigkeiten nicht als Begründung für eine Gehaltserhöhung angibst. Erkenne, warum dies unprofessionell wirken und deine Verhandlungsposition schwächen kann.
- **Vergleich mit Kollegen:** Vermeide es, dich ausschließlich auf den Vergleich mit Kollegen zu stützen, um eine Gehaltsanpassung zu begründen. Lerne, wie du deine eigenen Leistungen und Qualifikationen betonen kannst, ohne andere in den Mittelpunkt zu stellen.
- **Persönliche Probleme oder Konflikte:** Reflektiere über mögliche persönliche Probleme oder Konflikte, die du bei Gehaltsverhandlungen vermeiden solltest. Suche nach professionellen und sachlichen Argumenten für eine Gehaltsanpassung.
- **Unbegründetes Eigenlob:** Sei vorsichtig mit unbegründetem Eigenlob während der Gehaltsverhandlung. Lerne, wie du deine Leistungen und Erfolge angemessen präsentieren kannst, ohne arrogant oder überheblich zu wirken.
- **Kurzfristige Bedürfnisse:** Vermeide es, kurzfristige Bedürfnisse als Hauptargument für eine Gehaltsanpassung anzuführen. Denke langfristig und konzentriere dich auf die langfristige Wertsteigerung, die du für das Unternehmen bringst.
- **Persönliche Angelegenheiten:** Vermeide es, persönliche Angelegenheiten oder Ereignisse als Hauptgrund für eine Gehaltsanpassung anzugeben. Konzentriere dich stattdessen auf deine beruflichen Leistungen und Erfolge.

- **Allgemeine Unzufriedenheit:** Vermeide es, dich ausschließlich auf allgemeine Unzufriedenheit mit deinem aktuellen Gehalt zu konzentrieren. Stelle konkrete Leistungen und Ergebnisse in den Vordergrund, um deine Forderung zu untermauern.
- **Arbeitsplatzwechsel ohne konkrete Angebote:** Vermeide es, einen Arbeitsplatzwechsel ohne konkrete Angebote als Druckmittel für eine Gehaltserhöhung einzusetzen. Arbeite stattdessen an konkreten Argumenten und Fakten, die deine Wertsteigerung für das Unternehmen belegen.
- **Forderndes oder aggressives Verhalten:** Achte darauf, dass du dich während der Gehaltsverhandlung nicht fordernd oder aggressiv verhältst. Lerne, wie du deine Forderungen professionell und sachlich kommunizieren kannst, um eine positive Verhandlungsatmosphäre zu schaffen.

Indem du diese Anleitung befolgst und die genannten Begründungen für eine Gehaltsanpassung vermeidest, kannst du deine Verhandlungsposition stärken und deine Chancen auf eine erfolgreiche Gehaltsanpassung verbessern.

16.5 Anleitung zur Umsetzung des Kap. 12

Auch auf deinen Gesprächspartner solltest du dich vorbereiten

- **Einleitung in das Thema Persönlichkeitsmerkmale:** Du musst verstehen, warum es wichtig ist, sich auf die Persönlichkeitsmerkmale deines Gesprächspartners vorzubereiten und wie dies deine Verhandlungsergebnisse beeinflussen kann.
- **Unterschiedliche Persönlichkeitsmodelle:** Studiere die verschiedenen Persönlichkeitsmodelle, um ein Verständnis für die Vielfalt der Persönlichkeitstypen zu entwickeln und ihre Auswirkungen auf die Kommunikation zu erkennen.
  - **Der stetige Typ:** Beschäftige dich mit dem stetigen Typ und seinen charakteristischen Merkmalen. Verstehe, wie du dich auf diesen Typ vorbereiten kannst und welche Kommunikationsmuster empfohlen werden.

– **Der initiative Typ:** Erforsche die Eigenschaften des initiativen Typs und bereite dich darauf vor, mit dieser Persönlichkeit effektiv zu kommunizieren. Achte auf mögliche Stolperfallen und wie du diese vermeiden kannst.
– **Der gewissenhafte Typ:** Analysiere die Merkmale des gewissenhaften Typs und entwickle eine Strategie, um dich auf diese Persönlichkeit vorzubereiten. Lerne, wie du ein geeignetes Kommunikationsmuster anwenden kannst, um eine erfolgreiche Interaktion zu gewährleisten.
– **Der dominante Typ:** Untersuche die Eigenschaften des dominanten Typs und plane entsprechende Vorbereitungen für die Kommunikation mit dieser Persönlichkeit. Beachte die empfohlenen Kommunikationsmuster und wie du mögliche Stolperfallen umgehen kannst.

- **Reflexion über persönliche Erfahrungen:** Reflektiere über vergangene Gespräche und Interaktionen mit verschiedenen Persönlichkeitstypen. Identifiziere erfolgreiche Strategien und Bereiche, in denen du deine Fähigkeiten verbessern kannst.
- **Praktische Anwendung:** Setze die erworbenen Kenntnisse und Strategien in praktischen Situationen um, indem du bewusst auf die Persönlichkeitsmerkmale deines Gesprächspartners achtest und deine Kommunikation entsprechend anpasst.
- **Feedback einholen:** Bitte um Feedback von Kollegen oder Mentoren zu deiner Kommunikation mit verschiedenen Persönlichkeitstypen. Nutze dieses Feedback, um deine Fähigkeiten weiterzuentwickeln und effektiver zu kommunizieren.
- **Kontinuierliches Lernen und Anpassung:** Halte dich über neue Erkenntnisse im Bereich der Persönlichkeitsmerkmale und Kommunikationsstrategien auf dem Laufenden. Passe deine Vorbereitung und Kommunikationstechniken kontinuierlich an, um noch erfolgreicher zu werden.

Indem du diese Schritte befolgst und dich auf die Persönlichkeitsmerkmale deines Gesprächspartners vorbereitest, kannst du deine Kommunikationsfähigkeiten verbessern und eine effektive Interaktion während der Gehaltsverhandlung erreichen.

16.6 Anleitung zur Umsetzung des Kap. 13

> **Noch drei wichtige Tipps**
> - Achte auf den richtigen Zeitpunkt: Verinnerliche die Bedeutung des richtigen Zeitpunkts bei Gehaltsverhandlungen. Analysiere Unternehmensereignisse, deine eigene Leistung und branchenübliche Praktiken, um den optimalen Zeitpunkt für deine Verhandlung zu bestimmen.
> - Geduld und Ausdauer: Verstehe die Rolle von Geduld und Ausdauer während Gehaltsverhandlungen. Erkenne, dass Verhandlungen Zeit brauchen, und entwickle eine positive Einstellung, um auch bei Herausforderungen geduldig und ausdauernd zu bleiben.
> - Schriftliche Vereinbarungen: Verlasse dich nicht nur auf mündliche Absprachen, sondern bestehe auf schriftliche Vereinbarungen. Kläre alle Details und Konditionen schriftlich, um Missverständnisse zu vermeiden und deine Vereinbarung rechtlich abzusichern.

16.7 Anleitung zur Umsetzung des Kap. 14

Studiere die 7 Regeln zum Abschluss sorgfältig, um einen erfolgreichen Abschluss der Gehaltsverhandlungen sicherzustellen. Beachte jeden einzelnen Punkt und integriere sie in deine Verhandlungsstrategie.

> **7 Regeln zum Abschluss**
> - **Selbstanalyse der Umsetzung:** Reflektiere über vergangene Verhandlungen und beurteile, wie gut du die Tipps zum richtigen Zeitpunkt, Geduld, Ausdauer, schriftliche Vereinbarungen und die 7 Regeln zum Abschluss umgesetzt hast.
> - **Integration in die Verhandlungsstrategie:** Integriere die erworbenen Kenntnisse und Tipps in deine zukünftigen Verhandlungsstrategien. Überlege, wie du den richtigen Zeitpunkt optimal nutzen, Geduld und Ausdauer bewahren, schriftliche Vereinbarungen implementieren und die 7 Regeln zum Abschluss gezielt anwenden kannst.

- **Praktische Anwendung in Simulationen:** Setze die Tipps in realitätsnahen Simulationen von Gehaltsverhandlungen um. Übe, wie du die richtige Zeitpunktwahl, Geduld und Ausdauer, schriftliche Vereinbarungen und die 7 Regeln zum Abschluss in simulierten Verhandlungssituationen anwendest.
- **Feedback einholen:** Hol dir Feedback von erfahrenen Kollegen, Mentoren oder Fachleuten im Bereich Gehaltsverhandlungen ein. Nutze deren Erfahrungen, um deine Umsetzung weiter zu verfeinern und zu verbessern.
- **Kontinuierliches Lernen und Anpassung:** Bleibe auf dem Laufenden über aktuelle Entwicklungen im Bereich Gehaltsverhandlungen und passe deine Strategien kontinuierlich an. Nutze jede Gelegenheit zur Weiterbildung und Anpassung deiner Fähigkeiten.

Indem du diese Anleitung befolgst und die Tipps aktiv in deine Gehaltsverhandlungen integrierst, kannst du deine Verhandlungsfähigkeiten verbessern und erfolgreichere Ergebnisse erzielen.

Abschließend möchten wir betonen, wie wichtig die Themen dieser Anleitungen für deine berufliche Entwicklung sind. Die Fähigkeit, Gehaltsverhandlungen erfolgreich zu führen, ist entscheidend für deine berufliche Zufriedenheit, finanzielle Stabilität und langfristigen Erfolg.

Durch eine gründliche Vorbereitung, das Verständnis der verschiedenen Aspekte von Gehaltsverhandlungen und die Anwendung bewährter Strategien kannst du deine Verhandlungsposition stärken und deine beruflichen Ziele effektiv verfolgen. Die Auseinandersetzung mit deinem eigenen Mindset, die Kenntnis der richtigen Kommunikationsstrategien, die Vorbereitung auf unterschiedliche Persönlichkeitstypen und das Verständnis für die Bedeutung von Zeitpunkt, Geduld und schriftlichen Vereinbarungen sind allesamt Schlüsselfaktoren, die den Verlauf deiner Gehaltsverhandlungen maßgeblich beeinflussen können.

Indem du die in diesen Anleitungen dargelegten Prinzipien und Techniken umsetzt, kannst du selbstbewusst und effektiv in Gehaltsverhandlungen auftreten. Du wirst besser vorbereitet sein, fundierte Entscheidungen treffen können und deine beruflichen Ziele mit größerer Zuversicht verfolgen können.

Wir wünschen dir viel Erfolg bei der Umsetzung dieser Anleitungen!

Sie werden dir helfen, deine Verhandlungsziele zu erreichen und deine beruflichen Ambitionen zu verwirklichen. Denke daran, dass jeder Schritt, den du in Richtung einer erfolgreichen Gehaltsverhandlung unternimmst, ein wichtiger Beitrag zu deinem beruflichen Erfolg ist.

Marion und Peter Troczynski

Weiterführende Literatur

Dauth, G. (2019). *Professionell verhandeln mit DISG* (2. Aufl.). Wiley-VCH.
Gates, S. (2019). *Verhandeln – Das Buch.* Wiley-VCH.
Harvard Business Review: Artikel und Fallstudien zur Anwendung der Ankertechnik in Gehaltsverhandlungen und anderen Verhandlungskontexten.
Hoffmann, J. (2017). *Menschen entschlüsseln.* Gv-Verlag.
Hoffmann, T. (2018). *Das FBI-Prinzip.* Ariston.
Troczynski, P. (2023). *Verhandlungen optimal vorbereiten.* Springer Gabler.
Troczynski, P., & Löhr, D. (2019). *Verhandlungen gewinnen.* Tredition.
Tversky, A., & Kahneman, D. (1974). Judgment under Uncertainty: Heuristics and Biases. *Science, 185*(4157), 1124. Diese klassische Studie legt die Grundlagen für das Verständnis des Ankereffekts.
Walter, B. (2022). *Mindset Psychologie.* Amazon.
Webster, J., & Sutton, R. I. (2022). How to negotiate your salary. Harvard Business Review. Dieser Artikel bietet praktische Tipps zur Anwendung der Ankertechnik in Gehaltsverhandlungen.

Printed in the USA
CPSIA information can be obtained
at www.ICGtesting.com
CBHW052114051124
16949CB00008BA/184